JN085075

人事・労務
トラブルの
グレーゾーン
70

杜若経営法律事務所 [著]

労務行政

はじめに

　日本において労働者と呼ばれる働き方をしている方は約6000万人を超えているといわれております。労働者の数だけ、労働契約関係なり労働基準法なりが適用されているわけですから、想像もできないような問題が日々起こり得ます。

　そして、本書のように"労働問題のグレーゾーン"といえる相談をいただくことは確実に増えています。

　スマートフォンの普及も、労働問題のグレーゾーンの増加に影響を与えているといえます。

　この10年間で1人1台スマホを持つような時代に様変わりしました。こうなると、誰もがスマホを通じてインターネットで検索をするなどして調べることができます。

　労働問題もその例に漏れず、さまざまなキーワードを通じて無料で専門家の解説を読んだり聞いたりすることができます。その結果、思いがけないグレーゾーンが出現することになります。

　また、弁護士の増加もグレーゾーンの増大に影響を与えているといえます。

　私が弁護士登録をした平成15年ごろは、解雇予告手当さえ払えば解雇ができると勘違いしている経営者や人事総務担当者も多く、かつ問題にならずにそのまま終了してしまうことも多々ありました。

　そうなると、弁護士がいろいろうるさいことを言ったとしても現実に問題が起きないわけですから、グレーゾーンなどは起きようがなかったのです。

　ところが時代は変わりました。弁護士人口はこの20年間で2倍以上増加し、かつ司法制度改革により選択科目に労働法が加えられたことから、弁護士登録当初から労働問題を取り扱う弁護士や法律事務所が増加しました。

　そうなると、これまで問題になってこなかったさまざまなグレーゾーンが浮かび上がってくるようになりました。

私たち弁護士にとって、労働問題のグレーゾーンに踏み込むことには勇気が必要です。

　後に通達や裁判例が出れば、間違った解釈であることが分かることもあるからです。しかし、相談者にとって本当に必要なのは、このようなグレーゾーンに関する問題でもあるのです。

　本書では担当弁護士がそれぞれ裁判例や通達等を基にしながらも、グレーゾーンに踏み込んで解説しております。本書が読者の皆さまのお役に立てれば幸いです。

令和5年1月

杜若経営法律事務所

弁護士　向井蘭

Contents

第**5**章 労働時間と休日・休暇

第 **6** 章　休業・休職

第 **7** 章　ハラスメントと懲戒処分

法令等の略称および正式名称

略　　　称	正式名称
安衛法	労働安全衛生法
育介法	育児休業、介護休業等育児又は家族介護を行う労働者の福祉に関する法律
均等法	雇用の分野における男女の均等な機会及び待遇の確保等に関する法律
高年法	高年齢者等の雇用の安定等に関する法律
個人情報保護法	個人情報の保護に関する法律
職安法	職業安定法
パート・有期法	短時間労働者及び有期雇用労働者の雇用管理の改善等に関する法律
派遣法	労働者派遣事業の適正な運営の確保及び派遣労働者の保護等に関する法律
労基法	労働基準法
労契法	労働契約法
労災保険法	労働者災害補償保険法
労組法	労働組合法
労働施策総合推進法	労働施策の総合的な推進並びに労働者の雇用の安定及び職業生活の充実等に関する法律

告示・解釈例規

労告	労働大臣が発する告示（労働省告示）
厚労告	厚生労働大臣が発する告示（厚生労働省告示）
発基	厚生労働省労働基準局関係の事務次官名通達
基発	厚生労働省労働基準局長名通達
基収	厚生労働省労働基準局長が疑義に答えて発する通達
婦発	労働省婦人局長名通達
雇児発	厚生労働省雇用均等・児童家庭局長名通達
雇均発	厚生労働省雇用環境・均等局長名通達

判例雑誌の略称および正式名称

略　　　称	正式名称
判タ	判例タイムズ
民集	最高裁判所民事判例集
労経速	労働経済判例速報
労判	労働判例
労民	労働関係民事裁判例集

［注］本文中判例雑誌名が表記されていないものは、未登載であることを示す。

第 **1** 章

法令違反の境界線にある
"グレーゾーン" に対処する
上での基本的な考え方

1 なぜ "グレーゾーン" が生じるのか

[1] 一般条項が多い労働法

　まず、法令違反の境界線にある "グレーゾーン" がなぜ労働法の分野で生じるのかを考えたいと思います。その際に注目すべきなのは、労基法を始めとする労働法の条文には「一般条項」が多く見られることです。

　一般条項とは、一定の法的効果を発生させるための要件について具体的な内容を持たず、抽象的である規定を指します。典型的なものは民法 90 条の「公の秩序又は善良の風俗に反する法律行為は、無効とする」との規定で、このように抽象的な要件を定めるものを一般条項といいます。

　労働法は、他の法律分野と比べても一般条項が多く、解釈に不透明な部分がどうしても残ります。

　例えば労契法において見るだけでも、条文数が 19 条（雑則除く）に対して、一般条項が含まれる条文は半数近くに上ります。

　そのため裁判例や最高裁判決の積み重ねにより法解釈を埋めていくのですが、ある分野のすべての論点について過去の裁判例があることは稀であり、また裁判例の中でも結論を異にする場合も多く、どうしてもグレーゾーンが残ってしまいます。

[2] 通達がない分野も多い

　通達とは、法令の解釈や取り扱い等を上級機関から下級機関へ示すものを指します。

　労基法などの解釈では、厚生労働省や旧労働省の通達が重要な資料となります。

　この点、労働法にグレーゾーンが多いのであれば、判断を迷わないように、行政が通達を出せばよいのではないかと思われるかもしれません。

　しかし、労働紛争の一部は労契法や民法を適用するものであり、前述のとおり労働法は一般条項が多いため、厚生労働省は通達や指針を出すことがあっても、どうしても限界が生じます。そのため、多くの労働紛争において

は、通達によらずに裁判所が具体的事案に応じて解釈せざるを得ないグレーゾーンが残ってしまいます。

[3] 法改正が多い

　また、労働法の特徴として法改正や新規分野の法律の制定が多いことも挙げられます。特に、法改正だけでも相当な数に上ります。この数年を振り返っても、パート・有期法の改正（2021年4月全面施行）、労基法の改正（働き方改革関連法の制定に伴い2019年4月以降に順次施行）、育介法の改正（2022年4月から段階的に施行）など、重要な改正が立て続けに行われています。

　そして、法改正が行われるたびにさまざまな論点が提起され、グレーゾーンとなって解釈に争いが出ることが多くあります。

[4] 社会の変化

　さらには、社会の変化そのものが、労働法の分野で多くのグレーゾーンが生じる原因の一つになっているともいえます。

　ここ数年の、雇用や労働を巡る社会の認識の変化には目覚ましいものがあります。例えば、パワハラ（パワーハラスメント）という言葉が世の中に認知されたのは2001年ごろとされていますが、厚生労働省の統計によれば、いじめやパワハラに関する労働相談件数は右肩上がりに伸び続けています。このように、ハラスメントなどの新しい概念が生まれれば、当然先例もまだ少ないため、グレーゾーンが生じることになります。

　一方、弁護士数の増加も「社会の変化」の一つとして挙げられるといえます。近年、弁護士の増加により、労働問題を扱う弁護士が増えてきました。また、2006年以降の新司法試験では、選択科目にも労働法があり、多くの受験生が労働法を選択してきた結果、労働法の受験者数が全選択科目の中でも一番多くなっています。

　そのため、労働問題に対する弁護士の関与が増えたことにより、これまで顕在化してこなかった問題点がグレーゾーンとして浮かび上がってくることも増えてきています。

［5］労働法は「私的自治」に制約を加えている

　また、“グレーゾーン”が生じる理由の一つとして、「私的自治」に制約を加えるという労働法の特性も挙げられます。

　基本的に、個人は他者からの干渉を受けることなく、自らの意思に基づき自らの生活関係を形成することができます。国家はこうして形成された生活関係を尊重し、保護しなければなりません。この原則を“私的自治の原則”といいます。

　労働法分野においても、私的自治の原則は妥当しますが、労働者の生活が使用者からの賃金により成り立つことから、労働者が使用者に対して立場が弱く、労働者を保護するために私的自治の原則に制約を加えています。

　例えば、労働者と使用者で1日の所定労働時間を9時間と定めたとしても、労働者を保護するために法定労働時間の上限である8時間を超えた合意は無効となります（労基法32条）。

　このように、明確に法律の条文で規制している場合にはグレーゾーンは生じませんが、明確に条文で規制していない領域についてはグレーゾーンが生じます。

［6］特定の権利や特定の仕組みなどが衝突することでグレーゾーンが生じる

　グレーゾーンが生じる論点を分析していくと、特定の権利や特定の仕組みなどが衝突をすることでグレーゾーンが生じていることが分かります。例えば、採用の場面において、企業が持つ“採用の自由”という権利と、“プライバシー保護”という仕組みが衝突するようなケースが該当します。

　法律は一つのシステムのようなもので、ある目的や考えに基づいて設計されているのですが、一方でその法律が別の原理や仕組みと衝突し、その衝突がグレーゾーンとして現れてくることがあります。

2 さまざまなシーン別に見る、グレーゾーンにおける考え方

　以上を前提に、本章では「採用活動」と「定額残業代制度の運用」を例に挙げて、具体的な論点を基に、グレーゾーンにおける考え方を述べることとします。

[1] 採用（採用の自由とプライバシー保護の衝突から生じるグレーゾーン）

（1）採用応募者の病歴を使用者がどこまで調べることができるか

　企業が採用活動を行う際に生じることのある、判断に迷いがちなさまざまな事例を、本書の第3章において取り上げています。例えば、採用においては、企業側が持つ〝採用の自由〟とプライバシー保護が衝突することでグレーゾーンが生じることがあります。

　こうしたケースで特に問題になるのが、〝採用応募者の病歴を、使用者がどこまで調べることができるか〟という点です。

　「要配慮個人情報」とは、「本人の人種、信条、社会的身分、病歴、犯罪の経歴、犯罪により害を被った事実その他本人に対する不当な差別、偏見その他の不利益が生じないようにその取扱いに特に配慮を要するものとして政令で定める記述等が含まれる個人情報」（個人情報保護法2条3項）を指します。

　このうち病歴とは、病気に罹患した経歴を意味するもので、特定の病歴を示した部分（例：特定の個人ががんに罹患している、統合失調症を患っている等）が該当します。

　個人情報取扱事業者は、法令に基づく場合等一定の例外を除き、あらかじめ本人の同意を得ることなく、要配慮個人情報を取得してはなりません（個人情報保護法20条2項）。

　しかし、裏返せば〝同意を得れば取得することはできる〟ため、要配慮個人情報だからという理由で、採用に当たって取得できないということではあ

15

りません。

　つまり、個人情報保護法は、収集した個人情報を目的外に第三者に同意なく開示することを禁止しているのであり、病歴といえども採用のための情報を収集することを禁止しているわけではありません。

　採用前に本人の同意を得て健康情報を集めること（入社前の健康診断など）は個人情報保護法違反には当たらないといえます。

　裁判例を見ると、Ｂ金融公庫事件（東京地裁　平15. 6.20判決　労判854号５ページ）においても、「企業には、経済活動の自由の一環として、その営業のために労働者を雇用する採用の自由が保障されているから、採否の判断の資料を得るために、応募者に対する調査を行う自由が保障されているといえる。そして、労働契約は労働者に対し一定の労務提供を求めるものであるから、企業が、採用にあたり、労務提供を行い得る一定の身体的条件、能力を有するかを確認する目的で、応募者に対する健康診断を行うことは、予定される労務提供の内容に応じて、その必要性を肯定できるというべきである」と判断されており、労務の提供を求める範囲で健康情報を得ることは許されるとしています。

　もっとも、HIV感染症やＢ型肝炎など、職場において感染したり、蔓延したりする可能性が低い感染症に関する情報や、色覚検査等の遺伝情報については、職業上の特別な必要性がある場合を除き、事業者は、労働者等から取得すべきでないとされています（「雇用管理に関する個人情報の適正な取扱いを確保するために事業者が講ずべき措置に関する指針」平16. 7. 1　厚労告259）。

（2）応募者のメンタルヘルスに関する情報を、使用者は調べることができるか

　身体障害、知的障害、精神障害（発達障害を含む）など、個人情報保護委員会規則で定める心身の機能の障害があること（個人情報保護法施行令２条１号、個人情報保護法施行規則５条各号）も要配慮個人情報に該当します。

　メンタルヘルス情報も例外ではありませんが、前記（1）の病歴と同様に、

採用前に本人の同意を得てメンタルヘルスに関する健康情報を集めること（入社前の健康診断などで）は、個人情報保護法違反には当たりません。

では、メンタルヘルスに関する情報について使用者が聞き取りをすることは、プライバシー侵害に当たるのでしょうか。

仮に、うつ病で通院しているのであれば、時間外労働はもちろんのこと、所定労働時間すら働くことができない可能性があります。前記B金融公庫事件の考えからすれば、労務提供を行うことができるかを確認するために健康情報を得ることは許されるのですから、現在のメンタルヘルスに関する情報を得ることも許されるべきです。

では、過去のメンタルヘルスに関する通院歴まで聞き取りをすることは可能でしょうか。

メンタルヘルスに関する疾病は、一度寛解しても再発することが多く、過去1年間の心療内科を含む病院の通院歴などを通じて、現在の健康状態を聞いてもプライバシー侵害には該当しないと考えます。

メンタルヘルスに関する情報を収集することについては、使用者はどうしても及び腰になってしまいますが、現在の健康状態が分からないと企業は安全配慮義務も履行できませんし、無理をして勤務をしても結局退職したり、休職してしまうことが多く、本人のためにもなりません。本人の健康に配慮するためにも、一定範囲のメンタルヘルスに関する情報収集は認められます。

(3) 採用時に「精神疾患の通院歴がない」と虚偽の事実を述べていた場合、解雇できるか

では、採用時の聞き取りに対して、精神疾患の通院歴がないと虚偽の事実を述べていた場合に、解雇することはできるのでしょうか。この点については、予定される労務提供にもよりますが、重い精神疾患を隠し、健康状態や通院歴に関する使用者からの聞き取りについて、「健康であり、病院には現在通院していない」と虚偽の回答をしていた場合は、解雇可能であると考えます。もっとも、入社前からメンタルヘルス不調であることが入社後に発覚したとしても、採用時にメンタルヘルスに関する病歴などを聞いていない場合

は、そもそも詐称にはなりません。

　裁判例においても、福島市職員事件（仙台高裁　昭55.12.8決定　労判365号速報カード33ページ）では、市の採用試験の一環として身体検査に際し、健康調査票の「ひきつけの発作（てんかん）を起こしたことがありますか」との質問項目について、「いいえ」の回答を記入し、てんかん発作を秘匿したことを理由に、「その職に必要な適格性を欠く場合」に当たるとして、分限免職がなされましたが、裁判所は「秘匿された病歴が右能力の判定（筆者注：職務遂行能力を有するかどうかという判定）に影響を及ぼす虞の少ない軽度のものであるならば、右秘匿をもって直ちに分限免職を相当とする理由となし難い」とし、てんかん症状は相当軽度であるとして、解雇の執行停止を認めました。これは、てんかんが予定される労務提供に影響を及ぼすおそれが少ないために解雇無効と判断したものですが、反対解釈をすれば、てんかんが予定する労務提供に重大な影響を及ぼすのであれば、解雇有効になり得るものと考えます。

［2］定額残業代（私的自治の原則と労基法の規制の衝突から生じるグレーゾーン）

　定額残業代とは、実際の時間外労働の有無にかかわらず、あらかじめ割増賃金を一定額、固定して支払うもので、固定残業代やみなし残業代とも呼ばれます。この定額残業代制度の運用でも、さまざまなグレーゾーンが生じる場合があります。

（1）労働時間規制・定額残業代の仕組み

　労働時間規制の仕組みは、先に述べた私的自治の原則と労基法の規制が関係するものであり、具体的には以下のとおりとなります。

・時給計算の原則

　本来は雇用契約であっても、私的自治の原則からすれば、使用者と労働者が合意していれば、さまざまな方法で賃金を計算してよいはずです。しかし、労基法は最終的には時給計算により賃金を計算することを求めており、これ

に反する合意は無効となります。

・時給をいくらにするか

　こちらも私的自治の原則からすれば、使用者と労働者が合意すれば、時給がいくらであってもよいはずであり、労基法はその点を規制していません。もっとも、最低賃金法によって、最低賃金については規制が及んでいます。

・労働時間の認定

　私的自治の原則からすれば、使用者と労働者が合意すれば、労働時間についても合意により認定することが可能ですが、この点は労基法の趣旨を受けて、最高裁判例（三菱重工長崎造船所事件　最高裁一小　平12.3.9判決　労判778号11ページ）が、〝労働時間の認定は労働契約や就業規則等によらずに実態により判断する〟と示しています。こちらも私的自治の原則を制限しているものです。

・割増賃金の計算方法

　割増賃金の計算方法については、私的自治の原則を尊重しています。そのため、定額残業代のような仕組みも許容されています。もっとも、労基法37条に従った計算結果を上回ることを求めており、その点では私的自治の原則を制限しています。

　定額残業代は、時給計算の原則を採用し、時給を設定しつつ、割増賃金の計算方法については、労基法37条の計算結果を上回ることを条件にして有効と認められているものです。いわば私的自治の原則と労基法の規制を用いて作られた制度です[図表]。

　もっとも、どの程度まで私的自治の原則に従って、自由に設計できるかはケース・バイ・ケースであり、以下に述べる個別論点において問題となります。

図表 労働時間規制の仕組み

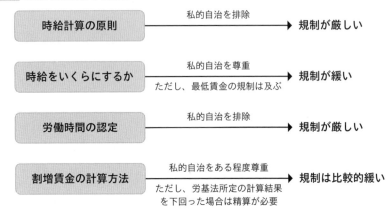

（2）個別論点について

❶実際の割増賃金と定額残業代との差額清算をしていない場合は無効となる
か

　定額残業代制度を利用している事例の中には、実際の割増賃金と定額残業
代との差額清算を行わない事例がまま見受けられます。

　この点、テックジャパン事件（最高裁一小　平24. 3. 8判決　労判1060号
5ページ）の最高裁判決において、櫻井龍子裁判官による補足意見では、実
際の割増賃金と定額残業代との差額清算を行わない場合は、定額残業代制度
そのものが無効となると読めるような内容の見解が述べられました。

　この櫻井裁判官による補足意見の影響を受けて、多くの下級審裁判例が、
実際の割増賃金と定額残業代との差額清算を行っていない事例について定額
残業代制度を無効と判断しました。

　もっとも、定額残業代制度は労基法において所定とされる計算結果を下回
らなければよいだけであり、差額清算を都度行わなかったことのみをもって、
制度すべてを無効とする理由は不明であるともいえます。

　実際に、日本ケミカル事件（最高裁一小　平30. 7.19判決　労判1186号5
ページ）は、実際の割増賃金と定額残業代との差額清算を行っていなかった
事例について、差額清算を行わない場合であっても定額残業代が有効となる

場合もあることを事実上認めています。

　もっとも、「雇用契約においてある手当が時間外労働等に対する対価として支払われるものとされているか否かは、雇用契約に係る契約書等の記載内容のほか、具体的事案に応じ、使用者の労働者に対する当該手当や割増賃金に関する説明の内容、労働者の実際の労働時間等の勤務状況などの事情を考慮して判断すべきである」と同時に判断しています。すわなち、定額残業代では「契約書」の「記載内容」のほか、「説明の内容」などの事情を考慮すると述べるなど、使用者と労働者の間にどのような合意がなされていたかを重視しており、私的自治の原則を尊重しているといえます。

❷時間数の明示までは必要か

　前記テックジャパン事件における櫻井裁判官による補足意見は、定額残業代が有効になるためには、時間数の明示が必要である旨を述べていました。この補足意見の影響を受けて、多くの下級審裁判例が、定額残業代の時間数が明示されていない事例について定額残業代制度を無効と判断しました。

　なお、前記日本ケミカル事件の原審（東京高裁　平29. 2. 1判決　労判1186号11ページ）では、櫻井裁判官による補足意見の影響を受けて、「本件では、業務手当が何時間分の時間外手当に当たるのかが被上告人に伝えられておらず、休憩時間中の労働時間を管理し、調査する仕組みがないため上告人が被上告人の時間外労働の合計時間を測定することができないこと等から、業務手当を上回る時間外手当が発生しているか否かを被上告人が認識することができないものであり、業務手当の支払を法定の時間外手当の全部又は一部の支払とみなすことはできない」との判断がなされましたが、その一方で、最高裁判決は、上記原審（櫻井裁判官による補足意見に基づく高裁判決）を「しかし、労働基準法37条や他の労働関係法令が、当該手当の支払によって割増賃金の全部又は一部を支払ったものといえるために、(中略)原審が判示するような事情が認められることを必須のものとしているとは解されない」として否定しています。

　このように、日本ケミカル事件の高裁、最高裁判決では、使用者と労働者

　法令違反の境界線にある"グレーゾーン"に対処する上での基本的な考え方

21

の間に「契約書」の「記載内容」のほか、「説明の内容」などの事情を考慮すると述べ、どのような合意がなされていたかを重視し、私的自治の原則を尊重しており、時間数の明示は必ずしも必要としないと判断しました。

❸時間外労働何時間以上の定額残業代は無効となるか

イクヌーザ事件（東京高裁　平30.10. 4判決　労判1190号5ページ）は、月間80時間分相当の時間外労働に対する定額残業代制度が公序良俗違反で無効であると判断しました。判決では、「長時間の時間外労働を恒常的に労働者に行わせることを予定していたわけではないことを示す特段の事情が認められる場合はさておき、通常は、基本給のうちの一定額を月間80時間分相当の時間外労働に対する割増賃金とすることは、公序良俗に違反するものとして無効とすることが相当である」との判断がなされています。

2019年4月に施行された改正労基法では、2カ月から6カ月平均で80時間以上の法定時間外労働・休日労働は違法とされており、私的自治の原則を尊重しつつも、長時間労働を恒常的に行わせることを前提とする制度の場合は公序良俗違反とする傾向になると考えられます。

❹割増率が異なる割増賃金について

一時期、例えば「固定残業手当は時間外・休日・深夜の割増賃金として支払う」と規定している場合であれば、割増率が異なる割増賃金の内訳が明示されていないとして、固定残業手当の効力を否定される事案がありました（ファニメディック事件〔東京地裁　平25. 7.23判決　労判1080号5ページ〕、木下工務店事件〔東京地裁　平25. 6.26判決〕）。

しかし、コロワイド東日本事件（横浜地裁　平26. 9. 3判決　労判1171号81ページ）では、以下のとおり、割増率が異なる割増賃金の内訳を明示する必要はなく、労基法に従った割増賃金が結果として支払われていればよいと判断しています。

「また、業務手当として支払われている額が明示されている以上、法に定める割増率をもとに、労働基準法所定の残業代が支払われているかを計算して

検証することは十分に可能であり、被告は現に計算を行ったものを書証として提出している（中略）。

　オ　以上からすると、被告の業務手当に関する規定は、そもそも残業代を支払う旨を定めているにすぎない労働基準法37条に違反しているとはいえないし、残業代の支払の定め方として無効であるともいえないというべきである」

　最近は、この論点について裁判所は割増率が異なる割増賃金の内訳を示していないことを問題にしなくなってきています（筆者所属事務所の事例）。

　この点についても、私的自治の原則を尊重して、労基法所定の計算結果以上の金額が支払われていれば、自由設計を認めていることが分かります。

　ここでは定額残業代制度の運用を例に挙げましたが、最高裁判決等によりグレーゾーンの考え方について一定の判断が示されることがあります。その影響で、以降の下級審裁判においても同様の判断が行われるケースがある一方、こうした判断自体に異論が出される場合もあるため、注意する必要があります。

（向井　蘭）

第2章

近年の
注目テーマ

定年後再雇用に当たり、仕事内容や勤務条件を変えずに賃金・賞与を減額して問題ないか

当社では定年後再雇用として、1年間の有期労働契約を締結しています。仕事内容や勤務条件を変えずに賃金や賞与の減額をしても、労働組合と協約を締結さえすれば問題ないでしょうか。

A 労働組合と定年後再雇用後の賃金や賞与について労働協約を締結しても、労契法20条（パート・有期法8条）は強行法規であり労働協約に優先するため、同条違反に該当するかの検討が必要

1 「長澤運輸事件マトリクス」で考える

定年後再雇用後の労働条件については、長澤運輸事件最高裁判決（最高裁二小　平30. 6. 1判決　労判1179号34ページ）が参考となります。同判決は、(1)手当等賃金項目ごとに判断することを明らかにし、(2)定年後再雇用の特殊性を考慮しました。もっとも、手当ごとに個別に判断するため、具体的な事案でどのように考えるべきか判断に迷う部分もあります。

そこで、筆者は長澤運輸事件最高裁判決を基に、マトリクス**[図表1]**を作成し、具体的な事案を当てはめることにしています。

マトリクスを考える上で大きな軸は二つあります。横軸は「職務の内容・職務の内容及び配置の変更の範囲の同一性」、縦軸は「手当と職務の関連性」です。労契法20条（編注：労契法20条は、判決が出された当時の条文を示す。同条は、令和2年4月1日から削除され、パート・有期法8条に移行。以下本問内では、旧法表記とする）では、労働条件の相違が不合理と認められるかどうかは職務の内

図表1 長澤運輸事件（最高裁二小　平30．6．1判決）を基に作成した定年後再雇用の適法・違法のマトリクス

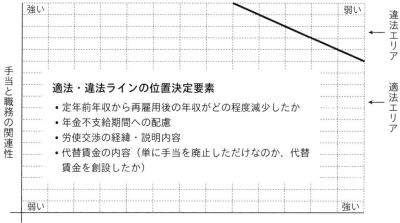

適法・違法ラインの位置決定要素
- 定年前年収から再雇用後の年収がどの程度減少したか
- 年金不支給期間への配慮
- 労使交渉の経緯・説明内容
- 代替賃金の内容（単に手当を廃止しただけなのか、代替賃金を創設したか）

（定年前の）職務の内容・職務の内容及び配置の変更の範囲の同一性

容、職務の内容および配置の変更の範囲を考慮すると定められているため、横軸の「職務の内容・職務の内容及び配置の変更の範囲の同一性」は重要な要素となります。また、長澤運輸事件最高裁判決は、手当ごとに適法性を検討することを明確にしたため、それぞれ検討する必要があり、手当によっては職務との関連性にかなり開きがあることから、「手当と職務の関連性」を縦軸にすることとしました。その上で、その他の考慮要素を適法・違法ラインの位置決め要素としました。

　長澤運輸事件最高裁判決から、次の要素が、適法・違法ラインの位置決め要素として挙げることができると思われます。

- 定年前年収から再雇用後の年収がどの程度減少したか
- 年金不支給期間への配慮
- 労使交渉の経緯・説明内容
- 代替賃金の内容（単に手当を廃止しただけなのか、代替賃金を創設したか）

2 マトリクスへの当てはめ

本判決を基に、実際に［図表1］のマトリクスに当てはめてみることとします［図表2］。

［1］職務の内容・職務の内容および配置の変更の範囲の同一性

職務の内容・職務の内容および配置の変更の範囲の同一性については、長澤運輸事件の原告の場合、定年前の業務と定年後再雇用後の業務が全く同じであるため、［図表2］では右側に各種手当を配置することになります。

［2］精勤手当

精勤手当については、欠勤等をせずに出勤すればもらうことができる手当であり、職務との関連性が強いといえます。そのため、職務との関連性が一番強い手当として、一番上に位置づけました。

［3］職務給・能率給

職務給・能率給はいずれも職務との関連性は強いのですが、精勤手当よりは職務との関連性は強くないと、筆者は判断しました。

職務給は、一定の運送車両に乗務すれば定額の手当が受給でき、能率給は歩合制ではあるものの、一定の業務量は確保されているため、一定額の歩合給はある程度受給できると思われるからです。そのため、職務給・能率給については、手当と職務との関連性の観点においては精勤手当の次に手当と職務との関連性が強いと位置づけました。

［4］賞与・退職金

賞与・退職金は、賞与については生活給の側面、退職金については賃金の後払い的性格という福利厚生の性格も有しており、職務との関連性はそれほど強くありません。そのため、職務給・能率給の次に手当と職務との関連性が強いと位置づけました。

図表2 長澤運輸事件（最高裁二小　平30．6．1判決）を基に作成した定年後再雇用の賃金・諸手当の適法・違法のマトリクス

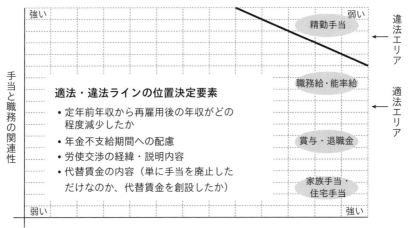

（定年前の）職務の内容・職務の内容及び配置の変更の範囲の同一性

[5] 家族手当・住宅手当

　家族手当・住宅手当は、職務との関連性が弱いため、手当と職務との関連性は一番弱いと位置づけました。

[6] 適法・違法ラインの線引き

　長澤運輸事件で最高裁は、次のとおり、諸事情を考慮して精勤手当の不支給のみを違法と判断しました。本問でいえば、次の事情を考慮して、適法・違法ラインを精勤手当と職務給・能率給の間に置きました。

- 定年前年収から再雇用後の年収がどの程度減少したか→年収21％減にとどまった
- 年金不支給期間への配慮→年金不支給期間に調整給を2万円支払った
- 労使交渉の経緯・説明内容→労働組合との交渉を行った

- 代替賃金の内容（単に手当を廃止しただけなのか、代替賃金を創設したか）→ 職務給・能率給を定年後再雇用において支給しない代わりに基本給を増額し、能率給よりも歩合率を上げて歩合給を設定した

3 設問に対する回答

　労働組合と定年後再雇用後の賃金や賞与について労働協約を締結しても、強行法規は労働協約に優先し、労契法20条（パート・有期法8条）は強行法規であることから、同条違反に該当するかを検討しなければなりません。

　労働協約を締結すればマトリクスの適法・違法ラインを引き上げることができますが、仕事内容や勤務条件を変えずに賃金や賞与の減額を行えば、長澤運輸事件最高裁判決のように、職務に関連する手当（精勤手当等）の削減等は違法になる可能性が高いといえます。

（向井　蘭）

Q | 2-2

役職定年後、部下なし管理職となった社員についても、時間外の割増賃金は支払わなくてよいか

　役職定年後、部下なし管理職となった社員がいます。役職手当がなくなるなど、賃金の減額はあるものの、管理職層としての賃金は維持していますが、経営には直接関与等していません。また、出退勤については厳格に管理していません。この場合、時間外労働等の割増賃金は支払わなくてもよいでしょうか。

A｜「部下なし」で「経営には直接関与等していない」ため、管理
監督者には該当せず、時間外労働等に対しては割増賃金を支払
わなければならないといえる

1 管理監督者とは

　まず、管理職（管理監督者）について、法的にどのように定義されている
かを見てみましょう。

　厚生労働省労働基準局による通達(昭 22. 9.13　発基 17、昭 63. 3.14　基発
150）によれば、「法（編注：労基法）第 41 条第 2 号に定める『監督若しくは管
理の地位にある者』とは、一般的には、部長、工場長等労働条件の決定その
他労務管理について経営者と一体的な立場にある者の意であり、名称にとら
われず、実態に即して判断すべきものである」とされており、労基法の労働
時間・休憩・休日の規制が適用されません。すなわち管理監督者は、いわゆ
る割増賃金についても、深夜割増部分以外は支払い義務がないといえます。

　最近の裁判例は、管理監督者であるかどうかを判断する上で、次の①～④
の判断基準を示しています(ゲートウェイ 21 事件　東京地裁　平 20. 9.30 判
決　労判 977 号 74 ページ、東和システム事件　東京地裁　平 21. 3. 9 判決
労判 981 号 21 ページ、菅野和夫『労働法 第 12 版』[弘文堂] 493 ページ）。

①職務内容が少なくともある部門全体の統括的な立場にあること
②部下に対する労務管理上の決定権限等につき一定の裁量権を有し、人事考課・
　機密事項に接していること
③管理職手当などで時間外手当が支給されないことを十分に補っていること
④自己の出退勤を自ら決定する権限があること

2 判断基準には優先順位がある

　管理監督者性を判断するに当たっての基準には、実は優先順位があります。

　裁判官発言（[**図表1**]の[注]）からも、まずはⅠ「責任・権限」「業務内容」が先に判断され（前記①②）、「責任・権限」「業務内容」がある部門の統括的な立場にあるものとしてふさわしいものであれば、Ⅱ「労働時間の自由裁量性」（前記④）を検討し、労働時間の自由裁量性が認められれば、Ⅲ「給与・手当面の待遇」（前記③）が問題となるとされています[**図表1**]。

　ところが、現実には企業の人事労務管理において、管理監督者性を判断する上では[**図表1**]のⅡとⅢを充たしているかを重視し、Ⅰについては厳密に判断していません。そのため、裁判所の判断基準と企業の判断基準にズレが生じ、その結果過去数十年間にわたり、日本では管理職の管理監督者性が否定されてきているのです。

　賃金債権の消滅時効が当面3年、将来的には5年になるという改正労基法が2020年に成立・施行されました。そのため、将来の労務リスクを考えれば、早めに前記基準に従って管理監督者の適用範囲を見直すべきといえます。

3 管理監督者マトリクス

　筆者は、Q2-1の定年後再雇用マトリクスと同様に、管理監督者マトリクス[**図表2**]を作り、具体的な事案を当てはめることにしています。

　マトリクスを考える上で、大きな軸は二つあります。横軸は「業務内容の性質」、縦軸は「責任・権限」です。前記のとおり、「責任・権限」「業務内容」が先に判断され（Ⅰ）、「責任・権限」「業務内容」がある部門の統括的な立場にある者としてふさわしいものであれば、労働時間の自由裁量性（Ⅱ）や給与・手当面の待遇（Ⅲ）が補完的に問題となるためです。そこで、労働時間の自由裁量性（Ⅱ）や給与・手当面の待遇（Ⅲ）を管理監督者・非管理監督者ラインの位置決め要素としました。

図表1 管理監督者性の判断基準における優先順位

		裁判所の判断の優先順位	企業の人事労務管理の状況	
責任・権限	①職務内容が少なくともある部門全体の統括的な立場にある	I	厳密に判断せず	裁判所の判断基準と企業の判断基準にズレが生じているため、管理職の管理監督者性が否定されている
業務内容	②部下に対する労務管理上の決定権限等につき一定の裁量権を有し、人事考課・機密事項に接している			
給与・手当面の待遇	③管理職手当などで時間外手当が支給されないことを十分に補っている	Ⅲ	重視	
労働時間の自由裁量性	④自己出退勤を自ら決定する権限がある	Ⅱ		

近年の注目テーマ

［注］　管理監督者性の判断基準の優先順位に関する裁判官の発言としては、以下のようなものがある。
「基本的に一番重視すべきは『権限』であろうと理解しております」（「割増賃金事件の審理に関する弁護士会と裁判所との協議会」判タ 1367 号 43 ページ〔西村康一郎発言〕〔2012 年〕）
「管理監督者の判断基準の優先度合としては、まずは権限や業務内容に重点をおいて考察し、その上で、労働時間が当該労働者の自由裁量に任されている場合には経営者と一体的立場にあることが裏付けられていると考えるのが相当である」
「権限・責任や労働時間の自由裁量性といったものに比して給与・手当面の待遇は、管理監督者性の判断において補完的なものとされている」（福島政幸「管理監督者をめぐる裁判例と実務」判タ 1351 号 48 〜 49 ページ〔2011 年〕）

図表2 管理監督者・非管理監督者のマトリクス

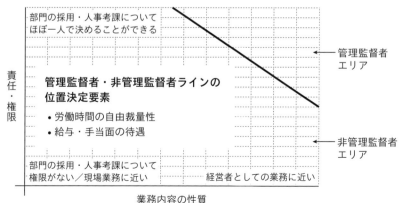

4 設問に対する回答

設問の事例は、「部下なし」で「経営には直接関与等していない」ため、[図表2]では、縦軸の責任・権限がほぼないことになります。仮に、ある程度管理職層としての賃金を維持し、出退勤がある程度自由であったとしても、「部下なし」で「経営には直接関与等していない」時点で、管理監督者には該当しないことが確定しますので、時間外労働等に対しては割増賃金を支払わなければならないといえます。

(向井　蘭)

Q 2-3

定年前とは異なる職務内容で再雇用契約をすることは可能か。また、職務内容に応じた賃金の引き下げは問題か

定年後再雇用者については、身体的・体力的な事情なども考えられるので、業務負荷を軽減し、次世代へのノウハウの継承を行ってもらうなど、定年前とは異なる職務内容で再雇用契約を締結したいと考えていますが、こうした対応は可能でしょうか。また、その際に、職務内容に応じて賃金を引き下げることは問題でしょうか。

A | 定年前と異なる職務内容、所定労働日（所定労働時間）を提示し、それに応じて賃金を引き下げることは可能。しかし、定年前の職務内容と賃金を全く考慮せずに、大幅な変更を行う場合は違法となり得る

1 定年後再雇用制度

　高年法では、8条において定年年齢を60歳以上とすることを義務づけるとともに、9条では65歳未満の定年制度を導入している会社に対して、①定年の引き上げ、②継続雇用制度の導入、③定年の定めの廃止——のいずれかの措置を講ずることを義務づけています。

　いわゆる定年後再雇用として問題となる事例は、会社が②継続雇用制度の導入を選択した場合です。継続雇用制度を採用した場合、一般には60歳を定年とし、定年に達した後は定年前の雇用契約と異なる有期雇用契約を再度締結することとなります。

　この再雇用契約の締結時に定年前と異なる内容の労働条件を提示し、合意をすることが適法であるかという点は、実務上でしばしば問題となる事例です。

　結論としては、高年法は定年に達した者に関して、65歳までの雇用の維持を求めているのみであり、定年前の労働条件と同一の内容で雇用をすることを義務づけるものではありません。すなわち、高年法が求めているのは上記①〜③のいずれかの措置を講ずることです。継続雇用制度を導入する場合、会社が合理的な裁量の範囲内の労働条件を提示していれば、たとえ労働者と使用者の間で労働条件等に関して合意が得られず、結果として再雇用ができないとしても、違法となるものではないと考えられます。

　したがって、定年後再雇用者に対し、定年前とは異なる職務内容で契約することも、また、その際に職務内容に応じて賃金を引き下げることも合理的な条件の提示ということができれば、可能になります。

2 定年後再雇用における労働条件

　では、どのような労働条件の提示を行うと合理的な裁量の範囲を逸脱し、高年法9条に違反したとされるのでしょうか。実際の裁判例を見ていきましょう。

［1］高年法 9 条に違反するとされた事例

　まず、業務内容の変更については、トヨタ自動車ほか事件（名古屋高裁平 28. 9.28 判決　労判 1146 号 22 ページ）が参考となります。この事案においては、定年前にデスクワークを中心とする事務職に従事していた労働者に対して、会社が、定年後再雇用後の業務として、シュレッダー機のごみ袋交換および清掃等を提示していました。裁判所は、定年前の業務と定年後の業務が「全く別個の職種に属するなど性質の異なったものである場合には、もはや継続雇用の実質を欠いており、むしろ通常解雇と新規採用の複合行為というほかないから、従前の職種全般について適格性を欠くなど通常解雇を相当とする事情がない限り、そのような業務内容を提示することは許されない」として違法と判断しています。

　次に、賃金の減額については、九州惣菜事件（福岡高裁　平 29. 9. 7 判決　労判 1167 号 49 ページ）が参考となります。この事案は、再雇用に伴って労働時間が定年前よりも約 45% 減少し、賃金も月収ベースで約 75% 減少するというものですが、高年法の趣旨に反し違法と判断されています。

［2］高年法 9 条に違反しないとされた事例

　他方で、再雇用後の契約更新の場面ではあるものの、職務内容の変更と賃金の減額が違法とされなかった事例として、春秋航空事件（東京地裁　令 3. 7.29 判決　労経速 2465 号 19 ページ）があります。この事案では、契約の更新に当たり、課長として部下の管理をしつつ、購買仕入れ等を行っていた従業員に対して、総務の業務に変更し（併せて課長職でもなくなっている）、給与を月額 50 万円から 31 万 5000 円に減額したことについて、有効と判断されています。

3　実務上の対応

［1］再雇用時の職務内容変更を適法に行うための考え方

　前記の裁判例も踏まえると、実務上の対応に当たっても、定年前の業務内容と賃金を全く考慮せずに職務内容の変更や賃金の減額を行うことは、高年

法に反するものとして違法となる可能性が高いといえます。

　例えば、トヨタ自動車ほか事件のように、定年前にホワイトカラーの業務に従事していた従業員をブルーカラーの業務に従事させるような場合は、違法となる可能性が高く、注意が必要です。他方で、ホワイトカラー業務内での変更であれば、異なる職務内容で契約することも適法となりやすいと考えられます。そのため、再雇用者の職務内容を検討するに当たっては、可能な限り定年前に従事していた業務の経験やスキルを生かすことができる内容で提示できるようにすることが望ましいでしょう。

　また、賃金の減額についても、九州惣菜事件のように大幅な減額は、業務内容等の変更があったとしても高年法の趣旨に反するため、違法となる可能性が高いと言わざるを得ません。違法となる減額幅に明確な基準は存在しないものの、春秋航空事件を踏まえても、4割以上の賃金減額となる労働条件の提示は違法性が指摘される一つの目安と考えられます。

［2］労働時間の削減や業務量の変化も併せて検討

　実務上は、組織の新陳代謝や人件費抑制等の観点から、再雇用者について賃金の減額を行うことも多いですが、その際は、労働時間の削減や業務量の変化という点も併せて検討することが有用です。例えば、現役世代の成長のために、主要な業務は優先的に定年前の従業員が行い、定年後の従業員は現役世代で賄えない部分を行うという整理が可能な場合には、定年前に「1日8時間、週5日」で勤務していた従業員について、定年後再雇用時に「1日8時間、週3日勤務」として賃金を5分の3とする、「1日6時間、週5日勤務」として賃金を4分の3にする——といった提案も実務上の対応として考えられます。

（井山貴裕）

Q | 2-4

休憩時間や終業後などの就業時間外に
オフィスで行う副業を禁止できるか

労働者が休憩時間や終業後などの就業時間外にオフィスに滞留して副業することを禁止できるでしょうか。休憩時間や施設管理における考え方を含めて教えてください。

A
副業が使用者の施設管理権や企業秩序をどの程度害するかに着目すれば禁止することは可能。ただし、原則として休憩時間などの就業時間外については、労働者は使用者の指揮命令に拘束されることなく自由に過ごすことができる点に留意が必要

---

1 休憩時間自由利用の原則

休憩時間とは「労働者が労働時間の途中において休息のために労働から完全に解放されることを保障されている時間」のことをいい、使用者は労働者に対しその休憩時間について何ら制約を加えることなく自由に過ごさせる必要があります（菅野和夫『労働法 第12版』［弘文堂］483ページ）。また、労基法上も休憩時間自由利用の原則が採用されており（34条3項）、使用者が労働者に対し休憩時間の過ごし方について過度な制約や制限を課してしまうと、労働から完全に解放されていないと判断され、休憩時間ではなく労働時間とされる危険性もあります。

もっとも、労働者は、事業場内で休憩時間を過ごす場合、後述 2 で説明する使用者の施設管理権との兼ね合いから、「使用者の企業施設に対する管理権の合理的な行使として是認される範囲内の適法な規制」および「労務提供とそれに直接付随する職場規律」「（労務提供とそれに直接付随する職場規律以外の）企業秩序維持の要請に基づく規律」に服するものとされています（電電公社目黒電報電話局事件　最高裁三小　昭52.12.13判決　民集31巻7号974

ページ)。

　したがって、会社の施設利用について制限を加える場合、休憩施設の管理
や企業秩序の維持を目的とした制限であれば、休憩の目的を損なわない限り、
差し支えないものと考えられます（昭 22. 9.13　発基 17）。

2　使用者の施設管理権

　使用者は、施設管理権を有しており、「職場環境を適正良好に保持し規律の
ある業務の運営態勢を確保するため、その物的施設を許諾された目的以外に
利用してはならない旨を、一般的に規則をもつて定め、又は具体的に指示、
命令することができ」るとされています（国鉄札幌運転区事件　最高裁三小
昭 54.10.30 判決　民集 33 巻 6 号 647 ページ）。

　したがって、使用者は、労働者に対し、業務上の必要に応じて会社の設備
や備品の使用を許諾する一方、私的な利用など業務に関係なく会社の設備や
備品を使用することについて、当該施設管理権に基づいて禁止したり制限を
したりすることができます。

3　設問に対する回答

[1] 終業後にオフィスで副業をしている場合

　一般に労働契約は、使用者がその事業活動を円滑に遂行するために必要な
限りでの規律と秩序を根拠づけるにすぎず、就業時間後の労働者の私生活に
対する使用者の一般的支配まで生じさせるものではないため（菅野和夫『労
働法 第 12 版』［弘文堂］712 ページ）、本来、就業時間後の私的時間はどの
ような過ごし方をしても問題ないはずです。

　もっとも、前述のとおり使用者は職場施設に対する施設管理権を有してい
るため、就業時間後もオフィス内に滞留して副業（あるいは副業以外の活動）
を行っている労働者に対しては、当該施設管理権を理由に退去を命じること
ができます。就業時間後も業務に関係なくオフィス内に滞留している場合、
当該労働者が滞留中に事業所内で発生した何らかの災害に巻き込まれた場合
の責任問題も発生しかねない上、タイムカードの打刻との相違が発生し、労

働時間管理に問題が生じかねないというリスクもあります。特に、いわゆる
デスクワーク業務等の場合ですと、残業をしているのか、単に滞留している
だけなのかの区別がつきにくく、労働時間を検証するに当たって問題になり
かねません。

　したがって、このような施設管理権の観点から、就業時間後もオフィスに
滞留して副業等をしている労働者に対しては、直ちに退去を命じるべきで
しょう。

［2］休憩時間中にオフィスで副業をしている場合

　前述のとおり、労働者は休憩時間中は自由に過ごしてよいことを保証され
ていますので、本来休憩時間中に副業をすることも自由であって、禁止する
ことは難しいように思えます。もっとも、労働者は休憩時間中であっても会
社施設内で過ごす場合は、企業秩序維持の要請に基づく規律には服する必要
があります。そのため、会社の施設管理権を害する態様の副業や、ほかの休
憩中の社員を害するような態様の副業については、禁止することができます。

　もっとも、社員が自らの所有するスマートフォンやパソコンを用いて副業
を行っている場合、ほかの社員が副業以外の理由でこれらの端末を使用して
いる状況と変わりがなく、このような態様での副業を禁止することは難しい
でしょう（施設管理や企業秩序維持の観点から、会社がオフィス内でこれら
端末の使用を一律に禁止している場合は除きます）。

4　まとめ

　以上のとおり、休憩時間や終業後など就業時間外にオフィスで副業をして
いる労働者がいても、労働者は原則として休憩時間ないし就業時間後につい
て、使用者の指揮命令に拘束されることなく自由に過ごすことができる点に
留意が必要です。したがって、副業をしている事実に基づきこれを禁止する
のではなく、副業が使用者の施設管理権や企業秩序をどの程度害するかに着
目して禁止することが重要です。

　なお、「副業・兼業の促進に関するガイドライン」（平成30年1月策定、最

終改定：令和4年7月）が発行されて以降、副業や兼業に対する関心が高まりつつあります。使用者が労働者への対応方法や対応の根拠を間違えれば、世間的に取り上げられるリスクも高まっているため、注意を払う必要があります。

しかし、副業が促進されるからといって、本業に係る義務をないがしろにすることが是認されるわけではないため、これらの義務を遵守すべきことを周知し、違反する労働者に対しては注意指導を行うなど、きちんとした対応をすべきです。

（本田泰平）

Q | 2-5

倫理的な観点から、風俗店や接待を伴う飲食店での副業を禁止することはできるか

当社では従業員が副業をする場合には、事前に副業先の業務内容や想定される就業日数・時間などを届け出てもらうようにしています。これまで、本業に支障が出る場合のみ禁止していたのですが、倫理的な観点から風俗店や接待を伴う形態の飲食店での副業については禁止したいと考えています。こうした対応は可能でしょうか。

A │ 倫理的な観点からという理由のみで禁止することはできない。一方で、夜間から深夜の就労により本業に支障が出ることを理由とする禁止は可能

1 労働契約における労使の義務と副業・兼業を禁止できる場面

　労働契約の本質は「当事者の一方（労働者）が相手方（使用者）に使用されて労働し、相手方がこれに対して賃金を支払うこと」（菅野和夫『労働法第12版』［弘文堂］150ページ）ですが、信義誠実の原則から、使用者と労働者は付随義務として種々の債務を負っています。

　具体例としては、労働者には労務提供義務のほか、職務専念義務、秘密保持義務、競業避止義務などがある一方、使用者には労契法5条に基づき「労働者がその生命、身体等の安全を確保しつつ労働することができるよう、必要な配慮をする」義務（安全配慮義務）があります。

　そして、上記付随義務を負っていることから、使用者が労働者の副業・兼業を禁止できる場面としては、裁判例上、次の①〜④が認められています。これらは、厚生労働省が発行しているモデル就業規則においても同様の記載がされています。

【副業・兼業を禁止できる場面】

①労務提供上の支障がある場合
②企業秘密が漏洩する場合
③会社の名誉や信用を損なう行為や、信頼関係を破壊する行為がある場合
④競業により、企業の利益を害する場合

---

2 過去の裁判例と近年の流れ

　副業・兼業に関する過去の裁判例に、小川建設事件（東京地裁　昭57.11.19決定　労判397号30ページ）があります。これは、建設会社に勤める従業員が毎日6時間キャバレー（接待を伴う飲食店）でアルバイトを行っていたため解雇されたという事案で、裁判所は、"兼業が深夜に及ぶものであり、社会

通念上、会社への労務の誠実な提供に何らかの支障を来す蓋然性が高いこと"
などを理由に、当該解雇を有効としています。

しかし、同判決が出されて以降、副業・兼業に対する考え方は変化しています。平成29年にまとめられた「働き方改革実行計画」を受けて厚生労働省が策定した「副業・兼業の促進に関するガイドライン」（平成30年1月策定、最終改定：令和4年7月）で、「原則、副業・兼業を認める方向とすることが適当である」と明記された現在においては、この裁判例があるからといって、"安易に"接待を伴う飲食店であることに着目して副業を禁止したり、副業したことを理由に解雇したりすべきではないと考えられます。

3 副業・兼業と労働時間管理

副業・兼業をする場合の労働時間管理について、労基法38条は、「労働時間は、事業場を異にする場合においても、労働時間に関する規定の適用については通算する」と規定しており、この「事業場を異にする場合」には、使用者を異にする事業場において労働する場合をも含むとされています（昭23. 5.14　基発769）。その上で、前記ガイドラインにおいても、本業・副業ともに「労基法に定められた労働時間規制が適用される労働者」といえる場合には、労働時間の通算が必要になる旨が明記されています（なお、フリーランスや個人事業主等のように労基法が適用されない場合や、管理監督者等のように労働時間規制が適用されない場合には、労働時間の通算が不要なことに注意が必要です）。

したがって、会社として自社の従業員が副業・兼業をしていることを把握した場合には、対象者から副業の内容や就労日数、就労時間等について聴取し、適切に労働時間の管理をする必要があります。また、自社と副業・兼業先の労働時間を通算した結果、あまりに長時間とならないよう配慮する必要があります。

4 設問に対する回答

[1] 倫理的な観点からという理由での禁止の可否

　厚生労働省のモデル就業規則や前記ガイドラインの内容を踏まえると、倫理的な観点からという理由のみで「風俗店や接待を伴う飲食店」での副業を禁止することはできないと考えられます。

　むしろ、"倫理的か否か"という観点のみでこれらの副業を禁止すれば、労働者の職業選択の自由に対する過度な制約にもなる上、これらの職種に対する差別であるとして社会的に取り上げられる可能性も否定できません。

[2] 労働時間管理の観点での検討

　もっとも、前記**3**のとおり、副業・兼業の場面においても、会社には従業員の労働時間を管理する義務があり、従業員にも、仮に副業・兼業をするとしても自身の健康に注意を払い、本業の業務遂行に支障が出ないよう配慮する義務があります。

　一般に「風俗店や接待を伴う飲食店」での副業は、夜間から深夜にかけて行われることが多いため、このような時間帯に副業をしていれば、睡眠時間が十分に取れないなど日中の本業にも支障が出かねません。また、労働時間管理の問題からも、夜間から深夜にかけて長時間の労働をしていれば、本業の就業時間と合わせて、実労働時間がかなりの時間数になることも避けられないでしょう。

　したがって、「風俗店や接待を伴う飲食店」での副業の申し出があった場合には、対象の従業員から想定される就業時間等を聴取し、労働時間管理の観点から本業への支障の有無を検討した上で、禁止の可否を決めるべきです。その際には、もちろん、「風俗店や接待を伴う飲食店」に限らず、どのような業種であってもこれらの観点から検討することが重要になります。

[3]「風俗店や接待を伴う飲食店」での副業を禁止する場合

　これまでに説明してきたとおり、結論としては、「風俗店や接待を伴う飲食

店」での副業を禁止することもできますが、不許可とする理由を決して誤らないことが大切です。

こうした副業を禁止する際、「風俗店や接待を伴う飲食店」での副業・兼業は深夜に飲酒を伴う形での営業等が想定されているので、本業が日中の業務の場合、十分に休養を取る時間がなくなり、心身の疲労が蓄積し、本業の労務提供に支障が出る可能性もあることから不許可にする――という論理で理由づけすることは、十分に考えられるところです。

(本田泰平)

Q | 2-6

子育て中の社員による就労時間や業務内容への要求に、どこまで応じる必要があるか。また、社員の配偶者へ育児分担を求めるのはハラスメントか

当社の子育て中の社員が、急な早退や遅刻、仕事のえり好み・放り出し、雑用等の拒否、シフトや休暇の調整で自分の希望を優先的に通そうとするなど、度重なる要求を繰り返し、困っています。こうした要求に、会社はどこまで対応する必要があるのでしょうか。また、安定的な勤務のために、この社員に対して、配偶者にも育児の分担をしてもらうよう求めることはハラスメントになるのでしょうか。

A | 育介法の規定する子の看護休暇や育児短時間勤務等の範囲内で要求には応じる必要がある。また、配偶者に育児の分担を求めることはハラスメントに当たる可能性がある

1　育介法の規定する育児支援の内容

　育介法は、育児支援の内容として、[図表]に示す六つの制度を定めています。使用者は、育児中の従業員等からの希望や申し出があった場合には、これらに適切に対応しなければなりません。

　そこで、設問に関係する「子の看護休暇」と「育児短時間勤務」について、その概要を見ていきましょう。

2　子の看護休暇

[1] 子の看護休暇とは

　子の看護休暇とは、小学校入学前の子どもを養育する従業員が、子どものけがや病気により世話が必要なときや、予防接種や健康診断を受けさせる際に取得可能な休暇をいいます（育介法16条の2）。この休暇は、労基法39条の規定による年次有給休暇とは別に与える必要があります。

　原則、日雇従業員（1日単位で雇用契約を結ぶ場合）を除き、小学校就学前の子どもを養育する全従業員が子の看護休暇を取得することができます。

[図表] 育介法における育児支援

出生時育児休業	子の出生後8週間以内に、4週間まで休業が取得できる制度。「産後パパ育休」とも呼ばれる
育児休業	原則子が1歳（最長2歳）まで休業が取得できる制度
子の看護休暇	小学校入学前の子について、年間5日まで、けがや病気など看護が必要なときに休暇を取得できる制度
所定外労働の制限	一定要件の下で、3歳未満の子を養育する者について所定外労働（残業）を禁止するもの。小学校入学前の子を養育する場合の時間外労働の制限措置（月24時間、年150時間が上限）もある
深夜業の制限	一定要件の下で、小学校入学前の子を養育する者について、深夜帯（午後10時〜午前5時）の就業を禁止するもの
育児短時間勤務	一定要件の下で、3歳未満の子を養育する者について所定労働時間を短縮するもの

また、労使協定を締結した場合、入社6カ月未満の従業員や1週間の所定労働日数が2日以下の従業員からの取得の申し出を拒否することが可能になります。

　子の看護休暇は、従業員1人につき1年度において5日（対象となる子どもが2人以上の場合にあっては10日）取得可能とされています。そのため、対象となる子どもが2人以上いる従業員は、同じ子どもにつき年10日の子の看護休暇を取得することが可能です。ここでいう「1年度」の始期および終期は、使用者が自由に決定することができます。

　従業員は、子の看護休暇を取得するに当たり、①労働者の氏名、②申し出に係る子どもの氏名および生年月日、③看護休暇を取得する年月日（1日未満の単位で取得する場合には、看護休暇の開始および終了の年日時）、④負傷、疾病、健康診断や予防接種の事実を使用者に申し出なければなりません。この点、育介法には休暇の申請方法に関する定めがないため、口頭での申し出も可能となります。通達も、子の看護休暇の趣旨を考慮すると、休暇を取得する当日に電話等による申し出をしたときであっても、事業主は拒むことができないとしています（育介法施行規則35条）。

　なお、子の看護休暇を取得した期間の賃金については、年次有給休暇と異なり、無給とすることが可能です。

[2] 欠勤との違い

　従業員には所定労働日に労務の提供を行う義務があります。欠勤や遅刻・早退は、当該義務を果たさないことを意味し、労働契約の債務不履行に当たります。他方、子の看護休暇は、使用者が従業員の労務の提供を免除するものであり、当該休暇の取得により労務を提供しなかったとしても債務不履行には当たりません。また、子の看護休暇を取得したことによる不利益な取り扱い（人事評価でマイナス要素として考慮することなど）は禁止されています（育介法16条の4）。

3 所定労働時間の短縮措置等

[1] 育児短時間勤務制度とは

　育介法は、使用者に対して、3歳未満の子どもを養育する従業員が申し出たときは、その従業員の所定労働時間を短縮することを義務づけています（育介法23条）。なお、短縮後の所定労働時間は原則「6時間」にすべきとされています（同法施行規則74条）。

　もっとも、同法は、始業時刻や終業時刻を従業員が選択できるようにすることまでは義務づけていません。そのため、使用者は3歳未満の子どもを養育する従業員に対して勤務時刻を指示することが可能です。

[2] 対象者

　原則、育児短時間勤務制度の申し出が可能な対象者から除くことができる従業員は、日雇従業員と1日の所定労働時間が6時間以下である従業員です。もっとも、労使協定の締結により、入社1年未満の従業員と1週間の所定労働日数が2日以下の従業員、業務の性質または業務の実施体制に照らして所定労働時間の短縮措置を講ずることが困難な業務に従事する従業員（詳細は本問末尾の[**参考**]を参照）についても、育児短時間勤務制度の適用対象から除外することが可能です。

[3] 育児短時間勤務制度の申し出

　育介法は、育児短時間勤務制度の申し出に係る手続きを定めていません。そのため、使用者は、申し出の手続きを任意に定めることが可能です。例えば、厚生労働省が公開している「育児・介護休業法のあらまし」でも、育児休業などと同様に所定労働時間の短縮措置の適用を受けるためには1カ月前までの申し出を必要とする、という定めを設けることは問題ないとされています。

4 子育て社員への要求にどこまで応じるべきか

［1］欠勤や遅刻・早退

　使用者は、3歳未満の子どもを養育する従業員から申し出があった場合は、育児短時間勤務制度の範囲で所定労働時間の短縮を認める必要があります。また、小学校入学前の子どもを養育する従業員から子の看護休暇の取得申し出がなされた場合は、当該従業員の希望に応じなければなりません。逆にいえば、育介法の定める内容を超える要求に応じる義務はありません。

　そのため、従業員の欠勤や遅刻・早退が子の看護休暇の取得日数や短時間勤務の範囲を超えてなされている場合、その理由が子の養育に関することであったとしても、通常の欠勤や遅刻・早退と同様に扱うことで問題ありません。

　なお、従業員が子の看護休暇の取得を申し出た場合に、使用者が証明書の提出を求めることは適法とされています。看護休暇の取得・利用目的が適正か否かを判断するためには、事後的に証明書を求めるといった対応も考えられます。

［2］仕事のえり好み・放り出し、雑用等の拒否

　労基法65条3項は、妊娠中の女性従業員から請求のあった場合に簡易な業務へ転換させることを義務づけています。他方、育介法には、子を養育する従業員に対する簡易な業務への転換を義務づける定めはありません。そのため、育児をしている従業員であるからといって、仕事のえり好みや放り出し、雑用等の拒否を認める必要はありません。これらの要求に応じないことをもって直ちに不利益な取り扱いに該当することもありません（当然ですが、子の看護休暇の取得を仕事の放り出しや雑用の拒否と評価することはできません）。

［3］シフトや休日に関する要求への対応

　使用者は、子の看護休暇などを理由とするシフトや休日に関する従業員からの要求には、原則として応じなければなりません。他方、使用者は、育介法の定める範囲を超えて、従業員の要求に応じる必要はありません。そのため、"子育てが大変だから""子どもがいるから土日は休みたい"などの理由でシフトの融通を求める従業員に対して、必ずしもすべての要求に応じる必要はありません。

［4］配偶者への育児分担の指示

（1）職場における妊娠・出産、育児休業等に関するハラスメント

　均等法11条の3および育介法25条は、妊娠・出産、育児休業等に関する上司・同僚による就業環境を害する行為を、事業主が行う「不利益取り扱い」と区別し、「職場における妊娠・出産、育児休業等に関するハラスメント」と整理して、事業主に対して防止対策を講じることを義務づけています（厚生労働省パンフレット※参照）。このハラスメントは、「職場」において行われる上司・同僚からの言動（妊娠・出産したこと、育児休業等の利用に関する言動）により、妊娠・出産した「女性労働者」や育児休業等を申し出・取得した「男女労働者」の就業環境が害されることを意味しています。

　すなわち、妊娠等の状態や育児休業制度の利用等と嫌がらせなどの行為の間に因果関係があるものについて、ハラスメントが認められます。他方、業務分担や安全配慮等の観点から、客観的に見て、<u>業務上の必要性</u>に基づく言動によるものはハラスメントには該当しません。この「業務上の必要性」について、業務負荷の軽減や育児休業の取得等に対する労働者の意向を確認する言動はハラスメントに該当せず、労働者の意をくまない一方的な通告はハラスメントになる可能性があるとされています。

※　「職場における・パワーハラスメント対策・セクシュアルハラスメント対策・妊娠・出産・育児休業等に関するハラスメント対策は事業主の義務です！　～～2022年4月からパワーハラスメント防止措置が全企業に義務化されました～～」

（2）実務上の対応

　設問のケースでは、配偶者に育児の分担を求める言動が、制度等の利用の請求または制度等の利用を阻害する言動と評価されるとハラスメントに該当する可能性があります。

　例えば、従業員が育介法の定める制度（育児休業や子の看護休暇、育児短時間勤務など）の利用を請求した際に配偶者への育児分担を指示する行為は、ハラスメントに該当する可能性が高いといえます。他方、本人への意向確認の趣旨で、配偶者との育児の分担状況を確認する場合は、ハラスメントに該当しないといえます。

 ［参考］「業務の性質又は業務の実施体制に照らして所定労働時間の短縮措置を講ずることが困難な業務」として指針で例示されているもの

・ 国際路線等に就航する航空機において従事する客室乗務員等の業務
・ 従業員数が少ない事業所において、当該業務に従事し得る従業員数が著しく少ない業務
・ 流れ作業方式による製造業務であって、短時間勤務の従業員を勤務体制に組み込むことが困難な業務
・ 交代制勤務による製造業であって、短時間勤務の従業員を勤務体制に組み込むことが困難な業務
・ 個人ごとに担当する企業、地域等が厳密に分担されていて、他の従業員では代替が困難な営業業務

（中村景子）

近年の注目テーマ

テレワーク勤務者に始業・終業等の報告を義務づける一方で、事業場外みなし労働時間制を適用することは可能か

当社ではテレワーク勤務者に、メールやチャット等で、始業・終業時と休憩の取得時に上長への報告を義務づけています。一方で、報告があった以外の勤務時間のすべてについて業務を行っているか否かは把握できないことから、事業場外みなし労働時間制を適用したいと考えているのですが、可能でしょうか。

A 始業・終業等の報告を義務づけていても、事業場外みなし労働時間制を適用することは可能。その場合、従業員が自分のタイミングで連絡に応答したり、裁量を持って業務を進められる体制を整備することが重要

---

1 事業場外みなし労働時間制とは

[1] 定義と労基法の規定

　事業場外みなし労働時間制とは、労働者が事業場外で業務に従事し、かつ、使用者の具体的な指揮・命令が及ばず、労働時間を算定し難い場合に、一定の労働時間を労働したものと見なすことができる制度です（労基法38条の2）。

[2] 事業場外みなし労働時間制が適用された場合の効果

　本来、使用者には労働者の労働時間を算定する義務がありますが、事業場外みなし労働時間制が適用されると、この義務が免除され、実労働時間の多少にかかわらず一定の労働時間を労働したものと見なすことが可能となりま

す。

　具体的には、原則として「所定労働時間」を働いたものと見なされますが（労基法 38 条の 2 第 1 項本文）、他方、「当該業務を遂行するためには通常所定労働時間を超えて労働することが必要となる場合」においては、「当該業務の遂行に通常必要とされる時間」を働いたものと見なされます（同項ただし書き）。

　労働者が事業場外で就労している場合、使用者としては当該労働者の労働実態や勤務時間数の把握が難しいこともあるため、そういったケースで制度を適用することにより、使用者は労働時間の把握や算定の負担を軽減することができ、その上で意図しない割増賃金の未払いのリスクも回避できるといったメリットがあります。

2 テレワーク勤務における事業場外みなし労働時間制の適用

[1] ガイドラインによる解釈

　事業場外みなし労働時間制が適用されるためには、使用者の具体的な指揮監督が及ばず、かつ、労働時間を算定することが困難であることが必要です。

　テレワーク勤務においては、労働者が労働時間の全部または一部について事業場外で業務に従事することになるため、事業場外みなし労働時間制度を適用することが考えられます。

　では、テレワーク勤務において、使用者の具体的な指揮監督が及ばず、かつ、労働時間を算定することが困難であるというためには、どのような条件が必要となるのでしょうか。

　この点について、厚生労働省は「テレワークの適切な導入及び実施の推進のためのガイドライン」（平成 30 年 2 月、令和 3 年 3 月改定）および「テレワークにおける適切な労務管理のためのガイドライン」（平成 31 年 1 月。以下、合わせて「ガイドライン」）において、次の (1) ～ (2) をいずれも満たす場合には、テレワークにおいて事業場外みなし労働時間制を適用することができるとしています。

(1)情報通信機器が、"使用者の指示により常時通信可能な状態にしておく" とされていないこと

　情報通信機器が、"使用者の指示により常時通信可能な状態にしておく" とされていないとは、"情報通信機器を通じた使用者の指示に即応する義務がない状態であること" と言い換えられます [**図表**]。

　具体的には、使用者が労働者に対し、情報通信機器を用いて随時具体的指示を行うことが可能な状態ではない、または、使用者からの具体的な指示に備えて待機しつつ実作業を行っている状態や手待ち状態にはないことを指します。

図表 情報通信機器が、"使用者の指示により常時通信可能な状態にしておく" とされていないこと

> **情報通信機器が、使用者の指示により常時通信可能な状態におくこととされていないこと**
>
> **＝** 情報通信機器を通じた<u>使用者の指示に即応する義務がない状態</u>であること
>
> ※この使用者の指示には黙示の指示を含みます

「使用者の指示に即応する義務がない状態」とは、

○ 使用者が労働者に対して情報通信機器を用いて随時具体的指示を行うことが可能である

かつ

○ 使用者からの具体的な指示に備えて待機しつつ実作業を行っている状態
　または　手待ち状態で待機している状態

にはないことを指します

例えば

● 回線が接続されているだけで、労働者が自由に情報通信機器から離れることや通信可能な状態を切断することが認められている場合

● 会社支給の携帯電話等を所持していても、労働者の即応の義務が課されていないことが明らかである場合

などが該当します

資料出所：厚生労働省「テレワークにおける適切な労務管理のためのガイドライン」

例えば、次の場合については、いずれも上記を満たすと認められますが、労働者が情報通信機器を所持していることのみをもって、事業場外みなし労働時間制が適用されないわけではありません。

- 勤務時間中に、労働者が自分の意思で通信回線自体を切断できる場合
- 勤務時間中は通信回線自体の切断はできず、使用者の指示は情報通信機器を用いて行われるが、労働者が情報通信機器から自分の意思で離れることができ、応答のタイミングを労働者が判断できる場合
- 会社支給の携帯電話等を所持していても、その応答を行うか否か、または折り返しのタイミングについて労働者が判断できる場合

なお、ここでいう「情報通信機器」とは、使用者が支給したものか、労働者個人が所有するものか等を問わず、労働者が使用者と通信するために使用するパソコンやスマートフォン・携帯電話端末等を指すものとされています。

（2）随時使用者の具体的な指示に基づいて業務を行っていないこと

次の場合については、このケースに該当すると認められます。

- 使用者の指示が、業務の目的、目標、期限等の基本的事項にとどまり、1日のスケジュール（作業内容とそれを行う時間等）をあらかじめ決めるなど作業量や作業の時期、方法等を具体的に特定するものではない場合

［2］実際の運用に当たっての留意点

前記（1）「情報通信機器が、"使用者の指示により常時通信可能な状態にしておく"とされていないこと」に関しては、ガイドラインで掘り下げて説明されているように、単純に「常時通信可能な状態」かどうかのみで判断されることはなく、業務の実施状況や勤務実態などの具体的な事情も加味して判断されることになります。

近年の注目テーマ

裁判例としては、海外旅行ツアーの添乗員に対して事業場外みなし労働時間制が適用できるか否かが争われた阪急トラベルサポート事件（最高裁二小平 26. 1.24 判決　労判 1088 号 5 ページ）が参考となります。この事案では、業務の性質、内容やその遂行の態様、状況、会社と添乗員との間の業務に関する指示および報告の方法・内容やその実施の態様、状況などを考慮して具体的な判断がなされています。

　事業場外みなし労働時間制の適用に当たって、テレワーク勤務者が所定労働時間内に通信回線を切断することができる状況というのは実際には想定し難いですが、業務の進捗（しんちょく）を自ら管理し、状況に応じて自分のタイミングで応答をしたり、折り返しの架電を行ったりするということは十分に考えられます。そのため、会社としては、テレワーク勤務者について、ガイドラインも参考にしつつ、業務連絡に関する指示や報告の方法・内容等に関するルールを決めておくことが必要です。

　他方、前記（2）「随時使用者の具体的な指示に基づいて業務を行っていないこと」に関して、ガイドラインではこれ以上の詳しい説明はされていませんが、詳細な指示がなくとも業務内容に裁量がある場合や従業員の判断で業務を進められる場合には、この要件を満たしやすいと考えられます。

3 設問への回答

　設問のケースでも、単に「始業・終業・休憩時のメール等での報告」を義務づけているだけで、事業場外みなし労働時間制の適用が否定されることにはなりません。ただし、①業務の進捗を自ら管理し、状況に応じて自分のタイミングで応答をしたり、折り返しの架電を行ったりすることができるような体制や、②詳細な指示がなくとも社員自らが裁量を持ち、各人の判断で業務を進められるような体制を整えた上で、テレワーク勤務者への事業場外みなし労働時間制の導入を検討すべきでしょう。

（樋口陽亮）

Q | 2-8

テレワーク勤務者が終業時刻後に自主的に仕事をしている場合、時間外割増賃金を支払う必要はあるか

テレワーク勤務者が終業時刻後に自主的に仕事をしていることが発覚しました。このような場合、時間外割増賃金を支払う必要はあるでしょうか。

A | 当該労働者が終業時刻後に自主的に行っている仕事が労働時間に該当するかを確認し、これに該当しない場合は、当該労働者への時間外割増賃金を支払う必要はない

1 テレワークとは

　法令にテレワークの定義はありませんが、厚労省は「テレワークの適切な導入及び実施の推進のためのガイドライン」（令3. 3.25　基発0325第2・雇均発0325第3）において、「労働者が情報通信技術を利用して行う事業場外勤務」と定義しています。一口にテレワークと言っても、自宅で業務を行う在宅勤務、サテライトオフィス勤務、労働者が自由に働く場所を決めるモバイル勤務とさまざまなパターンがあります。

2 時間外割増賃金の支払い対象となる労働時間

　時間外割増賃金（残業代）を支払う対象となるのは、使用者が法定労働時間を超えて労働させた時間です。これは実際に労働した"実労働時間"のことですが、判例ではこの実労働時間を「労働者が使用者の指揮命令下に置か

れている時間」を指し、労働時間に該当するか否かは、「使用者の指揮命令下に置かれていたものと評価することができるか否かにより客観的に定まるものというべきである」としています（三菱重工業長崎造船所事件　最高裁一小　平12.3.9判決　民集54巻3号801ページ、大星ビル事件　最高裁一小平14.2.28判決　民集56巻2号361ページ）。

　このような事例で問題となるのは、黙示の指揮命令下に置かれている時間が労働時間に該当するか否かです。労働契約上は、所定労働時間が労働時間であり、この所定労働時間外の時間が、労働時間に該当するためには、使用者の明示または黙示の指揮命令下にあることが必要です。このように指揮命令下になければならないと解釈をされているのは、使用者が全く預かり知らないところで、労働者が自分の意思により業務に関係があることを行っていた場合に、これを労働時間として、時間外割増賃金の支払いの対象とすることは適当ではなく、労働時間から排除する必要があると考えられているからです。

　したがって、終業後に行われた業務であっても、黙示の指揮命令下に置かれていた労働時間に該当する場合には、時間外割増賃金が発生することになります。

3 労働時間該当性の整理

［1］ガイドラインにおける労働時間

　テレワークは「テレワークにおける適切な労務管理のためのガイドライン」（以下、ガイドライン）において、テレワークを行う労働者の活動が労働時間に該当するか否かが次のように整理されています。

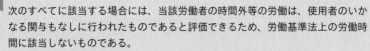

次のすべてに該当する場合には、当該労働者の時間外等の労働は、使用者のいかなる関与もなしに行われたものであると評価できるため、労働基準法上の労働時間に該当しないものである。
①時間外等に労働することについて、使用者から強制されたり、義務づけられたりした事実がないこと

> ②当該労働者の当日の業務量が過大である場合や期限の設定が不適切である場合
> 等、時間外等に労働せざるを得ないような使用者からの黙示の指揮命令があっ
> たと解し得る事情がないこと
> ③時間外等に当該労働者からメールが送信されていたり、時間外等に労働しなけ
> れば生み出し得ないような成果物が提出されたりしている等、時間外等に労働
> を行ったことが客観的に推測できるような事実がなく、使用者が時間外等の労
> 働を知り得なかったこと

　このガイドラインの記載からすると、業務量のほかに、業務量が少ない場合でも期限が短いという事実も時間外労働の存在を推認させる事情と整理されていることが分かります。

［2］実際の業務量と労働時間

　テレワークを行う労働者の活動が労働時間に該当するという主張に対して、使用者は、労働者の実際の業務量を根拠にして、残業をしなければならないほどの業務量は存在しなかったという反論をすることが考えられます。

　例えば、当時の労働者の業務量を表す資料として、日報やその労働者が作成した書類の分量から業務の少なさを指摘する主張や、タイムカードとパソコンのログの時間の乖離（かいり）を指摘する主張、同種の業務・同程度の業務量を行っていた労働者の労働時間の記録から、当該労働者が残業を行うほどの業務量が存在しないと指摘する反論が考えられます。

4　テレワークにおける残業の事前許可制度と実務上の対応

［1］ガイドラインの解説

　残業の事前許可制については、ガイドライン上、次の要件を満たさなければ、労働時間に当たらないということはできないとされています。

①労働者からの事前の申告に上限時間が設けられていたり、労働者が実績どおりに申告しないよう使用者から働きかけや圧力があったりする等、当該事業場における事前許可制が実態を反映していないと解し得る事情がないこと
②時間外等に業務を行った実績について、当該労働者からの事後の報告に上限時間が設けられていたり、労働者が実績どおりに報告しないように使用者から働きかけや圧力があったりする等、当該事業場における事後報告制が実態を反映していないと解し得る事情がないこと

［2］残業の事前許可制・残業禁止命令の周知と運用

　使用者からの反論として考えられるのは、就業規則に残業は事前に上司等の許可が必要である旨の記載があり、これを理由に残業には該当しないというものです。この反論を行う場合には、事前許可制の存在を主張するのみならず、事前許可制が実際に運用されている実態についても併せて主張、立証を行うこととなります。

　例えば、残業は事前許可制であることを通知または周知した際に労働者に配布した資料を証拠とする、過去に事前許可をしていた際に使用をしていた書式（可能であれば、請求をしてきた労働者が実際に使用をしていたもの）を証拠として、残業をしていたと主張する時間は労働時間には該当しないと反論することが考えられます。

　また、使用者が残業を把握した際には、残業禁止命令を出していた、または、注意指導をしていたという形で、"残業をしないように指示をしていた"という記録を残すべきです。この場合には、残業の禁止を指示した書面、メールやSNSの通知等を記録として残しておくことで、時間外割増賃金の請求を防ぐことができる可能性が上がります。

5 設問への回答

　以上より、テレワーク勤務者が終業時刻後に自主的に仕事をしている場合に備えて、使用者は就業規則で残業の事前許可について定めたり、終業時刻後に残業をしないように指示をしていた記録等を残したりしておくとよいで

しょう。当該労働者の終業時刻後の自主的な仕事が労働時間に該当するかを確認し、労働時間に該当しない場合は、当該労働者への時間外割増賃金を支払う必要はないと考えます。

（井山貴裕）

Q | 2-9

テレワーク中の従業員の体調を把握できなかった場合、精神疾患を発症したことに対し企業は安全配慮義務違反を問われるか

先日、ある従業員が精神疾患を発症したことが分かりました。しかし、その従業員からこれまでメンタルヘルス不調や疾病に関する申告はなく、テレワーク勤務をしていたため十分に体調を把握できていませんでした。こうした場合でも企業は安全配慮義務を問われるのでしょうか。

A テレワーク時でも企業は安全配慮義務を負っており、従業員からの申告がない場合でも、適切な措置を取る必要がある。ただし、業務の過重性がないなどの事情がある場合には、安全配慮義務違反は問われない

1 安全配慮義務の意義

安全配慮義務とは、労働者が安全かつ健康に業務に従事できるよう、使用者が配慮すべき義務のことをいいます。この安全配慮義務については、労契法5条で、「使用者は、労働契約に伴い、労働者がその生命、身体等の安全を確保しつつ労働することができるよう、必要な配慮をするものとする」と定

められています。

　なお、使用者が労働者に対して負っている具体的な安全配慮義務の内容については、労働者の業務内容や災害時の状況等の具体的な事情によって特定されることになります。

2　企業が果たすべき安全配慮義務の概要

[1] 安衛法上の義務

　テレワーク時の安全配慮義務については、企業が管理する事業所内での業務ではないからといって安全配慮義務を負わないわけではなく、状況に応じた安全配慮義務を負っているものと考えられます。

　企業が果たすべき安全配慮義務の内容を考える上では、まず、安衛法に定められた内容が参考となります。例えば、雇い入れ時の安全衛生教育の実施（59条）や雇い入れ時および定期の健康診断（66条）、その結果に基づく事後措置（66条の5）、長時間労働者に対する面接指導（66条の8の2）、ストレスチェック（66条の10）などが挙げられます。これらは法令に基づく企業の義務であり、最低限果たすべき安全配慮義務だといえます。

[2] テレワーク時の安全配慮義務

　また、企業には、テレワーク中の従業員の健康状態を把握し、その健康状態に不調が見られるようであれば、業務内容を変更したり、軽減したりする措置が求められます。

　テレワーク中は、企業が従業員の勤務状況を直接目視しているわけではないため、健康状態を把握しづらいと考えられますが、出社した際にコミュニケーションをとったり、定期的に面談を行ったり、従業員に報告を求めたりすることにより、勤務状況や健康状態の把握に努めるべきでしょう。

3　従業員からの申告と安全配慮義務

[1] 申告がない場合の安全配慮義務違反

　メンタルヘルス不調等については、従業員が自ら申告することに躊躇して

しまい、精神疾患を発症または悪化して初めて企業が把握するケースもあります。しかし、従業員からメンタルヘルス不調等に関する申告がなかった場合でも、企業が安全配慮義務違反に問われる可能性があるため注意が必要です。

そこで、東芝事件（最高裁二小　平26. 3.24判決　労判1094号22ページ）を基に、従業員の精神疾患発症に関して企業が注意すべきポイントを見ていきましょう。なお、この事案では、従業員が過重な業務によりうつ病を発症し、休職期間満了後に解雇されたことについて、企業の安全配慮義務違反等が争われました。

［2］業務の過重性

一つ目のポイントは、業務の過重性です。この点については、次のように判示しています。

> 上告人（編注：従業員）は、本件鬱病の発症以前の数か月において、（中略）時間外労働（編注：月60〜84時間程度）を行っており、しばしば休日や深夜の勤務を余儀なくされていたところ、その間、（中略）初めてプロジェクトのリーダーになるという相応の精神的負荷を伴う職責を担う中で、（中略）業務の日程や内容につき上司から厳しい督促や指示を受ける一方で助言や援助を受けられず、（中略）負担を大幅に加重されたものであって、これらの一連の経緯や状況等に鑑みると、上告人の業務の負担は相当過重なものであったといえる

このように、業務の過重性については、時間外労働の状況や業務に伴う責任の程度、業務遂行に係る環境、業務負荷などの要素が考慮されています。東芝事件では、月60〜84時間程度の時間外労働が続いていたことや、プロジェクトリーダーとして重責を担っており、厳しい日程を強いられる一方でサポートを受けられなかったことから、業務が過重だったと認められています。

［3］メンタルヘルス不調等に関する情報の申告のしにくさ

　二つ目のポイントは、メンタルヘルス不調等に関する情報が従業員としても申告しにくいという点です。東芝事件でもこの点は指摘されています。

> 使用者は、必ずしも労働者からの申告がなくても、その健康に関わる労働環境等に十分な注意を払うべき安全配慮義務を負っているところ、上記のように労働者にとって過重な業務が続く中でその体調の悪化が看取される場合には、上記のような情報については労働者本人からの積極的な申告が期待し難いことを前提とした上で、必要に応じてその業務を軽減するなど労働者の心身の健康への配慮に努める必要があるものというべきである

　このように、同判決では、メンタルヘルス不調等について従業員から積極的な申告が期待できないことを前提にしながらも、企業は安全配慮義務を果たさなければならないと判示されています。そして、従業員からの申告がなくても、安全配慮義務が免除されるわけではないとされています。

［4］従業員からの不調の訴え

　三つ目のポイントは、従業員からの不調の訴えです。この点、同判決では、次のように判示されています。

> 過重な業務が続く中で、上告人（編注：従業員）は（中略）体調が不良であることを被上告人（編注：企業）に伝えて相当の日数の欠勤を繰り返し、業務の軽減の申出をするなどしていたものであるから、被上告人としては、そのような状態が過重な業務によって生じていることを認識し得る状況にあり、その状態の悪化を防ぐために上告人の業務の軽減をするなどの措置を執ることは可能であったというべきである

　同判決では、最終的に従業員側から体調不良に関する訴えがあり、欠勤や重要な会議への欠席、業務の軽減の申し出なども行われていたことから、企

業は従業員の状況を把握し、適切な措置を取るべきとしています。そして、メンタルヘルス不調等について従業員が申告しなかったことをもって、企業の安全配慮義務を過失相殺することはできないと判断されました。

4 設問に対する回答

これまでに説明したとおり、従業員がテレワーク中であり、従業員からメンタルヘルス不調や疾病に関する申告がない場合でも、企業は従業員の健康状態を把握し、不調が見られれば業務軽減などの措置を取る安全配慮義務を負っています。そして、企業がこのような安全配慮義務を尽くさず、従業員が精神疾患を発症し、また悪化した場合には、安全配慮義務違反に基づく損害賠償責任を負うことになります。

一方で、時間外労働や業務に伴う責任の程度・負荷といった業務の過重性もなく、企業が健康状態を確認していたにもかかわらず、従業員が不調を訴えることも全くなかったような場合には、企業が安全配慮義務違反を問われることはないと考えられます。

(岡　正俊)

Q 2-10

労働者が二日酔いで注意散漫であった際に工場でけがをした場合でも、企業の安全配慮義務違反とされるか

工場でけがをした労働者がいたため原因を調査したところ、前日の深酒により注意散漫な状態であり、けがにつながったことが分かりました。このように、労働者側の事由でけがをした場合でも、企業は安全配慮義務違反を問われるのでしょうか。

A 安全配慮義務違反が認められるためには、予見可能性と結果回避性が必要。事故やけがの生じた原因が会社の安全面や就労環境の不備にも起因する場合には、事故やけがについて予見可能性があったと認定される可能性がある

---

1 業務上災害と安全配慮義務違反の関係

　労働者のけがを業務上の災害として扱うためには、被災労働者が労働契約に基づき事業主の支配下にあること（業務遂行性）を前提に、負傷または疾病が"被災労働者の従事していた業務に内在する危険性が現実化したもの"と評価できること（業務起因性）が必要です。

　そのため、事業場内でのけがであっても、休憩時間や就業前後など業務をしていないときの私的な行為によって生じた場合は業務上の災害ではなく、労働者が故意に災害を発生させた場合なども業務上の災害とはいえません。

　また、ご質問のように工場内でけがをしたとしても、業務開始前に二日酔いの影響で転倒してけがをしたような場合には業務上の災害には当たりません。そして、業務上の災害に該当するかどうかは、使用者の故意、過失にかかわらず、客観的に判断されます。

　一方、使用者の安全配慮義務とは、労働契約に伴い、労働者がその生命、身体等の安全を確保しつつ労働することができるよう必要な配慮をする義務です（労契法5条）。

　安全配慮義務違反が認められるためには、①危険な事態や被害の可能性を事前に予見できたかどうかという「予見可能性」と、②そのように予見できた損害を現実的に回避できたかどうかという「結果回避性」が必要です。

　そのため、「業務上の災害と認定される＝会社の責任」と思われがちですが、業務上の災害であっても、そのような災害を予見できなかったり、結果を回避できなかったりするような場合には、会社の安全配慮義務違反は問われません。

2 二日酔いなど労働者側に原因がある場合

　設問のように二日酔いで注意散漫でけがをした場合に、会社の安全配慮義務違反は問われるのでしょうか。

　二日酔い以外にも、夜更かしをしてゲームをしたり、夜中に副業・兼業をしたりするなどして寝不足の状態で就労すれば、注意散漫になりやすいでしょう。これらはいずれも労働者の私生活領域の問題であり、本来は労働者自身が自己管理すべきです。例えば、趣味のサーフィンや週末の旅行で疲れている、深酒をして二日酔いなので会社に配慮を求めると労働者に言われても、会社も困ります。

　そもそも、雇用契約上、労働者は、誠実に労務提供をする義務を負っており、正常な健康状態で労働力を提供することが求められています。厚生労働省「副業・兼業の促進に関するガイドライン」（平成30年1月策定、最終改定：令和4年7月）においても、労働者側の対応として「副業・兼業を行うに当たっては、副業・兼業による過労によって健康を害したり、業務に支障を来したりすることがないよう、労働者（管理監督者である労働者も含む。）が、自ら各事業場の業務の量やその進捗状況、それに費やす時間や健康状態を管理する必要がある。また、他の事業場の業務量、自らの健康の状況等について報告することは、企業による健康確保措置を実効あるものとする観点から有効である」と示しています。これは副業・兼業を念頭に置いているものですが、副業・兼業以外の日常生活においても当てはまるものです。

　会社によっては就業規則において「従業員は、自らの健康の維持、増進および疾病予防に努め、健康に支障を感じた場合には、進んで医師の診療を受ける等の措置を講じなければならない」等の自己の健康を保持する旨の規定を定めているところもあります。

　したがって、二日酔いで注意散漫な状態でけがをした場合、そのような状態であることを会社として把握できず、事故やけがを予見できないような場合には、業務上の災害であったとしても、安全配慮義務違反を問われないこともあります。

もっとも、二日酔いで注意散漫な状態であるか否かにかかわらず、けがをした際に使用していた機械そのものの安全性に不備があったり、マニュアルどおりに作業手順が守られていないことが常態化していたり、長時間労働が常態化しているなど、事故やけがの生じた原因が会社の安全面や就労環境の不備にも起因する場合には、事故やけがについて予見可能性があったと認定される可能性があります。この場合、二日酔いであるから会社は安全配慮義務違反を問われない、という結論にはなりません。

　また、呂律（ろれつ）が回っていない、足元がふらついているなど、明らかにアルコールの影響により正常な労務提供ができる状況ではないと会社が認識した場合には、そのまま作業させることは労働者本人だけでなく、周りの従業員にも危険が及ぶ可能性があることから、直ちに就労を中止させたり、最初から就労させないなどの対応が必要になります。この場合は、労働者が正常な労務提供をしていない以上、会社が労務提供を受け取らないとしても、賃金の支払い義務は生じません。逆に、そのような健康状態であることを会社が認識しつつ漫然と働かせたことによって災害が発生した場合には、安全配慮義務違反の問題にはなり得ます。もっとも、労働者側の落ち度が大きいので、過失割合等では相当に考慮されるでしょう。

3　二日酔いなど過度のアルコール摂取の疑いがある労働者への対応

　工場でけがをした労働者の二日酔いが常習化している場合、アルコール依存症や精神疾患の可能性もあり、会社としてもこの労働者に対しては十分に注視する必要があります。そのような事実が判明した労働者については、普段の飲酒状況や生活状況を確認し、生活改善を促したり、場合によっては1カ月など期間を区切り就労開始前にアルコールチェックをするなど、再発防止の措置を講ずることも検討すべきです。

　車両の運転が必要な業務でもないのに、特定の労働者のみにアルコールチェックを受けさせることについては反発も予想されますが、この労働者が二日酔いの状態で事故やけがをした以上、再発防止の観点からこのような措

置を講じることについては必要性が認められるでしょう。

　では、いつもアルコール臭がするものの、二日酔いの状態で働いていると
いう確証が得られていない場合には、どのように本人に伝え、確認をすれば
よいでしょうか。この場合は、面談をして、アルコール臭がすることを伝え
るしかないと思われます。根拠を示してほしいと本人に言われた場合には「複
数の労働者から、複数回にわたってそのような話が寄せられていますので、
業務遂行上の安全性の観点から念のため確認させてほしい」という話をする
ことになるでしょう。その上で本人に対して生活改善を促し、その後もアル
コール臭がするような場合には、アルコールチェック等を実施せざるを得な
いことも予告しておくべきです。

4 設問への回答

　以上のように、業務上の災害であっても、それを予見できなかったり、結
果を回避できなかったりするような場合には、会社の安全配慮義務違反は問
われないものの、事故やけがの生じた原因が会社の安全面や就労環境の不備
にも起因する場合には、事故やけがについて予見可能性があったと認定され
る可能性があります。

（岸田鑑彦）

Q 2-11

吸収分割による承継会社に対し、分割前の労働協約は一般的拘束力の要件を満たすか

　当社ではこのほど、組織再編の一環として事業の吸収分割を行いまし
たが、この分割前に締結していた労働協約は、労組法 17 条の一般的拘
束力の要件を満たすのでしょうか。

A
会社分割の際に労組法17条の要件を満たさなくなった承継会社の事業所においては、労働協約の一般的拘束力は及ばないと解される

1 労働協約の一般的拘束力

労働協約は、本来、締結した労働組合の組合員に対してのみ効力を生じ、組合員以外の労働者への効力は生じません。この原則に対する例外として、労組法17条は、「一の工場事業場に常時使用される同種の労働者の4分の3以上の数の労働者が一の労働協約の適用を受けるに至つたときは、当該工場事業場に使用される他の同種の労働者に関しても、当該労働協約が適用される」としています。この労働協約の拡張適用のことを「一般的拘束力」といいます。

2 厚生労働省のQ&A

厚生労働省「会社分割・事業譲渡・合併における労働者保護のための手続に関するQ&A」（以下、厚労省Q&A）において、会社の分割によって、労働協約の一般的拘束力（労組法17条）やユニオン・ショップ制（使用者が労働組合との間で締結した労働協約上、自己の雇用する労働者のうち当該労働組合の組合員でなくなった者を解雇する義務を負う制度のこと。同法7条1号ただし書き）はどのような影響を受けるのかとの問いに対して、承継会社等の場合について次の回答がなされています（厚労省Q&AのQ52）。

〈労働協約の一般的拘束力について〉
....
- 新設分割により、分割会社のある事業所で労働協約の一般的拘束力の要件を満たしているものを設立会社とした場合、分割後の当該設立会社において、労働協約の一般的拘束力の要件は満たされます

- 吸収分割により、分割会社のある事業所で労働協約の一般的拘束力の要件を満たしているものを承継会社に承継させる場合、分割後の当該承継会社において、当該承継された事業所における労働協約の一般的拘束力の要件を満たすか否かについては、学説・判例においても見解が分かれており、当然に一般的拘束力の効果が及ぶものではありません

  〈ユニオン・ショップ等について〉
  ....

- 新設分割により設立会社に労働協約が承継されるとき、分割会社のある事業所がユニオン・ショップ等を採っていた場合、会社分割後の承継会社においてユニオン・ショップ等が原則採られることになります
- 吸収分割により承継会社に労働協約が承継されるとき、分割会社のある事業所がユニオン・ショップ等を採っていた場合、会社分割後の設立会社において、当該事業所については当該ユニオン・ショップ等が採られることになりますが、仮に承継された労働組合員数が承継会社において過半数を占める場合であっても、承継会社において従来から存在する事業所についてまで、当然にユニオン・ショップ等の効果が及ぶものではありません

　厚労省 Q&A からすれば、吸収分割により、分割会社のある事業所で労働協約の一般的拘束力の要件を満たしているものを承継会社に承継させる場合においても、分割後の当該承継会社において、当該承継された事業所における労働協約の一般的拘束力の効果が当然に及ぶものではないことになります [図表]。

3　承継法指針

　厚生労働省の「分割会社及び承継会社等が講ずべき当該分割会社が締結している労働契約及び労働協約の承継に関する措置の適切な実施を図るための指針」（平 12.12.27　労告 127。以下、承継法指針）では、労組法 17 条の一般的拘束力について、その要件として、「一の工場事業場に常時使用される同種の労働者の 4 分の 3 以上の数の労働者が一の労働協約の適用を受けるに至ったとき」でなければならないこととしています。また、効力発生日前（会社の分割前）に分割会社の工場事業場において労組法 17 条が適用されていた場合であっても、当該会社分割の際に当該要件を満たさなくなった分割会社ま

図表 分割後の労働協約の承継

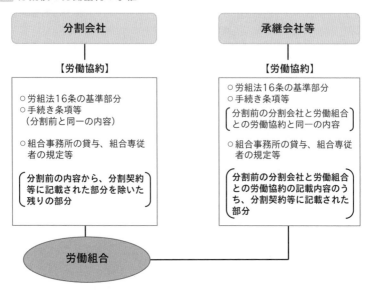

資料出所：厚生労働省「会社分割・事業譲渡・合併における労働者保護のための手続に関するQ&A」

たは承継会社等の工場事業場においては、同条は適用されないとしています。そして、承継法指針では、ユニオン・ショップ制に係る労働協約についても同様であるとしています。

したがって、会社の分割前に分割会社の事業場において労組法17条が適用されていた場合であっても、当該分割の際に当該要件を満たさなくなった承継会社の事業場においては、同条は適用されず、労働協約の一般的拘束力は及ばないと解されます。

4 設問に対する回答

吸収分割により、分割会社のある事業所で労働協約の一般的拘束力の要件を満たしているものを承継会社に承継させる場合においても、分割後の当該承継会社において、当該承継された事業所における労働協約の一般的拘束力の効果が当然に及ぶものではありません。

少なくとも、当該分割の際に労組法17条の要件を満たさなくなった承継会
社の事業所においては、労働協約の一般的拘束力は及ばないと解されます。

（星野悠樹）

Q | 2-12

会社分割前に、分割会社から承継する労働者が加入している労働組合から団体交渉の要求があった場合について、承継会社が団体交渉を拒否できるか

雇用主以外の事業主でも、労組法上の「使用者」に該当することはあるのでしょうか。また、分割会社から承継する労働者が加入する労働組合から団体交渉の要求があった場合、これを拒否することはできるでしょうか。

A

会社分割前においても、承継会社となる会社は、労組法上の「使用者」に該当し、分割会社から承継する労働者が加入している労働組合からの団体交渉の要求に応じる必要が生じ得る

---

1 労組法上の使用者

厚生労働省「会社分割・事業譲渡・合併における労働者保護のための手続に関するQ&A」のQ15-2では、団体交渉の当事者となる労組法上の「使用者」の範囲について、「労働契約上の雇用主」を指すとしています。ただし、労組法上の「使用者」について、雇用主以外の事業主であっても、「使用者」に該当することもあり、その裁判例として、次のものを挙げています。

2 クボタ事件（東京高裁　平23.12.21判決）

　前記クボタ事件は、団体交渉の申し入れに応じなかったことは労組法が禁止する不当労働行為に該当するとして、労働組合が会社を提訴した事案です。会社は、平成19年1月、自社工場で就労している派遣労働者について、同年4月をめどに直接雇用することを決定しました。同年2月、同派遣労働者が加入する労働組合が、直接雇用化の実施前に会社に団体交渉を申し入れましたが、会社は労働組合からの団体交渉の申し入れに一度応じたものの、その後は応じませんでした。

　裁判所は、平成19年2月末の時点で、労働組合の組合員らと会社との間で同年4月1日を就労の始期とする労働契約が成立したとまでは認められないと判断する余地があるとしました。その上で、労働組合が会社に団体交渉申し入れをした各時点において、会社は「本件組合員らと近い将来において労働契約関係が成立する現実的かつ具体的な可能性の存する状態」にあり、労組法7条の使用者に当たると判示しています。

　この判示からすると、会社分割前であっても、団体交渉の申し入れ時点において、承継会社となる会社が"分割会社から承継する労働者（当該労働者）と近い将来において労働契約関係が成立する現実的かつ具体的な可能性の存する状態"といえる可能性があります。この場合、承継会社となる会社は、「使用者」に該当し、分割会社から承継する労働者（当該労働者）が加入している労働組合からの団体交渉の要求に応じる必要が生じ得ます。

3 盛岡観山荘病院不当労働行為再審査事件
（中労委　平20. 2.20命令）

　この事件は、**2**の裁判例と同様、近接した時期に使用者となり得るものを労組法上の「使用者」として認めた事案です。

　この裁判例は、個人病院（旧病院）の開設者Aの死亡後、同じ名称を使用して病院経営を引き継ぎ新たに開設したB（それまでは非常勤医師として旧病院で勤務）が、旧病院の従業員で組織する労働組合が申し入れた採用問題等に関する団体交渉に、組合の組合員と雇用関係にないとの理由で応じなかったことが不当労働行為であるとして、組合から労働委員会に救済申し立てがされたものです。

　中央労働委員会は、Bが対象となる団体交渉の申し入れに応ずべき者として労組法上の「使用者」に該当すると判示しています。その理由として、対象となる団体交渉の申し入れの時点において、Bは本件申し入れから15日後には新病院の労働契約上の使用者となることが予定されている点が挙げられます。組合員を含む旧病院の従業員は引き続き雇用される蓋然性が大きく、Bは近接した時期に、組合員らを引き続き雇用する可能性が現実的かつ具体的に存する者ということができ、本件団体交渉申し入れ時点において労働契約上の使用者と同視できる者であるとしています。

4 設問に対する回答

　会社分割前においても、承継会社となる会社は、分割会社から承継する労働者との関係で労組法上の「使用者」に該当し、分割会社から承継する労働者（当該労働者）が加入している労働組合からの団体交渉の要求に応じる必要が生じ得ます。

（星野悠樹）

第 **3** 章

採用と人事管理

Q 3-1

採用時に反社会的勢力との関係を本人 の同意を得ずに調べるのは違法か

採用時に、応募者に対して、反社会的勢力との関係の有無を本人の同意を得ずに調べたいと考えています。こうした行為は個人情報保護法に違反するのでしょうか。また、企業として、採用時に収集できる個人情報にはどのようなものがありますか。

A

採用段階で応募者の同意なく反社会的勢力であるか否かに関する情報を収集することはできない。企業として採用時に収集できる個人情報は、労務提供に関する事項（能力や技能、学歴、職歴等）に限られる

---

1 反社会的勢力と個人情報保護法

まず、個人情報保護に関する基本的な考え方を確認していきましょう。

「要配慮個人情報」とは、「本人の人種、信条、社会的身分、病歴、犯罪の経歴、犯罪により害を被った事実その他本人に対する不当な差別、偏見その他の不利益が生じないようにその取扱いに特に配慮を要するものとして政令で定める記述等が含まれる個人情報」をいいます（個人情報保護法2条3項）。

また、個人情報取扱事業者は、法令に基づく場合等一定の例外を除き、あらかじめ本人の同意を得ないで、要配慮個人情報を取得してはなりません（同法20条2項）。

設問のケースにおける、ある者が反社会的勢力に属しているという情報は、犯罪の経歴や刑事事件に関する手続きが行われたことに当たらず、要配慮個人情報には該当しないとされています（「『個人情報の保護に関する法律施行令の一部を改正する政令（案）』及び『個人情報の保護に関する法律施行規則

（案）』に関する意見募集結果」、「個人情報の保護に関する法律についてのガイドライン（通則編）」〔平成 28 年 11 月、一部改正：令和 4 年 9 月。以下、ガイドライン〕3-3-2⑵)。

そして、「人の生命、身体又は財産の保護のために必要がある場合であって、本人の同意を得ることが困難であるとき」（個人情報保護法 18 条 3 項 2 号）は本人の同意なく取得することが可能であり、その例示として、次の 2 事例が掲げられています（ガイドライン 3-1-5⑵)。

> 事例 3 ）事業者間において、暴力団等の反社会的勢力情報、振り込め詐欺に利用された口座に関する情報、意図的に業務妨害を行う者の情報について共有する場合
> 事例 6 ）不正送金等の金融犯罪被害の事実に関する情報を、関連する犯罪被害の防止のために、他の事業者に提供する場合

そのため、これらに該当する場合は、本人の事前の同意なく取得することが可能です。

もっとも、採用段階で上記のような具体的な必要性がある場合は稀でしょう。上記個人情報保護法やガイドラインからすれば、採用段階で応募者の同意なく反社会的勢力であるか否かに関する情報を収集することはできないと考えます。

2 採用時に収集できる個人情報

応募者に対する調査は、社会通念上妥当な方法で行われることが必要です。応募者の人格やプライバシーなどの侵害になるような調査は不法行為となり得ます。過去の裁判例では、同意なく行われた HIV 抗体検査（東京都［警察学校・警察病院 HIV 検査］事件　東京地裁　平 15. 5.28 判決　労判 852 号 11 ページ）や、B 型肝炎ウイルス感染検査（B 金融公庫［B 型肝炎ウイルス感染検査］事件　東京地裁　平 15. 6.20 判決　労判 854 号 5 ページ）が、不法行為になると判断されています。企業が質問や調査を行うことができるのは、労務の提供に関する事項（能力や技能、学歴、職歴等）に限られることにな

ります。

3 設問に対する回答

　反社会的勢力との関連が疑われるような具体的な事情がない限り、採用時、応募者に対し、反社会的勢力との関係の有無を本人の同意を得ずに調べる行為は、個人情報保護法に違反します。

　また、職安法では、労働者の募集業務の目的の達成に必要な範囲内で、募集に応じて労働者になろうとする者等の個人情報を収集、保管、使用しなければならない旨を規定しています（同法5条の5、「職業紹介事業者、求人者、労働者の募集を行う者、募集受託者、募集情報等提供事業を行う者、労働者供給事業者、労働者供給を受けようとする者等が均等待遇、労働条件等の明示、求職者等の個人情報の取扱い、職業紹介事業者の責務、募集内容の的確な表示、労働者の募集を行う者等の責務、労働者供給事業者の責務等に関し

図表 個人情報の収集として認められない例

次の個人情報の収集は原則として認められません

- 人種、民族、社会的身分、門地、本籍、出生地その他社会的差別の原因となるおそれのある事項
  - ・家族の職業、収入、本人の資産等の情報
  - ・容姿、スリーサイズ等差別的評価につながる情報
- 思想および信条
  - ・人生観、生活信条、支持政党、購読新聞・雑誌、愛読書
- 労働組合への加入状況
  - ・労働運動、学生運動、消費者運動その他社会運動に関する情報

個人情報の収集は、本人から直接または本人の同意の下で収集することが原則です

違反したときは

- 違反行為をした場合は、職安法に基づく行政指導や改善命令等の対象となる場合があります。
- 改善命令に違反した場合は、罰則（6カ月以下の懲役または30万円以下の罰金）が科せられる場合もあります。

資料出所：厚生労働省「公正な採用選考をめざして」（令和4年度版）

て適切に対処するための指針」〔平 11.11.17　労告 141、最終改正：令 4. 6.10
厚労告 198〕第 5 - 1）。

　前記②で述べたとおり、企業として採用時に収集できる個人情報について
は、労務の提供に関する事項（能力や技能、学歴、職歴等）に限られます
（［図表］参照）。

（向井　蘭）

Q | 3-2

採用内定者に対し入社前の簡単な業務や研修を命じた場合にも、賃金を支払う必要はあるか

　採用内定者に対し、入社前に職場や業務に慣れてもらうために、簡単
な業務や研修を行ってもらいたいと考えています。こうした入社前の業
務命令は違法となるのでしょうか。また、入社前の簡単な業務や研修に
対して、賃金を支払う必要はありますか。

A ｜ 入社前においては業務命令を行うことはできず、学生の同意を
得た上で簡単な業務や研修を行う必要がある。また、入社前の
簡単な業務や研修であっても、少なくとも最低賃金の適用によ
り賃金請求権が発生すると考えられる

---

1 入社前の研修を業務命令により行わせることはできるか

　内定の法的性格は、「始期付解約権留保付労働契約」といわれています（大
日本印刷事件　最高裁二小　昭 54. 7.20 判決　労判 323 号 19 ページ）。もっ

とも、入社日は事案により「就労の始期」とされたり、労働契約の「効力発生の始期」とされたりしています（菅野和夫『労働法 第12版』[弘文堂] 235ページ）。前者の場合は、労働契約の効力は内定により発生しているので、「業務命令を一定限度行うことができる」といわれており、後者の場合は、入社日までは労働契約の効力が発生していないため、入社日までに「業務命令を行うことはできない」といわれています。

　裁判例にも、新卒採用の内定者の内定段階における生活の本拠は、学生生活にあり、効力始期付の内定では、入社日前の研修等を業務命令として命ずる根拠はなく、あくまで使用者からの要請に対する内定者の任意の同意に基づいて実施されるものであると判断したものがあります（宣伝会議事件　東京地裁　平17. 1.28判決　労判890号5ページ）。

　結局のところは、具体的事案に応じて解釈が分かれるものと思われますが、入社前はあくまでも学生として学生生活を送っていることから、入社前においては業務命令を行うことはできず、学生の同意を得た上で簡単な業務や研修を行う必要があります。

② 入社前の簡単な業務や研修には賃金を支払う必要があるか

　設問のケースとは異なりますが、休職後のいわゆる「試し出勤」中の業務について、賃金を支払う義務があるか否かが問題となることがあります。

　試し出勤は、あくまでも復職可能か否かを判断するために行うものが多いといえます。そのため、復職可能か否かを判断するためには何らかの業務を行ってもらい、様子を見る必要があります。しかし一方で、試し出勤は、あくまでも復職をしていないことを前提としており、試し出勤中に正式な労務提供を受領したと会社が認めたくないため、試し出勤中の業務を無給とする場合があります。

　NHK（名古屋放送局）事件（名古屋高裁　平30. 6.26判決　労判1189号51ページ）では、試し出勤でも労基法11条の規定する「労働」に該当することがあり、最低賃金の適用により賃金請求権が発生すると判断しました。

この裁判例を内定中の学生について当てはめれば、入社前の簡単な業務や研修で、本来の正式な労務提供といえない場合であっても、労基法11条の規定する「労働」に該当することがあり、少なくとも最低賃金の適用により賃金請求権が発生すると解釈することができます。

3 設問に対する回答

採用内定者に対する入社前の業務命令は違法となる場合があるので、採用内定者の同意を得てから簡単な業務や研修を行う必要があります。また、入社前の簡単な業務や研修を、同意を得て行うとしても、少なくとも最低賃金は支払う必要があります。

（向井　蘭）

Q | 3-3

採用面接で「家族構成」「尊敬する人物」「愛読書、購読新聞」を質問し、また「現住所の略図」の提出を求めることは問題か

当社では、採用面接に現場の視点を取り入れるため、各部門の管理職に面接官を依頼しています。先日、ある面接官が候補者に対して「家族構成」や「尊敬する人物」「愛読書、購読新聞」を尋ねたようですが、これは問題になるのでしょうか。また、担当者が「現住所の略図」の提出を求めたということですが、これも不適切な対応でしょうか。

A

これらの事項を質問することは、就職差別につながるおそれがあり問題となる。「現住所の略図」の提出も採用選考時には必要のないものであり、避けるべき

1 採用に関する基本的な考え方

　労働者には、憲法22条1項で職業選択の自由が保障されています。その一方で、使用者には、誰を採用するかについての自由（採用の自由）が認められています。

　採用の自由とは、使用者が採用方針・採用基準・採否の決定等を自由に行えることを指すものです。また、応募者を採用するか否かを判断するためには、判断材料を得る必要があり、応募者本人から一定事項について申告を求める等の調査が必要となります。

　もっとも、採用の自由は、応募者の基本的人権を侵害してまで認められているわけではなく、採用選考を行う際には、応募者の人格的尊厳やプライバシー等、基本的人権を尊重することが不可欠です。また、職業選択の自由や法の下の平等（憲法14条）の観点も踏まえると、使用者側には、応募者に広く門戸を開いた上で、人種・信条・性別・社会的身分・門地等の事項による差別はせず、職業上の能力や技能・適性に基づいた基準により、公正な採用選考を行うことが求められます。

2 採用選考時に配慮すべき事項

　厚生労働省は、就職差別につながるおそれがあるとして、採用選考時に配慮すべき具体的な事項について、[**図表**]の14事項を示しています。この中で、「本人に責任のない事項／本来自由であるべき事項の把握」として、家族や尊敬する人物、購読新聞・雑誌・愛読書に関することなどが挙げられています。

3 実務上の対応

[1]「家族構成」に関する質問

　設問のケースでは、「家族構成」について尋ねていますが、これは職業上の能力や技能・適性に関係のない事項です。

　同様に、家族に関する事項については、家族の職業（有無・職種・勤務先

図表 採用選考時に配慮すべき14事項

本人に責任のない事項の把握

① 「本籍・出生地」に関すること
② 「家族」に関すること（職業・続柄・健康・病歴・地位・学歴・収入・資産など）
③ 「住宅状況」に関すること（間取り・部屋数・住宅の種類・近隣の施設など）
④ 「生活環境・家庭環境など」に関すること

本来自由であるべき事項（思想・信条に関わること）の把握

⑤ 「宗教」に関すること
⑥ 「支持政党」に関すること
⑦ 「人生観・生活信条など」に関すること
⑧ 「尊敬する人物」に関すること
⑨ 「思想」に関すること
⑩ 「労働組合（加入状況や活動歴など）」「学生運動などの社会運動」に関すること
⑪ 「購読新聞・雑誌・愛読書など」に関すること

採用選考の方法

⑫ 「身元調査など」の実施
⑬ 「本人の適性・能力に関係ない事項を含んだ応募書類」の使用
⑭ 「合理的・客観的に必要性が認められない採用選考時の健康診断」の実施

資料出所：厚生労働省「公正な採用選考をめざして」（令和4年度版）

など）、続柄（家族構成を含む）、健康状態、病歴（遺伝性疾患の家系であるか等）、地位、学歴、収入、資産等の把握をしようとする場合が問題となり得ます。両親のいる家庭なのか、家族の地位や資産等、本人に責任のない事項で採用の可否に影響を与えることとなれば、就職差別につながるおそれがありますし、採用面接でこうした事項を尋ねることは避けるべきでしょう。

[2]「尊敬する人物」「愛読書、購読新聞」に関する質問

「尊敬する人物」「愛読書、購読新聞」に関する質問については本人の思想・信条に関わることであり、これを採用可否の判断基準とすることは思想の自由（憲法19条）、信教の自由（同20条）等との関係で問題があります。これらは基本的に「本来自由であるべき事項」ですし、採用選考の場に持ち込まないようにすることが望ましいといえます。

なお、裁判例としては、三菱樹脂事件（最高裁大法廷　昭 48.12.12 判決　民集 27 巻 11 号 1536 ページ）において、「企業者が雇傭の自由を有し、思想、信条を理由として雇入れを拒んでもこれを目して違法とすることができない以上、企業者が、労働者の採否決定にあたり、労働者の思想、信条を調査し、そのためその者からこれに関連する事項についての申告を求めることも、これを法律上禁止された違法行為とすべき理由はない」と、思想、信条の申告を求めることや、これによる採用の拒否が違法ではないと判示されています。もっとも、当該判旨については、「企業経営に関する高度の判断力や指導力を必要とされるという点で、世界観が職業的関連性を有していた幹部要員の採用事案における判旨と理解すべきである」と制限的に解釈すべきであるとの指摘もあり（菅野和夫『労働法 第 12 版』［弘文堂］226 ページ）、一般的には、職業上の能力や技能・適性に関係のない事項として整理すべきと思われます。

［3］「現住所の略図」の提出を求めること

　また、「現住所の略図」の提出を求めていますが、これは身元調査に利用されるおそれがあり、問題があります。なお、通勤手当等を算出するための必要があることから、実務上「現住所の略図」等の提出を求める場合はありますが、それは入社後に把握すれば足りる事項であり、採用選考時に把握する必要はありません。

　実際には身元調査が行われることもないとは言い切れませんが、厚生労働省の見解としては、調査の過程で意図せずとも本人の本籍・生活環境や家族の状況・資産等の本人に責任のない事項や、思想・信条に関する事項等、職業上の能力や技能・適性に関係のない差別につながる事項が収集され、就職差別につながるおそれがあるとして否定的に捉えています。

［4］現場管理職に面接官を依頼する上での留意点

　候補者の評価に当たり、現場を知る管理職に面接官を依頼するケースは多々あります。その際、人事担当者としては、前出の **［図表］** に示した「採

用選考時に配慮すべき 14 事項」を事前に共有しておくことが重要です。その上で、本人の能力や技能、仕事への適性とは関係のない事柄については可能な限り質問しない、または慎重に尋ねるよう伝えておくとよいでしょう。

（瀬戸賀司）

Q | 3-4

経営環境の変化から、予測していなかった業績の悪化を理由として、9 月以前の時点で内々定を取り消すことは問題か

当社の新卒採用では、6 月以降に内々定を出し、その後 10 月に内定式を開催して正式な内定証書を渡しています。しかし、コロナ禍の長期化により経営環境が激変し、予想外に業績が悪化してしまったため、正式な内定通知前である 9 月以前の時点で内々定を取り消したいと考えています。これは問題となるのでしょうか。

A 内々定の取り消しに際し、特段の事情がない限りは、労働契約は成立していないものと思われる。しかし、応募者の労働契約締結に対する期待権の侵害等を理由として賠償責任が認められ得るため、丁寧な説明等が必要となる

1 内々定とは

内々定については、法的に明確な定義があるわけではありません。日本の新卒一括採用では、大学卒業見込者等の就職について、採用選考を進め内定を出す方向で動いていきますが、大学・産業界の申し合わせ※により一定期

日より前に正式な内定通知をすることができないため、内定開始日（大学4
年次の10月1日）よりも前に、学生に対して内定の予定である旨を内々定と
して口頭などで伝える状況を指します。

※　なお、この申し合わせは日本経済団体連合会（経団連）の「採用選考に関する指針」の
策定を起点として行われてきましたが、ルールの形骸化等を理由に2021年度以降に入
社する学生を対象とした指針を策定せず、代わりに政府が新たなルールづくり（「就
職・採用活動日程に関する考え方」）を主導することになりました。もっとも、学生が
安心して学業に取り組めることを重視し、少なくとも2022年卒までは現状維持となっ
ており、現状、急激なルール変更等は生じていません。

2 内々定の法的性質

[1] 内定と内々定の違い

　応募者（学生）は、内々定を取得した後も就職活動を続けることが多く、
複数社から内々定を得た場合には、そのうちの1社を選択することが可能で、
その後、選択した会社と内定関係を結ぶことになります。

　この内定の法的性質については、一般的に「始期付解約権留保付労働契約」
と解釈されるように、労働契約が成立している状態です。一方で、内々定の
場合、応募者側としては複数社の内々定があれば、そのうちの1社を自由に
選択できるという状況下にあるため、労働契約が成立していると考えること
は困難であり、労働契約成立前の段階であるといえます。

[2] 内々定の取り消しにおける問題

　もっとも、労働契約の成立前であるから、企業が内々定を取り消すことに
ついて法的に全く問題が生じないかというと、そうではありません。企業の
内々定の取り消しにより、応募者の労働契約締結に対する期待権の侵害（あ
るいは信義則違反）があるとして損害賠償責任が認められることもあります。

　例えば、内々定の取り消しについて争われた裁判例として、コーセーアー
ルイー（第2）事件（福岡高裁　平23. 3.10判決　労判1020号82ページ）
があります。これは、会社側が、新卒採用の見直しを含む経営改善策を進め
ていることを応募者に説明することなく、予定されていた内定通知書授与の
日の数日前に突然内々定の取り消しを通知した事案です。裁判所は、内々定

による労働契約の成立自体は否定したものの、不法行為に基づく55万円の損害賠償責任（慰謝料・弁護士費用）を認めています。

　この裁判例では、次の①〜⑤を考慮した上で、応募者の精神的損害を認定し、会社側の不法行為責任が認められました。

①採用内定通知書授与の日が定められた後においては、会社と応募者との間で労働契約が確実に締結されるであろうとの応募者の期待は、法的保護に十分に値する程度に高まっていたこと
②応募者が、この会社に就職することを期待して、本件内々定の前に受けていた他社からの複数の内定を断り、就職活動を終了させていたこと
③会社が、応募者のこのような期待や準備、さらには就職によって得られる利益等に配慮することなく、応募者に対して採用の方針変更について十分な説明をせずに、内々定を取り消したこと
④会社が、応募者からの抗議にも何ら対応しなかったこと
⑤内々定取り消しによって受けた応募者の精神的苦痛は大きく、1カ月程度、就職活動ができない期間が生じ、応募者がいまだ就職できないでいるのも、その際の精神的打撃が影響していることがうかがわれること

3 設問に対する回答

　設問では、経営環境の変化、予測できない業績の悪化を理由に、9月以前の時点で内々定を取り消したいということです。これまでの慣行に反して、内定通知書・承諾書を既に取り交わしているなどの特段の事情がない限りは、内々定はあくまで労働契約成立前の段階であり、労働契約が成立したものと判断されることはないと思われます。

　一方で、9月以前の時点で内々定の取り消しを検討しているとのことですが、業績の悪化等を理由に新卒採用の見直しを図ることになった段階ですぐに応募者に連絡を取り、会社の経営状況や内々定取り消しの理由などを丁寧に説明するといった対応が必要でしょう。前記2［2］の裁判例でも、内々定の取り消しを行うに当たって、応募者への配慮や説明の姿勢等も判断材料とされています。こうした対応を取ることによって、紛争化するリスクが低

減でき、また、仮に紛争化して裁判等に発展しても不法行為責任が認められる可能性は低くなると思われます。

（瀬戸賀司）

Q 3-5

地域限定社員にほかの事業所への異動を命じることは可能か。また、職種限定社員に別職種への配置転換を拒否された場合、解雇できるか

当社では地域限定社員を採用していますが、人員配置上の都合から、転居を伴わないエリア内で、ほかの事業所への異動を命じたいと考えていますが、こうした取り扱いは可能でしょうか。また、同様に職種限定社員を別の職種に配置転換したいのですが、拒否された場合には解雇できるのでしょうか。

A

勤務地限定の合意がある場合でも、異動が社員にとって有利に働く事由があれば可能となり得る。また、職種限定社員を配置転換することは基本的にできず、相応の事情がない限り解雇はできない

1 限定社員とは

限定社員とは、一般的に採用後の勤務地変更の範囲や職務内容の範囲に制限がある社員のことを指します。この限定社員には、大きく次の2種類があります。

①採用時に勤務地域を一カ所に限定された社員（地域限定社員）

②職種・職務内容が一定の範囲に限定された社員（職種限定社員）

2 地域限定社員の異動

[1] 勤務地限定の合意がある場合

　地域限定社員であっても、雇用契約で「転居を伴わない一定のエリア内で異動を命じることがある」としていれば、そのエリア内でほかの事業所へ異動することは可能となります。そのため、問題となるのは、特定の事業所（勤務地）に限定して採用した場合です。

　まず、勤務地を限定する合意がある場合には、ほかの事業所への異動はできないと考えることが原則です。しかしながら、このような解釈がいかなる場合にも通用するのかについては疑問もあります。

　この点、裁判例では、勤務地限定の合意がある社員の整理解雇が問題となったシンガポール・デベロップメント銀行事件（大阪地裁　平12. 6.23判決　労判786号16ページ）が参考となります。この事案では、複数の事業所がある会社が一つの事業所を閉鎖するに当たり、整理解雇における解雇回避努力義務の検討において、勤務地限定の合意がある社員に転勤を打診すべきであったかが争われました。裁判所は、閉鎖する事業所に勤務する社員に勤務地限定の合意があることを認定しつつ、「就業場所の限定は、労働者にとって同意なく転勤させられないという利益を与えるものではあるが、使用者に転勤させない利益を与えるものではない」としています。

　すなわち、勤務地限定の合意がある社員の場合であっても配置転換をすることが従業員にとって有利となる場合には、たとえ転居を伴うような地域への異動であったとしても、それを検討するべきであると裁判所も考えていることがうかがえます。したがって、雇用を維持できないというような事情がある場合には、ほかの事業所への異動が必ずしも否定されるものではないと考えられます。

[2] 実務上のポイント

　もっとも、この点については、会社から社員に事情を説明し、個別の合意を得てから異動を行うのが最も望ましい対応でしょう。そのため、人員配置上の都合からどうしてもほかの事業所への異動が必要な場合(事業所の閉鎖・統合など)には、勤務地限定の合意がある社員であっても、まずは個々の希望を聞き、それに応じて可能な範囲で配置転換を行えば、紛争に発展したり、不必要に紛争が拡大したりすることもないと考えられます。

　また、社員が異動に難色を示すようであれば、もう一つの選択肢として退職の条件（退職金の上積み等）を提案することも一案です。このような提案を行うことで、会社としては、解雇回避に向けて誠実に対応をしたと示すことができます。

3　職種限定社員の配置転換

[1] 別職種への配置転換の考え方

　職種限定社員についても、原則として、別の職種に配置転換することができないということは、地域限定社員と変わりありません。

　また、例外的に配置転換できる場合を検討する際の考え方も、地域限定社員と大きく差はないものと考えられます。そのため、例えば事業場の閉鎖や部門・部署の廃止によりその職種自体がなくなるといったケースでは、本人の希望を確認し、合意を得るという調整の手続きも経た上で、配置転換を検討することになります。

[2] 能力不足による配置転換

　もっとも、職種限定社員の配置転換が問題となるのは、事業場の閉鎖等ではなく、能力不足といった形が多いように思われます。

　このような場合であっても、能力不足を理由に解雇をすることが可能な状態（例えば、繰り返し機会を与えた上でも改善が見られないケースなど）であれば、解雇を回避し、雇用を維持するためという理由で異なる職種に配置転換をすることは、必ずしも否定されるものではないと考えられます。その

際、併せて退職の条件も提案ができるとよいという点も、地域限定社員の場合と同様です。

　もっとも、前例となる裁判例を参照しても、能力不足による解雇については会社側の立証が成功する事例は少ないと言わざるを得ず、そもそも「能力不足を理由に解雇をせざるを得ない」という事実が認められないケースが多いのが実情です。そのため、能力不足を理由に職種限定社員を配置転換する場合には、その前提となる能力不足の認定（改善の機会の提供を含む）を慎重に行う必要があります。

　また、配置転換に当たり個別の合意を取得する方法が紛争回避という観点から安全であるというのは、地域限定社員の場合と相違ありません。

4　異動・配置転換を拒否した場合の解雇

　限定社員について、適法に異動・配置転換をすることができる場合、それを拒否したことに対する非違性の高さについては、通常の場合と異なるところがないと解されます。そのため、限定社員であったとしても、異動・配置転換を拒否した社員に対して解雇が有効となるかという通常の議論に即して検討をすることになると想定されます。すなわち、配置転換が適法である場合には、労働者は配置転換先の事業所で業務を行う、または配置転換後の種類の業務を行わなければなりません。これに従わないということは会社の指揮命令に違反するということであり、この観点から解雇について検討をすることとなります。

　もっとも、限定社員の場合は、そもそもの異動・配置転換の適法性を基礎づける事情の一つとして、解雇が有効になる程度の事由の存在が求められるでしょう。そのため、「異動・配置転換の適法性」と「解雇の有効性」の判断は多くの部分で重なると思われます。

5　実務上の対応

　会社において、地域限定社員や職種限定社員については、ほかの事業所への異動や別職種への配置転換ができないとして、そこで検討を終えてしまう

ことも少なくないでしょう。しかしながら、労働法および労働紛争において
は、労働者に有利な解釈を優先的に行う傾向があります。地域や職種という
それぞれの限定を外すことが、労働者にとって有利となる場合には、異動や
配置転換を検討・打診する必要があると考えられます。

　そのため、実務上は、地域・職種の限定合意にいたずらに縛られることな
く、社員に有利な異動・配置転換だと考えられる場合には、可能な限り対応
すべきです。また、限定社員が異動・配置転換を拒否した場合に解雇するこ
とも不可能ではありませんが、解雇を有効に行うためには、相応の事由があ
るか、合理的であるかといった観点からの検討が必要です。

（井山貴裕）

Q ┃ 3-6

残業拒否や転勤拒否をした社員につい て、業務命令違反として人事評価をマ イナス評価とすることはできるか

人事評価に当たり、残業命令や転勤命令を拒否する社員についてはマ
イナス評価とすることを検討しています。このような対応は問題でしょ
うか。

A　いずれの業務命令も、①労働契約の範囲内で発せられた業務命
令であるか、②裁量権の濫用に当たるものではないかとの観点
から判断する。残業や転勤を命じる業務命令が有効である場合
にこれを労働者が拒否したときは、正当な理由のない業務命令
拒否として、人事評価においてマイナス評価とすることは可能

1 業務命令違反と人事評価

　労働契約上、労働者は使用者の指揮命令を受けて労働を提供する義務を負っており、使用者は労働契約に基づき、労働者に対し業務命令権を有しています。このように、使用者の業務命令権の根拠は労働契約にあるため、使用者の発した命令が、労働契約において労働者と使用者が合意した内容の範囲を超えている場合には、労働者はこれに従う義務はありません。また、労働契約の範囲内で発せられた業務命令であったとしても、その命令が法律に反する場合、業務上の必要性がない場合や不当な動機・目的等がある場合には、業務命令権（裁量権）を濫用したものとして無効となります。

　業務命令が有効な場合にこれに従わなかったときは、勤務態度に問題があるとして人事評価でマイナス評価とすることについて問題はありません。他方で、業務命令が無効なものであった場合には、労働者にはこの業務命令に従う法的な義務はないため、業務命令に従わなかったからといって人事評価でマイナス評価とすることはできません。

2 残業拒否と業務命令違反

　会社から時間外労働（残業）を指示されたにもかかわらずこれを拒否した場合、業務命令違反に当たるでしょうか。

　前提として労基法は、労働者に1日8時間かつ1週間について40時間を超えて労働させてはならないと規定しており（同法32条1～2項）、原則として時間外労働は禁止されています。

　しかしながら、労働者の過半数で組織する労働組合もしくは労働者の過半数を代表する者との間で36協定を締結した場合には、例外的に時間外労働を命じることができます（同法36条1項）。

　そのため、労働者は、使用者が36協定を締結した上で、36協定で定める範囲内の時間外労働を指示してきた場合には、原則としてこの業務命令を拒否することはできません。ただし、前述のとおり、業務命令に業務上の必要性がない場合や、業務命令が嫌がらせなどの不当な動機・目的をもってなさ

れている場合には、業務命令は無効となります。まとめると、会社からの時間外労働の指示は、次のような場合を除いて有効となります。

時間外労働の指示が無効となる場合

- 36 協定が締結されていない
- 36 協定は締結されているものの、36 協定における制限時間数を超えた時間数の時間外労働を指示している
- 時間外労働を命じる業務上の必要性がない
- 労働者への嫌がらせの目的で時間外労働を命じていると認められる

　上記の場合を除き、労働者が使用者からの時間外労働を命じる業務命令に従わなかった場合には、正当な理由のない業務命令拒否として、人事評価においてマイナス評価とすることが可能です。

3 転勤拒否と業務命令違反

　転勤（転居を伴う人事異動）の拒否についても、転勤を命じる業務命令が有効である場合には、これを拒否したことをもって人事評価をマイナス評価とすることには問題ありません。人事異動を命じる業務命令の有効性についても、■で述べたとおり、①労働契約の範囲内で発せられた業務命令であるか、②裁量権の濫用に当たるものではないかという観点から判断されます。

［1］業務命令は労働契約の範囲内であるか

　まず、就業規則や雇用契約書において、使用者が必要な場合に異動や転勤を命じることができる旨が規定されているかどうか、労働契約の内容として、ある特定の職種や就労場所以外で勤務しないことが明確に合意されているかどうか等から判断されます。例えば、雇用契約書において、「首都圏の事業所以外への異動はなし」といった記載がある場合を考えてみます。この場合、労働契約の内容として首都圏の事業所以外には異動しないことが合意されて

いるので、首都圏の事業所以外に異動を命じる業務命令は、労働契約の範囲外の業務命令に当たり無効となります。

[2] 裁量権の濫用に当たるものではないか

　そして、異動を命じる業務上の必要性があるか、不当な動機・目的がないか、異動によって通常甘受すべき程度を著しく超える不利益が生じないかという観点からも判断されます。異動を命じる業務上の必要性については、"他の人が異動することでは代わることができない"という高度な必要性までは要求されていません。また、異動によって通常甘受すべき程度を著しく超える不利益が生じないかという観点については、労働者に生じる経済面、生活面での不利益の程度を検討することになります。単に、子どもが幼いということや、家族が仕事の関係で転勤先に同行できないということでは、異動によって通常甘受すべき程度を著しく超える不利益が生じているとはいえないため、このような理由で異動を命じる業務命令を拒否することはできません。

4 設問に対する回答

　以上より、残業や転勤を命じる業務命令が有効であるといえる場合にこれを労働者が拒否したときは、正当な理由のない業務命令拒否として人事評価においてマイナス評価とすることは可能です。

（梅本茉里子）

Q | 3-7

副業の認可や転勤の廃止、テレワークの導入などに当たり一律的に「管理職には認めない」ことは可能か

多様な働き方を推進する目的で、副業の事前許可制の導入や転勤の廃止、テレワークの制度化を検討しています。しかし、管理職については、業務上のさまざまな弊害も考えられるので、一律的に認めない（適用しない）取り扱いとしたいのですが、可能でしょうか。

A いずれも業務上の必要性等が認められるのであれば可能と考えられる。ただし、副業やテレワークを一律に認めないとするためには、一般社員とは異なる、より高度な必要性等が求められる

1 管理職に対する副業の禁止

［1］副業の一律的な禁止の可否

　副業を禁止することができるか否かについて、過去の裁判例の判断に照らすと、裁判所は、「労働者が労働時間以外の時間をどのように利用するかは、基本的には労働者の自由である」ことから、副業を一律に禁止することは合理性を欠くと判断する傾向にあります。また、厚生労働省の「副業・兼業の促進に関するガイドライン」（平成30年1月策定、令和2年9月改定）においても、「裁判例を踏まえれば、原則、副業・兼業を認める方向とすることが適当である」との考え方が示されています。

　もっとも、裁判例においても、副業を行う場合に事前の申請を求めることについて、「労務提供上の支障や企業秩序への影響等を考慮したうえでの会社の承諾にかからしめる旨の規定を就業規則に定めることは不当とはいいがたく」、合理性を有すると判断されています（小川建設事件　東京地裁　昭57.11.19判決　労判397号30ページ）。すなわち、会社は、副業の事前許可制について就業規則で規定することが可能です。

　なお、裁判例上、会社が例外的に副業を禁止することができる場合とされているのは、「労務提供上の支障がある場合」「業務上の秘密が漏洩する場合」「競業により自社の利益が害される場合」「自社の名誉や信用を損なう行為や信頼関係を破壊する行為がある場合」等に限られています。

［2］管理職による副業

　［1］で説明したとおり、副業を一律に禁止することは合理性を欠くと判断される傾向にあることからすると、単に管理職であるという理由のみで副業を一律に禁止することも合理性を欠くと判断される可能性が高いでしょう。

　そのため、管理職による副業についても、一般社員と同様に、事前申請による許可制とし、個別具体的な事情から、労務提供上の支障や企業秩序への影響等を考慮した上で、許可するか否かを判断することが望ましいといえます。

　もっとも、管理職は、一般社員とは異なる責任や権限を有しており、部下のマネジメント業務を担っていることも多々あります。そのため、管理職の副業許可に当たっては、部下のマネジメント業務に支障が出るおそれがないのかという観点からも労務提供上の支障を検討することが必要です。

　また、管理職は、一般社員とは異なり、社内のより高度な機密情報にアクセスする権限を有している場合があります。例えば、このような高度な機密情報へのアクセス権限を有している管理職が、会社の業務分野と関連する業務を副業として行うケースでは、機密情報が社外で利用され会社の利益が害されるリスクも否定できません。そのため、このような場合には、管理職に対し副業を許可しないことが認められる余地があると考えられます。

２　管理職に対する転勤の廃止の不適用

　近年、コロナ禍によるテレワークの広がりを受け、複数の大手企業が社員の転勤を廃止する動きを見せています。また、欧米では、上位層の管理職は会社からの指示で国内外を問わずに転勤を命じられるものの、ジョブ型雇用をとっている中間管理職以下は勤務地や担当職務が雇用契約において決まっており、転勤を指示されることがないということも多くあります。

　このように、一般社員に対しては転勤を廃止しつつ、管理職に限って従前どおりに転勤を行うということは可能でしょうか。

　日本の労働法では、解雇が非常に厳しく規制されていますが、解雇が厳しく規制されていることにより人材の循環が制限されることとのバランスを図

るため、使用者には人員配置（人事異動）に関して広い裁量が認められています。これを前提とすると、転勤の対象者を選定するという点についても、使用者の裁量は広いといえます。

　そのため、管理職を一律に転勤廃止の対象から除外することも、そのような取り扱いを行う業務上の必要性等があり、使用者の裁量権の濫用に当たるような事情がないのであれば、可能であると考えられます。

3 管理職に対するテレワークの不適用

　まず、労働者はテレワークによる勤務を請求する権利を有しているのでしょうか。前提として、労働契約の内容としてテレワークによる勤務を行うことが使用者と労働者との間で合意されていない限りは、あらかじめ定められた就労場所において労務提供を行うことが労働契約の内容となっており、労働者は使用者に対しテレワークによる勤務を請求することはできません。

　そのため、テレワーク勤務について事前に合意されていない限りは、管理職のみテレワークを認めないという取り扱いも法的には可能なようにも思えます。

　もっとも、具体的な事情によっては、管理職に対してのみ、テレワークではなく出社勤務を命じることが、業務命令権の濫用に当たるおそれがあります。

　例えば、感染症の流行により、出社して業務を行うことに高い感染リスクが伴うという状況下が考えられます。一般社員が出社していない中で管理職のみを出社させる業務上の必要性が説明できなければ、管理職に対してのみ出社勤務を命じることは、業務命令権の濫用として無効になるでしょう。

（梅本茉里子）

第4章

就業規則・
労使協定・
労働契約

Q 4-1

変更の手続きに不備があった場合の就業規則は有効か

当社では、就業規則は周知しているものの、労働者の過半数を代表する者からの意見聴取をせずに就業規則の変更を行い、労働基準監督署への届け出も特に行っていませんでした。こうした就業規則の変更は有効とされるのでしょうか。また、不利益変更を伴う場合はどうでしょうか。

A 就業規則を周知していれば、就業規則の変更は有効となり得る。ただし、不利益変更を伴う場合は、労働者の過半数代表者から意見聴取もせず、労働基準監督署への届け出も行っていないと、無効となる可能性が高くなる

---

1 就業規則の効力要件

　労契法の制定以前は、就業規則の変更に当たっては、労働者の過半数を代表する者（以下、過半数代表者）の意見聴取や労働基準監督署への届け出が就業規則の効力要件となるかが解釈上の論点になっていました（フジ興産事件〔最高裁二小　平 15.10.10 判決　労判 861 号 5 ページ〕では、周知手続きを経て初めて就業規則の効力は発生すると判示）。しかしその後、労契法 7 条により、過半数代表者の意見聴取や労働基準監督署への届け出が就業規則の効力要件とはならず、就業規則を周知することが効力要件となりました。

　就業規則の周知方法は、次のいずれかによるものとされています（労基法 106 条 1 項、労基法施行規則 52 条の 2）

①常時各作業場の見やすい場所へ掲示し、または備え付けること
②書面を労働者に交付すること

③磁気テープ、磁気ディスクその他これらに準ずる物に記録し、かつ、各作業場に労働者が当該記録の内容を常時確認できる機器を設置すること

2 不利益変更の場合

　では、仮に、本問のように就業規則が従業員にとって不利益変更を伴う内容である場合は、こうした変更は有効となるのでしょうか。

　就業規則の変更が不利益変更を伴う場合は、周知性に加えて、労契法10条により有効性（正確には対象従業員に拘束力を有するか）が判断されます。この場合、過半数代表者への意見聴取もせず、労働基準監督署への届け出も行わなかった場合には、同条の不利益変更内容の「合理」性解釈に影響を与えるかが問題となり得ます。

　労契法10条の「合理」性解釈において、「その他の就業規則の変更に係る事情」も問題となり、必要性や不利益の程度によるものの、過半数代表者から意見聴取もせず、労働基準監督署への届け出も行わないのであれば、「合理」性を欠くとして、不利益変更は無効となる可能性が高くなると思われます。

3 設問に対する回答

　過半数代表者からの意見聴取をせずに就業規則の変更を行い、労働基準監督署への届け出を行わなかったとしても、就業規則を周知していれば、就業規則の変更は有効となり得ます。もっとも、必要性や不利益の程度によるものの、不利益変更を伴う場合は、労働者の過半数代表者から意見聴取もせず、労働基準監督署への届け出も行わないことで、無効となる可能性が高くなると思われます。

（向井　蘭）

Q 4-2

就業規則の規定どおり年2回、賞与を支給しているが、業績不振から不支給とすることは可能か

当社の就業規則では、賞与について「会社の業績等を勘案して6月と12月に支給することがある」と規定しており、これまでは年2回、支給してきました。こうした定めがある場合、業績が悪化したことを理由に賞与を不支給とすることは可能でしょうか。

A 一定水準の賞与を支給する旨の労使慣行が認められない場合には、賞与を不支給とすることも可能。労使慣行が認められる場合は、不利益変更の問題となる

1 賞与支給決定権と労使慣行

[1] 賞与の支給決定と賞与請求権

就業規則上、賞与支給の有無について会社の裁量に委ねる趣旨の定めがあり、個別労働契約上は賞与について具体的な定めがない場合、会社が賞与の具体的な金額を定めて支給決定をしない限り、従業員には賞与請求権が発生しないのが原則です。

しかし、過去の運用次第では賞与請求権が発生する場合もあります。例えば、福岡雙葉学園事件（最高裁三小　平19.12.18判決　労判951号5ページ）では、結論において賞与請求権が否定されているものの、「前年度の支給実績を下回らない期末勤勉手当を支給する旨の労使慣行が存したなどの事情がうかがわれない」ことを考慮しており、労使慣行の存在や内容によっては、会社側で賞与支給決定をしていない場合でも、賞与請求権が発生する余地があると解されています。

［2］労使慣行の要件

　そもそも労使慣行とは、就業規則等で規定されてはいないものの、長期間に及ぶ集団的・一般的な取り扱いが継続して行われている場合に、事実上の労働契約のように拘束力を持つことを指します。そして、労使慣行だと認められるためには、①同種の行為または事実が一定の範囲において長期間反復継続して行われていたこと、②労使双方が明示的にこれによることを排除・排斥していないこと、③当該慣行が労使双方の規範意識によって支えられていること——を要すると解されています（商大八戸ノ里ドライビングスクール事件〔大阪高裁　平 5. 6.25 判決　労判 679 号 32 ページ。最高裁一小　平 7. 3. 9 判決　労判 679 号 30 ページ〕が是認）。

　一時金についての労使慣行に法的拘束力を認めた裁判例としては、立命館事件（京都地裁　平 24. 3.29 判決　労判 1053 号 38 ページ）があります。この事案では、14 年にわたって労働組合との間の労使協定で年間の一時金の支給基準を定め、法人が労働組合への回答で年間 6 カ月を下回る額を提示したことはなかったとの事実関係の下で、一時金を年 6 カ月以上の額とする労使慣行に法的効力を認め、労働契約の内容となっていたと判断されています。

［3］支給水準の「基準」

　長年にわたり反復・継続して一定水準以上の賞与を支給してきた場合には、そのような取り扱いを明示的に否定した事実が存在しない限り、法的効力のある労使慣行として認められる可能性は否定できません。ただし、訴訟で請求する際の根拠となる「規範」という意味では、（筆者の私見ではありますが）賞与の支給水準について外部から「基準」を認識し得る慣行であったことが必要になると考えられます。具体的には、少なくとも、反復・継続されてきた運用から賞与の支給における最低水準としての基準を読み取れること（例えば、10 年間以上、必ず年間 4 カ月以上の金額を支給してきたなど）が必要になるでしょう。

　他方で、業績に応じて賞与の支給水準が大きく異なり、業績が悪い場合には著しく低い水準（例えば 1 カ月未満）としているケースでは、一定以上の

就業規則・労使協定・労働契約

額を支給するとの規範意識があったとまでは認められず、むしろ業績が著しく悪化した場合には不支給もあり得るとの評価につながるのではないかと思われます。

2 法的拘束力のある労使慣行が存在する場合の不利益変更

[1] 労使慣行と不利益変更

　法的拘束力のある労使慣行が存在する場合、労使慣行に反する取り扱いは不利益変更となり、原則として労働協約や就業規則の変更または労働者の同意が必要となります。

　設問のように、賞与が不支給となり得る旨の就業規則の定めがありながら、一定水準以上の賞与を支給する旨の法的拘束力のある労使慣行が存在する場合、賞与を不支給とするためには労働者の同意が必要です（筆者の経験では、経営再建のために、期間を限定して賞与を支給しない旨の定めを附則に設けるといった就業規則の変更をしたこともありますが、この場合にも、労働組合または個々の労働者から同意を得て行うのが一般的だと思われます）。

[2] 不利益変更に対する労働者の同意

　労働条件の不利益変更に対して在職中の労働者が行う同意の有効性判断に当たっては、同意の有無だけではなく、変更により労働者にもたらされる不利益の内容と程度、同意に至った経緯と態様、同意に先立つ労働者への情報提供またはその説明の内容等に照らして、同意が自由な意思に基づくと認められる合理的な理由が客観的に存在するか否かという観点からも検討が必要です（山梨県民信用組合事件　最高裁二小　平28. 2.19判決　労判1136号6ページ）。

　そこで、法的拘束力のある労使慣行を変更して賞与を不支給とする場面を考えてみると、労働者への情報提供・説明内容としては、まず、支給できない経営上の事情を説明することが必要不可欠です。その際には、単に"経営不振の状況にある"という抽象的な内容だけではなく、賞与支給原資を確保

できない事情について具体的に説明することが求められます。具体的に説明する項目としては、例えば、会社の収支の現状や減収であればその理由、今後の収支の見込み、経営の改善に向けて講じてきた施策と今後予定している施策の内容等が考えられます。

また、「不利益の内容と程度」に関する情報提供に着目すると、賞与を不支給とするのが1回限りのものか、複数回にわたるものか、不支給とした部分に補填があるのか等についての説明も検討する必要があります。会社としては、従業員の同意を得やすくするために不利益の程度を小さく見せたり、将来的に填補したりする内容の説明をしたくなる場合もあるかもしれませんが、それには不確定要素も多いと思われます。また、過度な期待を持たせた上でその期待を裏切る結果となった場合には、賞与を再度不支給とするために同意を得ることがより困難になることは必至であり、安易なリップサービスは禁物です。

「同意に至った経緯と態様」との関係では、実務上、労働者の同意は書面によるべきであり、また、書面での同意を取り付けるに当たっても、労働者に検討のための時間を与えるべきです。そのため、説明したその場で性急に同意を求めることは控えるべきだと考えられます。

3 設問に対する回答

一定水準の賞与を支給する旨の法的拘束力のある労使慣行が存在しない場合には、「6月と12月に支給することがある」との就業規則の定めの下、賞与を不支給とすることも可能です。

他方、これまで規定どおりに年2回支給してきたという事情からは、こうした労使慣行が認められる可能性も否定できません。そこで、労使慣行が存在することを前提に考えると、労働条件の不利益変更が問題となります。賞与を不支給とすることについて、従業員からの同意を得て対応するスキームでは、同意が自由な意思に基づくと認められない場合には無効となるため、賞与を不支給とすることはできなくなります。そのため、業績が悪化した理由や具体的な状況など、従業員に対して必要かつ相当な情報を提供し、十分

に検討の時間を設けた上で、同意を求めるのがよいでしょう。

（平野　剛）

Q 4-3

就業規則の不利益変更について、労働組合から不利益変更に関する合意書面を得られれば変更が有効になるか

当社では現在、就業規則の変更を予定しており、中には労働者の不利益になる内容も含まれています。このとき、労働組合との合意書面さえあれば不利益変更は有効となるでしょうか。また、非組合員の取り扱いはどのようになるでしょうか。

A 労働組合との間の合意書面がある場合、労働協約としての要式性を備えていれば原則として組合員に対して効力を有するが、内容面および手続きについて注意が必要。非組合員については、労働組合との合意書面があっても、不利益変更をした就業規則の効力が当然に及ぶものではなく、非組合員の同意がない限り、労契法 10 条に基づき不利益変更の有効性が判断される

---

1 組合員との関係

就業規則の不利益変更に関する使用者と労働組合との間の合意書面は、両者が署名または記名押印する労働協約としての要式を満たすものであれば（労組法 14 条）、これに定める労働条件や待遇に関する基準が組合員の労働契約に対しても適用されることになり得ます（労組法 16 条。この効力のことを「規範的効力」といいます）。

もっとも、内容面および権限付与の手続き面において労働協約の効力が認められないこともあり得るので注意が必要です。

　内容面について、一般論としては、労働協約は労働者に不利な事項についても規範的効力を有するのが通常ですが、特定のまたは一部の組合員をことさら不利益に取り扱うことを目的とするなど、労働組合の目的を逸脱して締結された場合には、規範的効力が否定される可能性があります（朝日火災海上保険［石堂］事件　最高裁一小　平 9. 3.27 判決　労判 713 号 27 ページ）。

　また、権限付与の手続き面については、労働組合の委員長が当該労働協約を締結する権限を有していることが必要です。具体的には、事柄や性質に応じて、当該労働組合の規約で必要とされる権限付与のための手続きが取られていたのかを確認する必要があります。現に、労働組合内部での協議を経ず、組合大会や執行委員会での労働協約締結権限の付与がなされないまま執行委員長が署名押印した労働協約について、規範的効力が否定されたという裁判例があります（山梨県民信用組合［差戻審］事件　東京高裁　平 28.11.24 判決　労判 1153 号 5 ページ）。

　こうした内容面および権限付与の手続き面において問題がなく、当該合意書面が労働協約としての形式要件を満たす場合には、合意書面で定めた内容が組合員に対して労働協約としての規範的効力を有することになります。

2 非組合員との関係

[1] 効力が及ぶ場合

　労働組合との間の合意書面が労働協約としての効力を有する場合でも、非組合員との関係では、労組法 17 条に基づく「一般的拘束力」（労働組合が、ある事業場の同種労働者の 4 分の 3 以上を組織している場合には、当該組合の労働協約上の労働条件が同事業場の他の同種労働者にも適用されること）が及ぶ場合を除き、使用者と非組合員との間の労働契約に拘束力を有しません。

　そのため、就業規則の不利益変更について、労働組合との間の合意書面があったとしても、それゆえに非組合員との関係で当該変更後の就業規則の効

力が当然に及ぶわけではありません。労働者から同意があるか、または、当該就業規則の変更に合理性があることが必要となります（労契法10条）。

［2］個別同意の有効性判断

在職中の労働者が労働条件の不利益変更に対して行う同意の有効性判断に当たっては、同意の有無だけではなく、変更により労働者にもたらされる不利益の内容および程度、同意に至った経緯および態様、同意に先立つ労働者への情報提供またはその説明内容等に照らして、同意が"自由な意思に基づくと認められる合理的な理由が客観的に存在するか否か"という観点からも検討されます（山梨県民信用組合事件　最高裁二小　平28. 2.19判決　労判1136号6ページ）。

就業規則の不利益変更についての同意が有効と認められるためには、上記最高裁判決でも言及されているように、労働者への事前の情報提供や説明内容が重要な要素の一つとなります。提供する情報や説明の内容としては、就業規則の変更の必要性および変更内容は当然必要であり、加えて、変更による不利益の内容および程度について、可能な限り具体的に説明することが重要になります。特に、賃金に関する不利益変更は、労働者の生活に直結する重要な労働条件の変更です。労働者の同意なく就業規則の不利益変更を行う場合には高度の合理性が必要となることからしても、各労働者に自らの不利益の内容・程度をより具体的に認識してもらった上で同意を取り付けるべきです。可能であれば、個人別に変更前後の賃金額について比較対照できるように、文書で説明するのが望ましいです。

また、複数回にわたって説明を行う場合には、前後の説明において齟齬や矛盾が生じて労働者が誤解した状態で同意の判断をしないように注意する必要があり、仮に誤解が生じる可能性がある場合には、それを解消するための丁寧な説明が必要です。上記最高裁判決において同意が無効と判断されたのは、この点も大きく影響していると解されます。

「同意に至った経緯および態様」との関係では、実務上、書面による労働者の同意は必須であり、また、同意に当たっては労働者に検討のための時間を

与えるべきで、説明したその場での同意を求めるのは控えたほうがよいでしょう。なお、筆者がクライアントから相談を受けた際には、就業規則の変更前後の各賃金額を記載した同意書へ、各労働者に署名押印してもらうようにアドバイスをすることが多いです。

[3] 個別同意が得られない場合

非組合員の労働者から同意を得られない場合には、就業規則の変更による当該労働者の労働条件変更の有効性は、労契法 10 条に基づいて判断されます。

その判断において、労働組合が合意していることは変更の有効性を基礎づける事情の一つとなりますが、労働者の受ける不利益の程度、変更の必要性、変更後の就業規則の内容の相当性、その他の事情も併せて判断されるため、不確定要素によるリスクを伴います。また、賃金が減額となる不利益変更の場面においては変更に高度の合理性が必要となります。

このように必ずしも変更が有効とは認められないリスクがあることを踏まえ、非組合員の労働者から同意を得るべく繰り返し説得を試みてもよいでしょう。

3 設問に対する回答

労働組合との間の合意書面がある場合、労働協約としての要式性を備えていれば、原則として組合員に対しては効力を有しますが、内容面および手続き（組合内部での権限付与）について注意が必要です。

また、労働組合との間の合意書面があっても、非組合員との関係では、不利益変更をした就業規則の効力が当然に及ぶものではありません。非組合員の同意がない限り、労契法 10 条に基づいて変更の有効性が判断されます。可能な限り、就業規則変更による不利益が具体的に分かるようにするなど必要十分な情報提供をした上で、書面による同意を得ることが望ましいでしょう。

（平野　剛）

Q 4-4

1年間の有期労働契約を3回更新前に雇止めとし、事業所や親会社を変えて、新たに同様の契約をしてはならないか

1年契約の有期労働契約社員について、3回目の更新前に雇止めをし、雇用主を別の事業所や親会社に変えて新たな有期労働契約を結ぶことについて、合理性は認められるでしょうか。

A 労契法19条が適用されない場合に雇止めは可能だが、契約更新に対する合理的期待が認められる場合には問題となる。労働条件はそのままで単に事業所や親会社が変わる場合は、変更の合理性が認められると考える

---

1 雇止めの審査（労契法19条の適用の有無）

雇止めとは、有期労働契約について、使用者が契約期間満了により更新せずに終了させることをいいます。雇止めの効力の判断に当たっては次の2段階の審査があります（労契法19条）。

審査①

有期労働契約が期間の定めのない労働契約と社会通念上同視できるか、または有期雇用労働者が有期労働契約の更新を期待することについて合理的な理由があるか

審査②

審査①のいずれかに当たる場合、客観的な合理的理由、社会通念上の相当性があるか

審査①でいずれにも当たらない場合には②の審査に進むことなく、有期労働契約期間の満了により労働契約が終了します。審査②で、客観的に合理的な理由を欠いており、社会通念上相当と認められないときは、雇止めが無効となります（労働者からの、従前の内容と同一の労働条件による有期労働契約の更新の申し込みを承諾したものと見なされます）。

この労契法の規定は、従来の雇止め法理（解雇権濫用法理の類推適用）を法定化したものです。

有期雇用労働者に更新に対する合理的期待があるかどうかは、当該雇用の臨時性・常用性、更新の回数、雇用の通算期間、契約期間管理の状況、雇用継続の期待を持たせる使用者の言動の有無等を総合考慮して判断されます。したがって、更新回数が２回であれば当然に更新に対する合理的期待がないわけではなく、上記の要素が総合的に判断されることになります。

2 労働条件を変更した契約の申し込み

では、有期労働契約の更新に際して、使用者が労働者に対し、従前と異なる労働条件を提案し、労働者がこれを拒否したために新たな労働契約が成立しなかった場合、労働者が拒否したので雇止めの問題にはならないのでしょうか。これについては、使用者が労働者からの従前どおりの労働条件による更新の申し込みを拒絶するとともに、新たな申し込みを行ったことになります。よって、1の審査①②を受けることになり、審査①のいずれかに当たる場合には審査②により更新拒絶（雇止め）の合理的理由・社会的相当性の有無が判断されることになります。

そして、契約更新に際して使用者の行った労働条件変更提案の合理性は、労働者に対する更新拒絶（雇止め）の合理的理由・社会的相当性審査の中で十分に斟酌されることとなります。具体的には、使用者が合理性のない不当に低い労働条件を提示した場合、少なくとも従前と同一の労働条件での雇用継続を合理的に期待していた労働者は到底合意できないと考えるでしょう。この場合、契約再締結に至らなかったのは、労働者の従前と同一の労働条件申し込みを使用者が不当な提案により拒絶したことによるものと解すること

ができます。使用者による申し込みの拒絶は合理的理由・社会的相当性を欠いたものと評価され、従前と同一の労働条件で契約を締結したものと見なされることとなります。

これに対して、当該契約不更新に至る諸般の事情から、使用者の行った労働条件変更提案が合理的なものと評価される場合には、そうした合理的な変更提案を行うことで、労働者による従前と同一条件による更新の申し込みを拒絶したことは、「合理的理由を欠き、社会通念上相当であると認められない」場合には当たらないとされます。

使用者側の変更提案に合理性が認められずに解雇権濫用法理の類推適用が認められた裁判例としては、ドコモ・サービス（雇止め）事件（東京地裁　平22.3.30判決　労判1010号51ページ）などがあります。

3 事業所の変更や親会社への変更の合理性

使用者が有期労働契約の更新に際し、事業所を変えて同様の契約を提案する場合、労働契約の範囲を超えて転居を伴わなければならない事業所を提案したり、通勤において労働者に著しい不利益を与えるような事業所を提案したりするのでなければ、基本的には合理的なものと考えられます。

これに対し、契約の相手方を親会社に変更し、同様の契約を提案した場合は、さまざまなケースが考えられるので難しい問題です。事業所の変更と異なり、契約の相手方が変更になりますが、労働者としては契約当事者の変更を強制されるいわれはありません。一方で、親会社に事業が移管され、就業場所も労働条件も変わらず、勤務する従業員もほぼ変わらないような場合には、実質的には使用者に変更はなく従前の契約が継続しているものと同視できるため、このような場合にも提案の合理性を否定すべきではないように思われます。

4 設問に対する回答

設問のケースの場合、契約更新が2回しかされておらず、雇用の臨時性や更新手続きの厳格性が認められる場合、労契法19条が適用されず、期間満了

により労働契約が終了する可能性があります。この場合には、使用者からの変更提案の合理性にかかわらず、期間満了により労働契約は終了します。一方、契約更新に対する合理的期待が認められる場合には、雇止めの問題となります。

　そして、単に事業所が変更になるだけで給与もそのままであり、その他の労働条件もほぼ変わらないのであれば、使用者の変更提案は合理的なものといえ、労働者がこれを拒否した場合、雇止めも有効と考えられます。

　親会社への変更については、例えば親会社に事業が移管され労働条件がそのまま移るような場合には実質的には使用者に変更はないと考えられますので、労働者が拒否した場合、雇止めは有効と考えられます。

（岡　正俊）

Q | 4-5

職務記述書を提示して採用した社員に対する職務の変更、派遣社員に対する就業条件明示書の範囲外の業務指示はどの程度まで可能か

　能力不足から成果の上がらない社員に対し、雇用契約の締結時に職務記述書で提示した職務内容とは異なる業務への配置転換を考えているのですが、可能でしょうか。また、当社で受け入れている派遣社員への業務指示について、就業条件明示書の範囲にはない業務を行ってほしいのですが、どの程度までなら指示することができるのでしょうか。

職務記述書を提示して採用した場合、職種限定の合意の有無により、職務変更の可否が異なる。派遣社員への業務指示については、労働者派遣契約の解釈によって指示できる業務の範囲が変わる

---

1 職務記述書と配置転換

[1] 職務記述書とは

　いわゆる職務記述書とは、英語の「job description（ジョブディスクリプション）」の和訳です。この書面には、担当する業務内容や範囲、業務の難易度、業務を行う上で必要となる技能、資格等がまとめられていることが一般的です。

　職務記述書は、「職務型」の雇用（ジョブ型雇用）が一般的である欧米において広く取り入れられているものです。日本でも、職務基準の人事制度（ジョブ型人事制度）を導入している企業で用いられるケースが多く見られます。「職務型」雇用では、特定の仕事のために労働者を雇用するため、職務範囲を明確にすることが必要であり、職務記述書が定着したと考えられます。

[2] 配置転換との関係（職務記述書により職種限定の合意が認定されるか）

　職務記述書を提示して雇用した従業員について、他の職種への変更を行うに当たり、職務記述書の範囲内で業務を行うという「職種限定」の合意が存在するとして、配置転換命令を会社が出すことができないのではないかという点が問題となります。

　この点については、職種限定の合意の存在が認定される場合は、会社から一方的に配置命令転換をすることができないと解されています。従前は、この職種限定の合意の認定に当たり、特殊技能の存在や資格を要すること、他の職種と異なり採用時に別の採用試験があること、職種別の賃金体系があること等の事情が積極的事情として考慮されていました。

これらの考慮要素を踏まえると、職種限定の合意の認定において、職務記述書が事前に提示されていたという事情は、合意の存在を認定する積極的事情にはなるものの、職務記述書の存在のみで合意を認定することは困難ではないかと考えられます。

　すなわち、日本の企業は、一般的に「職務型」雇用ではなく、メンバーシップ型雇用を前提としていることが多く、採用時に職務記述書を提示した場合であっても、入社後に当面の間行う業務を示す趣旨としての提示ということも少なくありません。実際に職務記述書を提示した場合であっても、長期雇用を前提としていることから、職務記述書を提示して採用した従業員でも入社後に配置転換をしている実績がある——という取り扱いを採用時に説明していたという事情があれば、職種限定の合意は認定され難いと考えられます。

　近時、職種限定の合意の存在を認定する裁判例は減少傾向にあります。メンバーシップ型の雇用であることが多い日本の企業においては、「職務型」雇用の企業と比較して、職務記述書と職種限定の合意との結び付きが弱いものと解されています。

　もっとも、職種限定の合意の存在が認定されない場合であっても、配置転換命令が有効となるためには、配置転換について雇用契約上の根拠があることを前提に、①業務上の必要性があること、②配置転換命令が他の不当な動機・目的で行われたものではないこと、③配置転換が労働者に通常甘受すべき程度を著しく超える不利益を負わせるものではないこと——という要件を満たす必要があります。この点は、職務記述書の記載とは別に、個別の事案に応じて検討を行わなければいけません。

2 派遣社員と就業条件の明示

[1] 就業条件の明示と雇用契約の内容

　派遣社員については、派遣法34条において、派遣元事業主が労働者派遣をしようとするときは、あらかじめ派遣労働者に就業条件を明示することが義務づけられています。そして、この明示すべき事項の中には、「派遣労働者が従事する業務の内容」が含まれています。なお、この就業条件の明示は、公

法上の義務であり、ここで明示された内容が直ちに労働契約の内容になるものではないと解されています。

　しかし、厚生労働省は、労働契約の締結が労働者派遣を行う時期と一致する場合、派遣法34条における就業条件の明示と労基法15条における労働条件の通知を兼ねることを認めており、就業条件の明示が労働条件通知書でなされている場合も、実務上少なくありません。このような場合には、労働条件通知書の内容（＝就業条件明示書の内容）で雇用契約が成立していると考えられます。

［2］就業条件明示書の内容と異なる業務を指示することの可否

　派遣社員に対して派遣先の指揮命令が及ぶのは、派遣元と派遣先の間で締結される「労働者派遣契約」に定めた就業条件の範囲内となります。したがって、派遣先がこの範囲を超えて業務の指示をしたとしても、派遣社員はそれに従う義務はありません。また、派遣元と派遣先は苦情処理担当を設置する必要があるため、本来の就業条件の範囲から外れた内容の業務指示を出した場合、派遣社員からここに苦情が入れられる可能性もあります。

　もっとも、指示をした業務が労働者派遣契約に定めた就業条件の範囲内であるか否かは、曖昧なケースも多いでしょう。この点、筆者としては、労働者派遣契約の解釈の問題として成り立つ範囲ならば、厳密には契約書の内容と一致していない業務であっても、直ちに就業条件の明示の範囲外とはならないものと考えます。例えば、従事すべき業務に「書類整理等の事務」と記載がある場合、事務の範囲内に該当する書類管理をするための目録の作成等は、事務の範囲を逸脱しないものとして、指示をすることも可能だと思われます。

3　まとめ

　職務記述書を提示して採用した場合における配置転換の可否については、主に職種限定の合意の成立の可否を検討することになります。他方で、派遣

法における就業条件の明示が問題となる場面は、労働者派遣契約自体の解釈が問題となります。

　このような点から、同じ業務内容の相違であったとしても、そこで問題となる内容は性質が異なるものと考えられます。

（井山貴裕）

Q | 4-6

テレワーク勤務者の通勤手当を廃止することは不利益変更に当たるか。また、変更の有効性は認められるか

テレワーク制度を導入したことから、テレワーク勤務者については毎月定額で支給している通勤手当を廃止したいと考えていますが、これは労働条件の不利益変更になるのでしょうか。もし不利益変更に該当する場合、変更の有効性は認められるのでしょうか。

A 通勤手当の廃止は、労働条件の不利益変更に該当する。変更が有効となるためには、出勤した日数分の交通費を実費支給とするなど、労働者側の不利益の程度を緩和することが望ましい

---

1 通勤手当の就業規則上の定め

　もともと従業員の"労働する"という債務は、持参債務（債務者が債権者の住所・営業所で履行しなければならない債務のこと。民法484条）と解されるところであり、通勤に関する費用は、本来であれば従業員負担が原則となります。

　もっとも、福利厚生の一環として、就業規則等で通勤費用の一部または全

部を企業側で負担するという定めを置くことも可能であり、実際、労働者の通勤に要する費用については、通勤手当という形で企業側が負担していることも多いでしょう。こうしたケースで、通勤手当を支給する旨を就業規則等に定めている場合には、通勤手当も労基法上の「賃金」となり、労働条件の内容となります。

2 通勤手当の廃止や変更と労働条件の不利益変更の問題

[1] 通勤手当の廃止や変更は不利益変更となるか

通勤手当も労働条件の一部であるため、その支給額や支給方法を変更する場合には、労働条件の不利益変更が問題となる可能性があります。

そもそも、労働条件の変更が不利益変更に当たるかどうかについて、裁判所は、「労働者の不利益となる可能性がある場合には不利益変更に当たる」と広く捉えています（ノイズ研究所事件　最高裁三小　平20. 3.28 判決　労経速 2000 号 22 ページ）。

そのため、これまで支給されていた通勤手当が廃止される場合はもちろんのこと、支給方法の変更により将来的に不利益が生じる可能性があるといった場合（一部の対象者で支給額が減少するケースなど）も不利益変更に該当することになります。

他方、就業規則において、「通勤手当は、通勤に要する実費に相当する額を支給する」との定めがあるのみであり、これまでは定期券代相当額を支給していたが、テレワーク勤務者に対しては出社日の往復の交通費を支給するという取り扱いにする場合には、実費支給というルールの枠内における運用の問題ですので、不利益変更には当たらないと考えられます。

[2] 不利益変更の有効性

就業規則の変更により労働条件を不利益に変更する場合、原則として労働者の同意が必要となりますが（労契法8～9条）、例外的に、変更内容等に合理性がある場合には、同意がなくとも変更することが認められています（同

法10条）。

　では、テレワーク勤務者における通勤手当の支給額や支給方法の変更に関して、労働者の同意なく就業規則の変更により上記変更を行うことについて、どのように考えるべきでしょうか。

　例えば、就業規則において、「通勤手当として、毎月○円を支給する」というような定額支給の定めが置かれている場合に、テレワーク勤務者についてのみ適用を廃止し、あるいは実際に出社した場合の実費交通費のみ支給するという変更ができるかという問題が考えられます。まず、企業側にとって、通勤手当の廃止や支給方法の変更は経費の削減に資することになるので、変更の必要性自体は（程度の差こそあれ）一応認められるでしょう。

　では、変更の必要性が認められるとして、どの程度までの変更が許容されるのかについては、実際に労働者側が受けることになる不利益の度合いや企業側にとっての経費削減の必要性の大小が密接に関わってきます。

　通勤手当は、労働者の出社時の交通費を補塡する趣旨のものであるところ、在宅型のテレワークでは通勤という行為自体がなくなるため、交通費の支出は発生しません。そのため、一般的には交通費を支払う合理的な根拠に乏しいといえ、「賃金」といえども基本給等の基本的な手当と比べて、企業側に求められる変更の必要性の程度も低いと考えられます。

　他方、これまで定額支給していた通勤手当を一切廃止する場合、手当が支給されなくなるだけでなく、実際に出社した場合の通勤費用が自己負担になるため、労働者側の受ける不利益は大きいものになります。そのため、企業側における変更の必要性としても、それに見合うだけの高度なものが要求されることになるでしょう。

　その他、労働者や労働組合に対する説明等の手続き面でのプロセスについても、当然ながら労働条件の不利益変更が有効となるための要素として考慮されるため、変更内容や趣旨などを丁寧に伝えることが重要です。

［3］ 就業規則の変更と個別同意

　［2］では、就業規則による労働条件の変更について、労働者の同意がない

場合における変更内容の合理性の観点から説明してきました。一方で、仮に労働者との個別同意により労働条件を変更した場合でも、就業規則を変更する必要がある点には注意しなければなりません。

　すなわち、労契法 12 条には、「就業規則で定める基準に達しない労働条件を定める労働契約は、その部分については、無効とする。この場合において、無効となった部分は、就業規則で定める基準による」と規定されているところ、就業規則を変更しないまま放置していると、その就業規則の規定が労働条件として採用されることになります。そのため、せっかく労働者の同意を得ていた場合であっても、無意味なものとなってしまいかねません。

　したがって、労働者との個別同意により労働条件を変更した後に、就業規則も併せて変更しておくことが必須です。

3 設問への回答

　テレワーク勤務者について通勤手当を廃止することは、労働条件の不利益変更に該当します。そのため、通勤手当に関する規定の変更に際して、まずは労働者から個別に同意を得るよう進めるべきでしょう。問題は、労働者からの同意が得られない場合に、就業規則の変更により労働条件を変更できるかという点です。

　前述のとおり、通勤手当を一切廃止する場合には、手当が支給されなくなるだけでなく、実際に出社した場合の通勤費用が自己負担となるため、従業員側の受ける不利益は大きいものとなります。そのため、このような変更を有効に行うためには、企業側の変更の必要性としても、それに見合うだけの高度な必要性が要求されると考えられます。この必要性の程度が低い、または欠ける場合には、変更後の就業規則の内容が合理的とは認められず、労働条件の変更も認められません。

　そこで、実務上は、通勤手当を一切廃止するのではなく、「交通費を実費支給とする」あるいは「週の出勤日が○日以下の場合は通勤手当を支給せず、交通費の実費支給とする」といった規定を設けるなど、従業員側の不利益の程度を緩和することにより、経費削減や出社勤務者との不公平感の解消等の

目的を達成できないか、検討することが望ましいといえます。

（樋口陽亮）

Q | 4-7

職能資格制度を運用している場合に降格・降職を行うことは可能か

当社では、職能資格制度を運用しており、これまで降格・降職は実施したことがありません。しかし、今後は、能力不足な社員や勤務態度が悪く成果の上がらない社員については、降格・降職を行いたいと考えていますが、可能でしょうか。

A 降格・降職を行うこと自体は可能。ただし、職能資格制度が適切に設計され、正しく運用されており、降格・降職の前提となる評価が公平であることが求められる

1 降格・降職の方法

降格・降職は実務上さまざまな方法で行われています。人事権の行使として、その役職にふさわしくないと会社が判断した者について役職や職位を引き下げる降職、職能資格制度における「資格」や職務等級制度における「等級」を引き下げる降格、そのほか懲戒処分として行う降格が代表的なものでしょう。今回は、その中でも職能資格制度における降格・降職について取り上げて解説します。

2 職能資格制度における降格

職能資格制度は、労働者の職務遂行能力に応じて等級などを格付けし、その等級などに応じて配置や昇格を決定する人事制度です。

いったん、その能力が備わったと評価された以上、一般的にはその能力を保持するものと評価されるので、降格することは考え難いといえます。しかし、職務遂行能力については、会社の状況や会社が求める内容は変わりますし、能力を維持するだけでは足りず、常に成長していくことが求められます。そのため、裁判例でも、「使用者が、従業員の職能資格や等級を見直し、能力以上に格付けされていると認められる者の資格・等級を一方的に引き下げる措置を実施するにあたっては、就業規則等における職能資格制度の定めにおいて、資格等級の見直しによる降格・降給の可能性が予定され、使用者にその権限が根拠づけられていることが必要である」(アーク証券事件　東京地裁平 8.12.11 決定　労判 711 号 57 ページ) と判示されているように、就業規則などに根拠が定められていれば、降格そのものは可能です。逆にそのような根拠規定がない場合や、従業員の個別の同意(労契法 8 条)が得られない場合には、職能資格制度における降格は根拠を欠くと判断されることになります。

3 降格にまつわる紛争

　職能資格制度における降格が紛争になるのは、職能資格制度についての従業員の理解が不十分であったり、制度浸透に向けた会社の説明が不十分だったりすることも原因の一つです。また人事考課が伴うという性質上、考課者の恣意や他の従業員との公平性という観点も会社と従業員との間で認識のギャップが生じやすい点といえます。

　以下、降格で紛争になりやすい三つのケースについて見ていきましょう。

[1] 揉める理由①：実態が伴っていない

　職能資格制度がありながら、昇格については制度を適切に活用しておらず、降格の時だけこの制度を用いるような場合には、不公平な取り扱いであり、職能資格制度の運用が正しくなされていないとして、降格が違法と判断される可能性があります。したがって、まずは職能資格制度を正しく運用していることが、降格を検討する上での前提になるでしょう。

[2] 揉める理由②：制度の内容が不合理である

　制度上、降格が予定されていても、降格要件が曖昧であったり、労働者に過度に厳しい要件であったりする場合には、制度の内容そのものが不合理であり、降格が違法だと判断される可能性があります。例えば、「上司が×を付けたら降格になる」「人事考課でC評価を一度でも取ったら直ちに降格になる」というような降格要件の場合です。なお、「C評価が降格対象になる」としていた場合であっても、Cが平均的な評価であり、Cを取得する者が相当数いるとすれば、そもそもC評価を降格対象とすることが妥当かどうかという問題も生じます。

　いずれにしても、降格要件は就業規則や職能資格制度の中で明確にし、かつ、対象者に改善の機会が与えられるような内容とすることが望ましいでしょう。例えば、「D評価（標準評価より下）が2年連続で続いた者」「D評価が3年のうち2回あった者」を降格対象者とし、その上で、実際に降格するかどうかについてはさらに協議検討するというような手続きがよいと思われます。

　また、明確な要件を内部的に定めていたとしても、それが従業員に明らかにされていない場合には、根拠を欠くと判断される可能性があり、注意が必要です。

[3] 揉める理由③：評価が不公平である

　降格の際には、前提となる評価そのものが争われることも多くあります。例えば、D評価という評価結果そのものに不服がある、不公平であるという形で争点となるケースです。また、評価対象事実（能力不足、成果が低いなど）の有無そのものが争われる場合と、そのような事実を前提とした全体評価の妥当性が争われる場合とがあります。

　ある社員について降格が予想されるような場合、その評価対象となった具体的な出来事等があるときは、かかる事実の存在について証拠を残しておき、それらに基づいて客観的に評価したこと、また過去の社内における評価基準や他の従業員との公平性の観点からも妥当な評価であることを立証できるよ

うにしておくことが必要です。そのため、経営会議や降格会議などを開催し、評価について対象者にも意見を聞く機会などを設けて、評価が適正になされているかを十分に検証する手続きを取るべきであり、さらに結果に対しての不服申し立ての手続きを設けるなど、評価が正しくなされていることを担保すべきだといえます。

加えて、手続きが正しくなされていることも重要ですが、対象者にとって、会社から何らの説明もなく、いきなり降格を告げられると、「なぜ降格なのか？」「この降格はおかしいのではないか？」などの誤解を生む可能性があります。降格したとしても雇用は続く以上、どのような点に問題があり、今後どのように改善していくかについて、対象者にフィードバックを行うことが不可欠でしょう。

4 激変緩和措置を検討する

本来、降格の要件を満たしており、正しく降格したとすれば、給与額は降格後の等級に応じた待遇になることが原則です。しかし、規定どおりに降格を実施したときの賃金の減額幅が大きい場合や、それを理由として降格そのものの有効性が争われる可能性がある場合には、例外的に激変緩和措置を取ることが望ましいといえます。激変緩和措置の内容としては、「降格は実施するものの実際の給与減額の開始時期を3カ月後や6カ月後に延期（それまでは降格前の金額を維持）」「いきなり全額の減額をせず、複数年かけて徐々に減らしていく」なども方法として考えられます。ただし、このような例外的措置を講ずることで、逆に公平性を欠くことにもなるため、全体的なバランスを踏まえて対応を検討すべきでしょう。

5 降職の有効性

役職を引き下げる降職については、誰をどの役職に就かせるのが適切であるかという組織内における人事配置の問題であることから、根拠規定がなくとも人事権行使として行うことができます。しかし、降格と同様に降職の前提となる事実（能力不足、成果が低いなど）が存在しなかったり、そのよう

な事実を前提とした全体評価が妥当でないと判断されたりする場合には、権利濫用に当たり違法となります。特に、役職から外れることにより役職手当が支給されなくなりますが、その額が大きい場合には降職の有効性に影響を与える可能性があるため、激変緩和措置を検討する必要があると考えられます。

（岸田鑑彦）

Q | 4-8

ジョブ型の人事制度を運用する中で、職務の変更に伴い賃金が大幅に減額となるケースが発生したが、何らかの措置を講じる必要はあるか

当社では、いわゆるジョブ型の人事制度を運用しています。制度上、職務内容の変更に伴い給与が大幅に減額となるケースもありますが、こういった場合は激変緩和措置等を講じたほうがよいでしょうか。

A 職務変更により給与が大幅に下がるほど、業務上の必要性などがシビアに判断される可能性が高い。従業員を奮起させる取り組みを行うほか、従業員の生活に配慮するための激変緩和措置を講じることが望ましい

1 ジョブ型の人事制度

一般的にジョブ型の人事制度と呼ばれているものは、会社の中で想定されるさまざまな職務や役割に対して給与等を設定し、それに適した者を配置する制度であり、職務等級制度といわれることが多いです。担当職務などを限定することなく社内の多様な業務を経験しながら従業員の総合的な能力の向

上を図っていく年功的な仕組みから、年齢や経歴にとらわれず個々のポジションの職務内容を軸とする仕組みへの変更は、公平性の観点や競争力強化の観点からメリットがあります。一方、職務によって給与等が変わり得るため、従業員がその職務を遂行できなかった場合に、柔軟に配置転換等がしにくくなるという問題があります。

　このように職務内容の変更に伴い給与が減額されることが許容されるか否かについては、エーシーニールセン・コーポレーション事件（東京地裁　平16.3.31判決、労判873号33ページ）が参考になります。ここでは、就業規則等による労働契約に降給が規定されているだけでなく、「降給が決定される過程に合理性があること」「その過程が従業員に告知されてその言い分を聞く等の公正な手続が存すること」が必要であるとしました。そして、降給の仕組み自体に合理性と公正さが認められ、その仕組みに沿った降給の措置が取られた場合には、個々の従業員の評価の過程に、特に不合理ないし不公正な事情が認められない限り、降給の措置は許容されるとして、職務の変更に伴う給与の減額を認めています。

2 ジョブ型の人事制度が雇用契約の内容になっているか

　ジョブ型の人事制度を適用するには、職務内容の変更に伴い処遇を決定することが雇用契約の内容になっていなければいけません。従前の制度が職能資格制度であれば、基本的に配置転換があっても給与が下がることはありませんでしたが、ジョブ型の人事制度であれば、職務内容の変更に伴い給与が下がる可能性があります。そのため、会社全体、制度全体としてはメリットのある制度変更であるかもしれませんが、ジョブ型の人事制度によって職務内容の変更に伴い賃金減額になる従業員に関しては、不利益変更の問題になり得ます。

　上記より、制度変更の必要性も含めて従業員に説明し、同意を得た上で制度を導入することが望ましいでしょう。

　同意しない従業員でも制度変更の合理性が認められるように、丁寧な説明

を行ったり、激変緩和措置を講じたりすることなども必要になってきます。

3 ジョブ型の人事制度の内容そのものが合理的か

　ジョブ型の人事制度の場合にも、職能資格制度の場合と同様に、制度そのものの内容が合理的であることが求められます。職務ごとの給与額の設定であるレンジが、職務内容との比較等で妥当といえることが必要です。また、職務内容や責任がほとんど変わらないにもかかわらず、職務変更に該当するとして大幅に給与が下がるような場合は、制度そのものが不合理であると判断される可能性があります。

　なお、前記エーシーニールセン・コーポレーション事件では、次の判断により制度の合理性を認めています。

> - 「降給は、各バンドの給与範囲が相対的に高い者に厳しく、低い者に有利な仕組みになっているが、降給者がいる一方で、多くの者が昇給する仕組みになっていることという各事実を認めることができる。各期ごとの目標設定と目標ごとの評価という仕組み自体に合理性を認めることができる」
> - 「そして、上司の評価の結果は従業員に告知され、従業員が意見を述べることか（原文ママ）でき、従業員の自己評価も被告の人事部門に報告されるという仕組みには、一定の公正さが担保されているということができる。以上から、被告が新人事制度により導入した成果主義による降給の仕組みには、合理性と公正さを認めることができるという結論になる」

4 賃金減額を伴う配置転換の有効性

　ジョブ型の人事制度を採用していない場合、基本的に対象者の配置転換に伴って給与を減額することはできませんが、ジョブ型の人事制度においては、職務内容の変更に伴い給与変更をすることが可能になります。もっとも、従業員にとって重要な給与の減額を伴う配置転換に該当するため、そのような職務変更の必要性があるのか否か、通常の配置転換の場合に比較してシビアに判断されると考えられます。したがって、ジョブ型の人事制度であるから

といって、当然に給与が下がる配置転換が認められることにはなりませんし、逆にいえば、正しい配置転換であれば、仮に給与が下がる場合であっても不利益変更にはなりません。

　賃金変更を伴う配置転換が争われた事案（日本ガイダント仙台営業所事件　仙台地裁　平 14.11.14 決定、労判 842 号 56 ページ）では、賃金減額を伴う配転命令については、次のとおり、通常の配置転換よりも業務上の必要性も含めシビアに判断している印象を受けます。

- 「本件配転命令は、債権者（筆者注：以下、労働者）の職務内容を営業職から営業事務職に変更するという配転の側面を有するとともに、債務者（筆者注：以下、会社）においては職務内容によって給与等級に格差を設けているところ（中略）、労働者が営業職のうちの高位の給与等級であるＰⅢに属していたことから、営業事務職に配転されることによって営業事務職の給与等級であるＰⅠとなった結果、賃金の決定基準である等級についての降格（中略）という側面をも有している」
- 「従前の賃金を大幅に切り下げる場合の配転命令の効力を判断するにあたっては、賃金が労働条件中最も重要な要素であり、賃金減少が労働者の経済生活に直接かつ重大な影響を与えることから、配転の側面における使用者の人事権の裁量を重視することはできず、労働者の適性、能力、実績等の労働者の帰責性の有無及びその程度、降格の動機及び目的、使用者側の業務上の必要性の有無及びその程度、降格の運用状況等を総合考慮し、従前の賃金からの減少を相当とする客観的合理性がない限り、当該降格は無効と解すべきである」
- 「使用者の有する配転命令権に基づいて本件配転命令を発した以上、これに伴って賃金減額が生ずるのはやむを得ない旨主張するけれども、賃金が労働条件中最も重要な要素であり、賃金減少が労働者の経済生活に直接かつ重大な影響を与えるから、配転の側面における使用者の人事権の裁量を重視することはできない」
- 「労働者の営業成績の数値が低迷している原因は、労働者の営業能力に起因する部分があるとしても、売上目標達成率との関係では売上目標の設定自体に問題なしとしない上、売上実績の関係では担当症例数が少ないことや担当病院数の多さ及び広大な担当地域も影響しているといわざるを得ず、労働者の営業成績をもって従前の賃金と比較して約半分とする本件配転命令の根拠とするには足りないというべきである」

　この事案は、給与減額の理由となる降格が無効であることを前提に配転命令も無効とするという構成を取っていますが、内容として給与変更を伴う配

置転換の有効性の問題であり、ジョブ型の人事制度における配置転換の有効性を検討する上で参考になります。

5 設問への回答

ジョブ型の人事制度においては、業務上の必要性も含め、職務変更が認められるか否かという点で争われる可能性が高く、給与が大幅に下がるほどシビアに判断される可能性が高いといえます。そして、仮に有効な職務変更であっても給与減額による影響が大きい以上、いきなり職務変更を命じるのではなく、"このままの職務遂行状況等では同じ職務を任せることはできず、他の職務に変更する可能性がある"ことについての通知を出すなどして、まずは従業員の奮起を促すべきです。

その上で、職務変更を実施するとしても給与額の減額幅が大きい場合には、6カ月間程度の激変緩和措置を講じるなど、従業員の生活に配慮することも検討したほうがよいでしょう。

（岸田鑑彦）

Q | 4-9

妊娠中の社員に対して、能力不足を理由に降給する場合の留意点は何か

仕事が遅く、ミスが多い社員について、以前より注意指導していたものの改善が見られないため、降給したいと考えています。しかし、その社員は現在、妊娠中であるため、こうした取り扱いをしていいものか悩んでいます。妊娠中の社員に対して、能力不足を理由に降給する際の留意点をご教示ください。

A 業務遂行への支障やミスなどの事情があり、注意指導でも改善せず、社内の過去事例に照らしても降給が妥当である場合は適法になる。本人の同意を得た上で降給する場合は、本人の承諾が自由な意思によって行われたと認めるに足りる合理的な理由の存在を立証する必要がある

---

1 妊娠中の社員の降格に関する最高裁判例および通達

[1] 最高裁判例

　均等法9条3項や育介法10条等は、妊娠・出産、育児休業等を「理由として」不利益な取り扱いを行うことを禁止しています。

　この点、広島中央保健生協（C生協病院）事件（最高裁一小　平26.10.23判決　労判1100号5ページ）は、妊娠中の簡易業務への転換を「契機として」降格処分を行った事案について、原則として均等法違反になるとしつつ、次の例外においては均等法違反に当たらないと判断しました。

例外①

- 降格することなく軽易業務に転換させることに業務上の必要性から支障がある場合であって
- その必要性の内容や程度、降格による有利・不利な影響の内容や程度に照らして、均等法の趣旨・目的に実質的に反しないと認められる特段の事情が存在するとき

例外②

軽易業務への転換や降格により受ける有利な影響、降格により受ける不利な影響の内容や程度、事業主による説明の内容や経緯、労働者の意向等に照らして、労働者の自由な意思に基づいて降格を承諾したものと認めるに足りる合理的な理由が客観的に存在するとき

［2］妊娠・出産等を理由とする不利益な取り扱いに関する解釈通達

　「改正雇用の分野における男女の均等な機会及び待遇の確保等に関する法律の施行について」（平18.10.11　雇児発1011002、最終改正：令2. 2.10　雇均発0210第2）および「育児休業・介護休業等育児又は家族介護を行う労働者の福祉に関する法律の施行について」（平27. 1.23　雇児発0123第1）は、妊娠・出産、育児休業等を「契機として」不利益な取り扱いを行った場合は、原則として均等法および育介法に違反するとしつつ、次の場合は違反には当たらないと判断しています。

例外③

- 業務上の必要性から支障があるため当該不利益取り扱いを行わざるを得ない場合において、
- その業務上の必要性の内容や程度が、法規定の趣旨に実質的に反しないものと認められるほどに、当該不利益取り扱いにより受ける影響の内容や程度を上回ると認められる特段の事情が存在するとき

例外④

- 契機とした事由または当該取り扱いにより受ける有利な影響が存在し、かつ、当該労働者が当該取り扱いに同意している場合において、
- 当該事由および当該取り扱いにより受ける有利な影響の内容や程度が当該取り扱いにより受ける不利な影響の内容や程度を上回り、当該取り扱いについて事業主から労働者に対して適切に説明がなされる等、一般的な労働者であれば当該取り扱いについて同意するような合理的な理由が客観的に存在するとき

　また、上記通達は、事実上、立証責任を使用者に転換している点で大きな意義を持ちます。すなわち、労働者は妊娠・出産、育児休業等を「契機として」不利益な取り扱いが行われたことを証明すれば足りる一方、使用者は「特段の事情」等、難易度が高い立証事項を証明する必要があります。なお、こ

の「契機として」とは、時間的に近接しているか否か（目安は1年以内）で
判断します。

2 設問に対する回答

[1] 能力不足等に基づく降給の留意点

　妊娠中に降給する場合、使用者側としては、前記最高裁判決の【例外①】
および前記通達の【例外③】における「特段の事情」の存在を立証可能な程
度に能力不足等の事実を収集する必要があります。

　「特段の事情」の存在が認められるようなケースは、頻繁に欠勤や遅刻・早
退をする、業務遂行に支障が生じている（納期の徒過や成果物の作成が遅滞
している）、業務上のミスが存在するといった事情が存在し、注意指導を行っ
ても改善せず、社内における過去の事例に照らすと降給が妥当であるような
場合です。他方、遅刻・早退が妊娠による体調不良である場合や、成績不振
が数字に表れていないといった場合は、「特段の事情」の存在の立証が難しい
ため、降給が違法であると判断される可能性があります。

[2] 同意を得て降給する場合の留意点

　また、本人の同意を得た上で降給する場合は、前記最高裁判決の【例外②】
および前記通達の【例外④】における合理的な理由の存在を立証する必要が
あります。具体的には、降給によって、本人の業務負担が軽減される、時間
外労働が減少する、年休が取得しやすくなるとの事情が存在する場合であり、
かつ、本人に事前に説明を行うことで同意を得ているようなケースでは、合
理的な理由が存在するとして、適法になると思われます。事後的に同意がな
かったと争われないよう、同意は書面による方法で取得することが重要です。

（中村景子）

Q 4-10

育児・介護休業からの復帰者に対する降給・降格は可能か。また、雇用区分を変更後に当人の希望があった場合、元の雇用区分に戻すべきか

当社の社員で、育児休業や介護休業からの復帰直後、頻繁に欠勤し、成果も上がらなくなってきた者がいます。そのため、本人の同意を得た上で、規定に沿って人事評価を下げ、降給・降格を行ったのですが、それでも不利益取り扱いとなるのでしょうか（❶）。また、本人の同意の下、正社員から契約社員に雇用区分を変更後に、当人が「正社員に戻してほしい」と主張してきた場合、後任がいても戻すべきでしょうか（❷）。

A ❶マタハラ通達に当てはめれば、「契機として」不利益取り扱いを行った場合は原則として均等法や育介法違反となる。❷「本人の同意の下」で雇用区分を変更したことが、合理的な理由に該当するかが問題となる

1 マタニティハラスメントに関する最高裁判例および通達

均等法9条3項や育介法10条等では、妊娠・出産や育児休業等を「理由として」解雇等の不利益取り扱いを行うことを禁止しています。

もっとも、ほとんどの事例では、企業が「マタハラ（マタニティハラスメント）をしてしまいました。申し訳ありません」と認めることはなく、「○○の理由があるので、△△の措置を講じただけであり、マタハラではない」等と反論をしています。

そのため、これまでは、不利益取り扱いが妊娠・出産や育児休業等を理由としたものであるかを、労働者自身が主張立証しなければならず、その負担が大きかったといえます。

　ところが、妊娠中の軽易業務への転換を「契機として」降格処分を行った事例において、最高裁は、原則として均等法に違反となる（妊娠中の軽易業務への転換を「理由として」降格したと解される）と判断しました（広島中央保健生協［C生協病院］事件　最高裁一小　平 26.10.23 判決　労判 1100 号 5 ページ）。

　ただし、次のとおり例外がある（均等法違反には当たらない）としています。

【例外1】
○降格することなく軽易業務に転換させることに業務上の必要性から支障がある場合であって、
○その必要性の内容・程度、降格による有利・不利な影響の内容・程度に照らして均等法の趣旨・目的に実質的に反しないと認められる特段の事情が存在するとき

【例外2】
○軽易業務への転換や降格により受ける有利な影響、降格により受ける不利な影響の内容や程度、事業主による説明の内容等の経緯や労働者の意向等に照らして、労働者の自由な意思に基づいて降格を承諾したものと認めるに足りる合理的な理由が客観的に存在するとき

　この最高裁判決を受けて、厚生労働省は通達（以下、マタハラ通達）を発出しました（「『改正雇用の分野における男女の均等な機会及び待遇の確保等に関する法律の施行について』及び『育児休業・介護休業等育児又は家族介護を行う労働者の福祉に関する法律の施行について』の一部改正について」平 27. 1.23　雇児発 0123 第 1）。

妊娠・出産、育児休業等を「契機として」不利益取扱いを行った場合は、原則として、均等法や育介法違反とする（「契機として」は基本的に時間的に近接しているか否か〔1 年以内※が目安〕で判断）。

※ただし、事由の終了から 1 年を超えている場合であっても、以下の場合は、「契機として」いると判断される。
　「実施時期が事前に決まっている、または、ある程度定期的になされる措置（人事異動〔不利益な配置変更等〕、人事考課〔不利益な評価や降格等〕、雇止め〔契約更新がされない〕など）」については、事由の終了後の最初のタイミングまでの間に不利益取扱いがなされた場合

　ただし、以下の例外に該当する場合は、違反（「不利益取扱い」）には当たらない。

【例外 1】
○業務上の必要性から支障があるため当該不利益取扱いを行わざるを得ない場合において、
○その業務上の必要性の内容や程度が、法の規定の趣旨に実質的に反しないものと認められるほどに、当該不利益取扱いにより受ける影響の内容や程度を上回ると認められる特段の事情が存在するとき

【例外 2】
○契機とした事由又は当該取扱いにより受ける有利な影響が存在し、かつ、当該労働者が当該取扱いに同意している場合において、
○有利な影響の内容や程度が当該取扱いによる不利な影響の内容や程度を上回り、事業主から適切に説明がなされる等、一般的な労働者であれば同意するような合理的な理由が客観的に存在するとき

2 マタハラ通達が事実上使用者に立証責任を転換している

　前記マタハラ通達の画期的な点は、事実上使用者に立証責任を転換したことにあります。労働者は「契機」として不利益な取り扱いをされたことを証明すればよく、立証が容易である一方、使用者は「特段の事情」等難易度が高い立証事項を証明しなければならなくなり、実務上使用者が越えなければならないハードルは高いといえます。

3 設問に対する回答

本設問のうち❶の件では、「復帰直後」に降給・降格をしたということですので、マタハラ通達に当てはめれば、「契機として」不利益取り扱いを行った場合は原則として、均等法や育介法違反となります。

例外的に適法となるかどうかですが、「頻繁に欠勤し、成果も上がらなくなってきた」ことが、前記通達の前段の【例外1】の「特段の事情」に該当するのであれば適法となります。

例えば、営業職員が頻繁に欠勤し、営業成績も上げられなくなり、業務に支障を来しており、これまでの過去の社内の事例に照らして「降給・降格」が妥当であるのであれば、特段の事情があるとして適法になると思われます。一方、子どもの育児や病気によりやむを得ず欠勤をし、かつ営業成績不振も抽象的なものにとどまり、数字には表れていない場合は、特段の事情がないことから、違法であると判断されると思われます。

本問の❶の件では、「本人の同意」を得た上で評価を下げて降給・降格したとのことですので、これが前記通達の【例外2】の合理的な理由に該当するかも問題となります。ここでは、仮に同意を得て降給・降格をすることで、本人の業績目標が下がり、業務負担が軽くなり、年次有給休暇も取得しやすくなり、残業も少なくなるとの事情を説明した上で（かつ、説明内容が事実に合致し）、同意を得て降給・降格をしたのであれば、前記通達の【例外2】の合理的な理由に該当すると思われます。ただし、この種の同意は書面による同意が事実上必須であると思われますので、注意が必要です。

次に、本問の❷の件では、「本人の同意の下」で、正社員から契約社員（期間雇用）に雇用区分を変更した（一度正社員として退職して契約社員としてあらためて雇用契約を締結した）とのことですので、これが前記通達の【例外2】の合理的な理由に該当するかが問題となります。仮に「本人の同意の下」、正社員から契約社員に雇用区分を変更し、その際に、例えば契約社員の場合は業務内容が変わり、残業がほとんどなく育児とも両立ができる等の説明をし（かつ、説明内容が事実に合致し）、同意を得て契約社員になったので

あれば、前記通達の【例外2】の合理的な理由に該当すると思われます。このような場合は、後任がいてもいなくても、正社員に戻す義務はありません。

　一方、特に具体的な必要性について説明もせず、書面のみを交わしただけでは、合理的な理由は認められませんから、後任がいても正社員に戻す義務があります。

（向井　蘭）

Q | 4-11

就業時間中および事業場内での喫煙を禁止できるか

　当社では現在、休憩時間中やテレワーク勤務中における喫煙の禁止、また、喫煙後1時間は会社のエレベーターの利用を禁止することを検討しています。こういったルールを定めることは可能でしょうか。

A | 労働者の職務専念義務や使用者の施設管理権の観点から、合理的な制約の範囲であれば、一定の禁止をルール化することは可能

1 就業時間中の喫煙において考えるべき視点

　就業時間中の事業場内の喫煙について考える上で、雇用契約における「職務専念義務」、使用者が有している事業場の「施設管理権」の性質について理解しておく必要があります。

[1] 職務専念義務

　労働者は、使用者の指揮命令に服しつつ職務を誠実に遂行すべき義務、そして、労働時間中は職務に専念し他の私的活動を差し控える義務を有してい

ます。

　喫煙が私的行為であることは言うまでもないため、使用者としては、就業時間中に休憩時間とは別途の喫煙による離席を（明示・黙示に限らず）認めていると取られる運用を進めることは避けるべきです。

　裁判例では、泉レストラン事件（東京地裁　平 29. 9.26 判決　労経速 2333 号 23 ページ）が参考になります。この裁判例では、労働時間内に喫煙のため短時間離席することが使用者より許容されていたこと、上席者からの誘いにより喫煙することもあり、喫煙中に業務に関する指示等が行われることもあったこと等から、労働時間に該当すると認定しています。そのため、使用者は喫煙による離席は労働時間に当たらないことを前提とする厳格な労働時間管理を取る必要があります。

　仮に、上記裁判例のように就業時間中の喫煙を黙認する運用が取られている場合、事実上、非喫煙者よりも喫煙者のほうに多くの休憩を与えることにもつながりかねず、従業員間に不公平感を与え、従業員のモラールやモチベーションに悪影響が生じることも考慮する必要があります。

［2］施設管理権

　使用者は、「職場環境を適正良好に保持し規律のある業務の運営態勢を確保するため、その物的施設を許諾された目的以外に利用してはならない旨を、一般的に規則をもって定め、又は具体的に指示、命令する」権限、すなわち施設管理権を有しています（国鉄札幌運転区事件　最高裁三小　昭 54.10.30 判決　民集 33 巻 6 号 647 ページ）。そのため、会社施設内における喫煙場所および喫煙に伴う施設利用のルールについて、合理的な範囲内（労契法 7 条）において就業規則に定め、これに基づき運用することが可能です。

② 休憩時間中の喫煙禁止の可否

　では、休憩時間中の喫煙を禁止することは可能でしょうか。前提として、休憩時間は労働者が休息のために労働から解放されていることが可能であり、休憩時間中の外出も原則として自由です（労基法 34 条 3 項）。この休憩

時間自由利用の原則との兼ね合いから、以下、事業場の内外を区別しての検討が必要となります。

[1] 休憩時間中の事業場内での喫煙禁止

使用者は、前記のとおり施設管理権を有しています。労働者が事業場内で休憩する場合には、施設管理権に基づく制約に服することになります。そのため、使用者として事業場内での全面禁煙を事業場のルールとして就業規則等において定めることにより、喫煙を禁じることは可能です。

[2] 休憩時間中の事業場外での喫煙禁止

事業場外の公共喫煙場等で当該喫煙場のルールに従って喫煙を行うことについてまで禁止することは、休憩時間の自由利用の観点から特別な事情がない限り適切ではありません。

ただし、休憩時間中かつ事業場外であったとしても、会社の秩序に影響を与えかねない態様の喫煙（条例で禁じられた路上喫煙により会社にクレームが入り得る場合等）や休憩直後の業務に影響が及び得る場合（休憩直後に禁煙治療の患者の外来診療を控えているクリニックにおいて、担当する医師または看護師が喫煙し喫煙臭が残る場合等）には、休憩時間中かつ事業場外であったとしても、一定の制限や禁止を命じることの合理性は肯定されるものと考えられます。

3 テレワーク勤務中の喫煙禁止の可否

テレワーク勤務中に喫煙禁止とすることは可能でしょうか。

確かに、テレワーク勤務は会社事業場内で勤務するものではないため、使用者の施設管理権に基づく制約を課すことはできません。しかし、テレワーク勤務中であっても、勤務中である限り前記の職務専念義務に基づく合理的制約には服すことになります。

テレワーク中に行う業務の内容によって程度の差はあり得るものの、勤務中に喫煙を挟むことで作業が中断する等の事態も想定され、また喫煙は業務

を行うために必要なものでもないため、通常はテレワーク勤務中であっても喫煙を禁止することは可能であると考えられます（ただし休憩時間を除く）。

4 喫煙後1時間のエレベーター利用禁止の可否

　事業場の所定の喫煙所で喫煙した者について、喫煙後1時間エレベーターの利用を禁止するというルールを策定することは可能でしょうか。ここでは、使用者の施設管理権に基づくルール策定として合理的な範囲のルールといえるか否かが問題となります。

　喫煙後1時間のエレベーター利用を禁止するという目的は、喫煙後にたばこ由来の化学物質が衣服等に残存することによる、ほかのエレベーター利用者への三次喫煙防止にあると考えられます。この目的自体は、会社の施設管理に基づくルール策定としても一定の合理性があるでしょう。

　一方で、喫煙後1時間エレベーター利用を禁止するというルールに関してはどうでしょうか。まず、所定の休憩時間が1時間である場合（労基法上、所定労働時間が8時間を超える場合は、少なくとも1時間以上の休憩を与える必要があります）、休憩時間に喫煙したならば、当該休憩時間中はおよそエレベーター利用ができないこととなります。このとき、喫煙所と職場フロアが階段昇降可能な範囲であればともかく、10階以上の高層階など階段利用が現実的ではない場合には、上記制約は事実上休憩時間の自由利用（休憩時間中の喫煙の自由）に対する制約の程度として、やや過度な制約であるとの見方も生じ得るところです。

　そのため、職場での階段昇降が現実的ではない場合、喫煙後のエレベーター利用禁止時間を1時間ではなく45分にする（休憩時間中も開始15分以内であれば喫煙可能）などのルールであれば合理性が肯定されやすいといえます。

5 設問に対する回答

　以上のとおり、就業時間中および事業場内での喫煙は、労働者の職務専念義務や使用者の施設管理権の観点から、合理的な制約の範囲であれば、一定

の禁止をルール化することが可能です。

Q | 4-12

社員の服装や髪型・髪色、ひげ等はどこまで制限できるか。また、社外関係者との接触が多い社員に対する制限を厳しくすることは可能か

価値観の多様化のためか、服装や髪型・髪色等、好きな格好で出社する社員が増えました。これまで、社員の身なりについて会社が口出しすることはなかったのですが、あまりに奇抜な服装や髪色、不潔感のある髪型、ひげ等については一定の制限を課したいと考えています。特に、接客スタッフや営業職などの社員は厳しく制限したいのですが、可能でしょうか。

A　企業の円滑な運営上必要かつ合理的な範囲内において、服装や髪型・髪色、ひげ等に制限を課すことは可能。社外関係者との接触が多い社員は顧客に与える企業イメージへの影響力が大きく、制限可能な範囲が広いと考えられる

1 使用者が社員の身なりを指定・制限する根拠

使用者が企業を維持運営していくためには、企業秩序が維持されていることが不可欠であり、労働者は労働契約上、企業秩序を遵守する義務を負っています。一方、労働者は自己の人格権や表現の自由等の自由を有しているこ

とから、使用者が企業秩序遵守義務を根拠として労働者の身なりなどを制限することができるのは、あくまで企業の円滑な運営上必要かつ合理的な範囲内に限られることとなります。

2 裁判例による制限範囲の検討

では、企業が社員の服装や髪型等について制限できる範囲について、どのように考えればよいでしょうか。裁判例を基に検討していきます。

代表的な裁判例としては、イースタン・エアポートモータース事件（東京地裁 昭 55.12.15 判決 労民 31 巻 6 号 1202 ページ）があります。この事案では、ハイヤー会社である被告が、口ひげを生やして乗務していた運転手に対し、「乗務員勤務要領」に基づいてひげをそるべき旨の業務命令をしたことにつき、これに従う義務があるか否かが争点となりました。裁判所は、「ハイヤー運転手に端正で清潔な服装・頭髪あるいはみだしなみを要求し、顧客に快適なサービスの提供をするように指導していたのであつて、そのなかで『ヒゲをそること』とは、第一義的には右趣旨に反する不快感を伴う『無精ひげ』とか『異様、奇異なひげ』を指しているものと解するのが相当である」と判示し、会社が社員に対して口ひげをそるよう命じた業務命令が必要かつ合理的であったとはいまだ認め難いと判断しています。

なお、この裁判において、被告（会社側）は、ハイヤー運転手がひげを生やして乗車勤務することは顧客に不快な念を生じさせるおそれがあり、継続的な取引関係や職場秩序に重大な影響を及ぼしかねない――と主張したものの、裁判所は、継続的な取引先から苦情等が申し入れられたことがないことなどを理由に、「原告が口ひげをはやしてハイヤーに乗車勤務したことにより、被告会社の円滑かつ健全な企業経営が阻害される現実的な危険が生じていたと認めることは困難」として、被告の反論を排斥しています。

このように、会社が定める身なりに関するルールは、その業務の目的に従い、必要な範囲に限定して解釈される傾向にあるといえます。

3 業種や職種により制限可能な範囲はどのように異なるか

2のとおり、社員の身なりを制限するルールについては、企業の円滑な運営上必要かつ合理的な範囲内に限って認められることとなります。そして、身なりに対する制限は、顧客と接する機会が少ない、または限られている業種や職種（プログラマーやトラックドライバー等）よりも、不特定多数の顧客と接する機会が多い業種や職種（サービス業、営業職等）のほうが、顧客に対して与える企業イメージへの影響力が大きいため、必要性が高く、制限可能な範囲も広いといえます。

ただし、前記裁判例は、顧客と接する機会が少ないとはいえないハイヤー運転手の事例ではありますが、ひげに対する制約について、不快感を伴う「無精ひげ」とか「異様、奇異なひげ」の範囲で限定解釈されている点には注意が必要です。

4 LGBTの問題と服装や髪型の制限

現代的な問題として、LGBTに属する社員の身なりについて、一定の制限を課すことが適切なのかというものが考えられます。

この点、S社事件（東京地裁　平14.6.20決定　労判830号13ページ）では、性同一性障害のため女性の容姿をして出勤した労働者について、会社が服務命令違反等の理由により懲戒解雇を行い、同解雇の有効性が争われました。

この事案において、裁判所は、会社側が社内外への影響を憂慮し、当面の混乱を避けるために、労働者に対して女性の容姿をして就労しないよう求めること自体は、「一応理由があるといえる」と判示しつつも、当該労働者が性同一性障害として精神科で医師の診療を受け、ホルモン療法を受けていることなどから、「性同一性障害（性転換症）として、精神的、肉体的に女性として行動することを強く求めており、他者から男性としての行動を要求され又は女性としての行動を抑制されると、多大な精神的苦痛を被る状態にあった」

と認定し、結論として、「適切な配慮をした場合においても、なお、女性の容姿をした債権者を就労させることが、債務者における企業秩序又は業務遂行において、著しい支障を来すと認めるに足りる疎明はない」として、懲戒解雇を無効と判断しました。

　性自認に基づく服装についての制約は、当人の人格的利益に関するものであり、その制約の範囲は他の身なりに関する問題以上に制限的に解されていると考えられます。同裁判例においても、医師の診療等の客観的状況から当該労働者が女性としての性自認を抱いていることを認定した上で、「著しい支障を来すかどうか」という観点から、性自認に基づく容姿での就労について判断しています。

　生物学的性別とは異なる性自認に基づく容姿での勤務を行おうとする労働者に対し、容姿に制約を課す必要が生じた場合には、単なる一過性の職場での違和感を超えて、「著しい支障を来す」と言い得る事情の有無から慎重に判断を行う必要があるでしょう。

5　設問に対する回答

　社員の服装や髪型・髪色、ひげ等は、企業の円滑な運営上必要かつ合理的な範囲内において制限を課すことが可能です。例えば、ひどく不潔感のある無精ひげや異様なひげ、あまりにも奇抜、または他者に不快感を与えるような服装、髪型・髪色の場合には、企業秩序に影響を及ぼす可能性もあり、一定の制限も許容されると考えられます。しかし、単にひげを生やしている、髪を染めている、スーツを着ていないといった程度であれば、基本的に業務に支障を来すとは考えづらく、特別な事情のない限り、制限を課すことはできません。

　また、当該容姿での勤務を求める理由が、生物学的性別とは異なる性自認に基づく場合には、身なりに対する制限の範囲は相当程度限定されることになります（ポイントは「著しい支障を来す」かどうかです）。

　なお、接客スタッフや営業職など、社外関係者との接触が多い社員については、顧客に対して与える企業イメージへの影響力が大きいため、制限可能

な範囲は広いと考えられます。

（友永隆太）

Q 4-13

過半数代表者の選出方法について、「反対の人は挙手する」「回答期限までに返信をしない場合、信任したものと見なす」という意思確認方法は有効か

当社には労働組合がなく、過半数代表者を選出しています。コロナ禍を契機にテレワーク勤務者が増えたことから、選出に当たっては WEB 会議やメール等、オンラインを活用しています。しかし、「賛成の人は挙手する」などの意思表示を求めても反応が鈍いので、「反対の人は挙手する」「回答期限までに返信をしない場合、信任したものと見なす」との方法で意思確認をしたいのですが、問題ないでしょうか。

A 労働者が会場に一同に会す、または WEB 会議で姿が見える場合には、「反対の人は挙手する」との方法も、その後に一定の手続きを経ることで有効になり得る。一方、メール等による持ち回りで選出する場合は、こうした方法は避けるべき

---

1 過半数代表者の選出に関する法規の概要

労使協定を締結する場合の労働者側の当事者は、「当該事業場の労働者の過半数で組織する労働組合」、または、そのような労働組合がない場合には「当該事業場の労働者の過半数を代表する者」（以下、過半数代表者）となります。

このうち過半数代表者の要件としては、労基法施行規則 6 条の 2 により、次のように定められています。

> ①法第 41 条第 2 号に規定する監督又は管理の地位にある者（編注：管理監督者）でないこと
> ②法に規定する協定等をする者を選出することを明らかにして実施される投票、挙手等の方法による手続により選出された者であつて、使用者の意向に基づき選出されたものでないこと

さらに、②の「法に規定する協定等をする者を選出することを明らかにして」とは、簡潔にいうと何を目的として選出をするか明らかにすることを指します。また、選出方法における「投票、挙手等」の「等」（下線部分）には、労働者の話し合い、持ち回り決議等、「労働者の過半数が当該者の選任を支持していることが明確になる民主的な手続」が該当すると通達で示されています（平 11. 3.31　基発 169）。

2 「反対の人は挙手する」という確認方法の是非

[1] 選出手続きにおける「挙手」の意味

過半数代表者の選出方法である「挙手」について、法律自体は、選任を積極的に示す意思表示を指しているものと考えられます。これは、前記通達において、「当該者の選任を支持していることが明確になる民主的な手続」が「等」に該当するとされており、"支持を明確にする"という解釈をしていることから、選任をするという積極的な意思表示を求めていると導くことができます。

ここで問題となるのは、「反対の人は挙手する」という確認方法により、挙手をしなかった者は、積極的に選任をするという意思表示まで表明したといえるかどうかです。この点は、選出する状況により、結論が左右されるものと考えられます。

以下、三つのケースについて検討していきます。

[2] ケース1：労働者が会場に一同に会して選出した場合

　過半数代表者の選出方法として考えられる一つ目は、選出する労働者全員が一つの会場に集合し、決議を採るという方法です。このケースにおいて、選任する者を支持する場合には挙手する——という方法が有効であることは言うまでもありません。

　では、「反対の人は挙手をする」（＝挙手をしない人は賛成と見なす）ということが可能であるかという点ですが、筆者は、この「反対の人のみ挙手」という手続き単体で"支持を明確にする"という意思表示があったとすることについては疑義があると考えます。それは、意思表明をしないことが積極的な支持を示すとまでは考えられないからです。

　しかしながら、このようなケースでは、反対の人の挙手を求め、反対の人が過半数に満たないことを確認し、これにより選出された者が過半数代表者になることに賛成の者は拍手をする——といった方法で積極的な意思表明を求めることも可能です。

　こうした手続きを踏んだ場合には、支持をする明確な意思表明があったものとして、適法な過半数代表者として取り扱うことも差し支えないでしょう。

[3] ケース2：WEB会議にて選出された場合

　新型コロナウイルスの感染拡大により、ZoomやTeamsを用いたWEB会議が一般的に普及しました。時間的・場所的な利便性も高いことから、ケース1のようなリアルの会場に集まって選出する方法のほかに、WEB会議で従業員代表を選出する方法も、近年では増えつつあります。

　この場合でも、全参加者がカメラをオンにし、自身の顔を画面に投影することで一覧できる状況であれば、ケース1のリアルの会場にて開催している場合と類似の状況をつくることが可能で、差はほとんどないものと思われます。

　このような状況でケース1と同じ進行をすれば、過半数代表者の選出を行

うことは差し支えないものと考えられます。

[4] ケース3：メール等による持ち回り決議で選出された場合

　前記通達では、持ち回り決議による選出も認められていることから、メール等で告知し、これに「信任」「不信任」を記載した返信をすることで過半数代表者を選出するという方法が取られることも珍しくありません。

　このような選出をする際には、「回答期限までに返信をしない場合、信任をしたものと見なす」という方法が可能であるかという点が問題となります。

　筆者としては、ケース1・ケース2と異なり、支持をすることの明確な表示はなく、回答がないという消極的な意思表明しかない以上、このような方法で過半数の支持を得たという評価はできないものと考えます。そのため、メール等による持ち回り決議を行う場合には、しっかりと「信任」「不信任」を表明してもらうことが重要です。もし、期日までに返信がない場合には、催促した上で意思表示をしてもらうべきであり、勝手に「信任」があったものと見なすことは避けるべきでしょう。

3　まとめ

　2で説明したように、過半数代表の選出に当たっては、「過半数代表者の選任を支持する」との明確な意思表示があったことをいかに担保するかという観点からの検討が必要となります。

　ケース1やケース2のように、労働者の姿が視認でき、直接意思を確認できる場合には、「反対の人は挙手する」との方法で選出し、その後にこれにより選出された者が過半数代表者になることに賛成の者は拍手をするという方法を取ることも可能だと考えられます。一方で、ケース3のように明確な意思表示が確認できない場合には、この方法は避けるべきです。また、ケース1～3以外の方法で選出する際にも、このような観点から選出方法を検討することで、必ずしも従来行われていた方法に固執する必要はないものと考えられます。

（井山貴裕）

第 **5** 章

労働時間と
休日・休暇

Q | 5-1

「自発的なサービス残業」をする社員から残業代の請求を受けた場合、当該時間分も残業代の支払いは必要か

仕事熱心なのが行き過ぎて、長時間労働を行っているにもかかわらず、実態に即した時間外労働の申請を行わない社員がいます。この社員から残業代の請求があった場合、自発的なサービス残業分の残業代も支払う必要はあるでしょうか。

A

当該社員の時間外労働について、使用者から明示または黙示の指示（黙認も含む）がなかったかを確認した上で残業代の支払いを判断する。実質的に時間外労働を解消する措置を伴わず、時間外労働が行われる状況が改善されていないままに、形式的に時間外労働を禁止する規定を置いたり、指示・命令をしたりするだけでは、労働時間性が認められ残業代の支払いが必要となる

---

1 基本的な考え方

[1] 時間外労働の労働時間性

　労働契約上、労働者が使用者の指揮命令下に置かれているのは、原則として所定労働時間の間となります。そして、当該時間以外の就業が使用者の指揮命令下に置かれているというためには、使用者の指示に基づいていることが必要です。たとえその就業に業務性があるとしても、使用者が知らないままに労働者が業務に従事した時間を労働時間とすることはできず、これを排除する必要があるからです。

　そして、このときの指示の態様としては、時間外労働が労働義務と切り離

せないものであることから、使用者からの明示の指示のみならず黙示の指示（黙認・許容）であっても労働時間と認められます。このように、時間外労働の労働時間性は、使用者の明示または黙示の指示があれば認められます。

［2］ 黙示の指示の類型

　実務上よく問題となるのは、使用者による明示の指示がなく労働者が残業していた場合に、この時間が使用者による黙示の指示や黙認があったとして労働時間に該当するか否かです。

　黙示の指示や黙認が認められる場合としては、①労働者が規定上の所定労働時間とは異なる時間帯に勤務を行って、使用者が異議を述べていない場合（参考裁判例として、城南タクシー事件　徳島地裁　平 8. 3.29 判決　労判 702 号 64 ページ）や、②業務量が所定労働時間内に処理できないほど多く、時間外労働が常態化している場合（参考裁判例として、千里山生活協同組合事件　大阪地裁　平 11. 5.31 判決　労判 772 号 60 ページ）が挙げられます。

　①の例としては、労働者の労働時間管理をタイムカードで行い、タイムカードで労働者の慢性的な長時間労働を使用者が認識していたにもかかわらず、何の対処もせず漫然と放置していたケースや、深夜時間帯において、労働者が業務上のメール等のやりとりをしているにもかかわらず、これを使用者が黙認していたというケースが典型です。

　②の例としては、締め切りや納期の関係で所定労働時間を超えて労働せざるを得ないことが明らかな量の業務を命じているケースが挙げられます。このようなケースでは、締め切りなどの期限との関係から、各労働日の所定労働時間に収まるように業務を分散して処理することができません。たとえ使用者が形式的に所定終業時間での帰宅を労働者に促していたとしても、残業は避けられないような状態といえます。

　これらの場合には、使用者が明示の残業指示をしていなかったとしても、労働者の残業を黙示に指示または黙認していたとの評価を受けることになります。

2 自主的な残業を労働時間と言われないためには

　これに対して、使用者による明示の残業禁止に反する時間外労働については、労働時間性は否定されます（神代学園ミューズ音楽院事件　東京高裁　平17. 3.30判決　労判905号72ページ）。この場合には、使用者からの黙示の指示や黙認も認められず、指揮命令下の労働の要素を欠くといえるからです。

　ただし、時間外労働への従事について、形式的に所属長の事前承認を必要とする就業規則の規定があるだけであったり、単に残業を禁止する指示を出すだけでは、労働時間性が否定されるためには足りません。実質的に残業を解消する措置を伴っていなければ、残業代の支払いを回避するための仮装の指示・命令と評価され、労働時間とされます。

　以上をまとめると［**図表**］のとおりとなります。

3 設問への回答

　社員から残業代の請求を受けた場合には、当該社員の残業について使用者からの明示または黙示の指示（黙認も含む）がなかったかを確認することが重要です。

　使用者が残業代の事前許可制を取り入れていたり、残業禁止指示をしてい

図表 時間外労働における労働時間性の判断

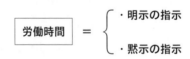

たりする場合には、労働者の自発的なサービス残業が会社の指示に反していたものだと認められる場合もあります。ただし、実質的に残業を解消する措置を伴わず、残業が行われる状況が改善されていないままに、形式的に残業を禁止する規定を置いたり、残業を禁止する指示・命令をしたりするだけでは、労働時間と認められることに注意が必要です。

特に近年では、社員に対して自宅等でテレワークでの就労を認めている企業も多いですが、直接社員の就労状況を把握するわけではないため、社員の労働時間が長時間に及んでいた場合でもそれを企業が黙認してしまっている——という状況もあります。テレワークであっても勤怠管理の仕組みを整えて、普段から労働時間の把握をきちんと行っておくのは当然として、記録されている労働時間が長時間に及んでいる場合などにはその都度社員に注意指導を徹底することが求められます。

（樋口陽亮）

Q | 5-2

始業前と終業後に私的な用事で社内にいることを禁止できるか

電車の混雑回避などを理由に、始業時間の2時間前に出社して自席でくつろいでいる社員がいます。また、終業時間後にすぐ退社せず、オフィス内で私的な会話をしている社員も何人か見られます。こうした社員に対し、始業の一定時間前までは出社禁止としたり、終業後は一定時間以内に退社したりするように義務づけることは可能でしょうか。

A

企業には施設管理権があり、始業前の出勤や始業後の退勤についてルールを設けることは可能。ただし、始業の準備のために出勤するケースなど、必要性がある場合も想定しておくことが望ましい

1 従業員は、就業場所に自由に出入りする権利があるのか

［1］企業の施設管理権

　企業には「施設管理権」という権限が認められています。この施設管理権とは、会社の施設を目的に沿うよう管理・保全する権限のことであり、裁判例上も、「企業は、その存立を維持し目的たる事業の円滑な運営を図るため、それを構成する人的要素及びその所有し管理する物的施設の両者を総合し合理的・合目的的に配備組織して企業秩序を定立し、この企業秩序のもとにその活動を行うものであつて、企業は、その構成員に対してこれに服することを求めう（原文ママ）べく、その一環として、職場環境を適正良好に保持し規律のある業務の運営態勢を確保するため、その物的施設を許諾された目的以外に利用してはならない旨を、一般的に規則をもつて定め、又は具体的に指示、命令することができ、これに違反する行為をする者がある場合には、企業秩序を乱すものとして、当該行為者に対し、その行為の中止、原状回復等必要な指示、命令を発し、又は規則に定めるところに従い制裁として懲戒処分を行うことができる」と判示されています（国労札幌支部事件　最高裁三小　昭 54.10.30 判決　労判 329 号 12 ページ）。

　この裁判例は、日本国有鉄道労働組合の組合員が、組合活動に際し、職員詰所備え付けのロッカーに要求事項等を記入したビラを貼付した行為の正当性が争われた事案です。裁判所が上記のように企業側に広い施設管理権を認めていることは、一般的な従業員との関係でも同様に当てはまると考えられます。

　もっとも、この施設管理権にも一定の限界はあり、「当該物的施設につき使用者が有する権利の濫用であると認められるような特段の事情がある場合」（同裁判例）には無効となります。

［2］施設の利用方法やルールを明示しておく

　始業時間よりも不必要に早く出勤すること、あるいは、終業時間後も居残

ることを放置した場合、その滞在時間が労働時間であるとして後で従業員から残業代の請求をされるなどのリスクがあります。

　企業には施設管理権があるため、原則として、企業は施設の利用方法やルールを自由に定めることができます。そして、企業はそのように定めた施設の利用方法やルールについて、従業員に周知しておくことが必要です。

　具体的な利用方法・ルールについては、就業規則の服務規律等において、施設内の立ち入り可能場所や時間帯、禁止すべき活動等を明記しておくことが考えられます。ケースによっては、企業の長時間労働対策の一環として、早朝の早出残業や深夜の居残り残業を禁止することと併せて、指定の時間帯以外については施設の出入りを制限するルールを定めておくことも一案です。

2 特定の個人だけ別異の扱いをすることの可否

　企業が、特定の従業員のみを対象として、施設の利用方法やルールについて制限をするということも、それが合理的な理由に基づくものであり、かつ必要な範囲においてであれば、施設管理権の行使の一環として認められると考えられます。

　他方、特定の従業員に対してのみ別異の扱いとすることについて、合理的な理由がなく、または必要以上に過度な制限に及んでいる場合には、施設管理権の濫用として無効になります。そのため、このような制限に違反したことを理由として懲戒処分を行った場合には、その懲戒処分は違法の評価を受けざるを得ません。

3 設問への回答

[1] 始業の一定時間前までの出社禁止

　始業時間前に余裕をもって出社するというのも、それが合理的な範囲であれば、始業時間からすぐに労務提供をするための準備行為の一環として認められてしかるべきでしょう。

　しかしながら、設問のような始業時間の2時間前に出社して自席でくつろ

いでいる社員の場合、始業前に業務やそのための準備をしているのではなく単にくつろいでいるだけであり、しかもその時間も2時間というのですから、始業前の準備行為としては過度に長時間であるといえます。こういったケースでは、「始業の一定時間前までの出社を禁止する」というルールを設けても、施設管理権の範囲内の行為として正当なものと考えられます。とはいえ、実際には、業務上の必要性から始業前に出社が必要となる場合もあるでしょう。そういった場合を想定して、「原則として一定の時間までは出社を認めないものの、事前の許可があれば認める」といったようなルール決めをしておくことが現実的です。

［2］ 終業後一定時間以内の退社の義務づけ

終業時間後に退社せず、私的な会話をしている社員の場合も、基本的には［1］と同様です。すなわち、退勤時間後にだらだらと従業員が居残らないよう、「終業後の一定時間以内に施設から退勤すること」というルールを設けても、それは施設管理権の範囲内の正当な行為といえます。

（樋口陽亮）

Q｜5-3

社員による労働時間の自己申告時間と入退場記録やパソコンの使用時間に乖離がある場合は違法と見なされるか

当社では労働時間管理として、社員による自己申告のほか、事業場の入退場記録、パソコンのログオン・ログオフ時間も見ています。ある社員の労働時間の確認をしていたところ、本人が自己申告した労働時間とその他の記録等の時間が大幅に異なっていることが判明しました。このような状況は違法と見なされるでしょうか。

A 労働者による労働時間の自己申告時間と、入退場記録やパソコンの使用時間等の記録に乖離（かいり）があったとしても、そのことから直ちに違法と見なされるわけではない。乖離がある場合は、実態調査を実施し、所要の労働時間の補正をすることが必要

1 労働時間の適正把握義務

　使用者は、事業場ごとに賃金台帳を調製し、その中で労働者各人別に労働時間数を記入することを義務づけられています（労基法 108 条、労基法施行規則 54 条 1 項 5 〜 6 号）。また、使用者は、労働時間、休日、休憩、深夜業等の労基法上の各種規制に違反することのないよう労働者の労働時間を適正に管理把握する義務を負うものと解されています（スタジオツインク事件　東京地裁　平 23.10.25 判決　労判 1041 号 62 ページ）。

　労働時間の把握方法について、労基法による規制はありませんが、厚生労働省より「労働時間の適正な把握のために使用者が講ずべき措置に関するガイドライン」（平 29. 1.20　基発 0120 第 3 号。以下、ガイドライン）が示されており、実務上、このガイドラインに基づいて行政指導が行われています。

2 自己申告による労働時間の把握

　ガイドラインでは、労働者の始業・終業時刻の確認および記録の方法について、原則として「現認」または「タイムカード、IC カード、パソコンの使用時間の記録等の客観的記録」によることを求めています。

　ガイドラインは、上記二つの原則的方法ではなく自己申告制により行わざるを得ない場合、[図表] の五つの措置を講じることを求めています。その措置の一つを見ると「自己申告により把握した労働時間が実際の労働時間と合致しているか否かについて、必要に応じて実態調査を実施し、所要の労働時間の補正をすること。特に、入退場記録やパソコンの使用時間の記録など、事業場内にいた時間の分かるデータを有している場合に、労働者からの自己申告により把握した労働時間と当該データで分かった事業場内にいた時間と

図表 労働時間管理を労働者の自己申告制で行わざるを得ない場合に、講じる必要がある五つの措置

①自己申告制の対象となる労働者に対して、ガイドラインを踏まえ、労働時間の実態を正しく記録し、適正に自己申告を行うことなどについて十分な説明を行うこと

②実際に労働時間を管理する者に対して、自己申告制の適正な運用を含め、ガイドラインに従い講ずべき措置について十分な説明を行うこと

③自己申告により把握した労働時間が実際の労働時間と合致しているか否かについて、必要に応じて実態調査を実施し、所要の労働時間の補正をすること

④自己申告した労働時間を超えて事業場内にいる時間について、その理由等を労働者に報告させる場合には、当該報告が適正に行われているかについて確認すること

⑤労働者が自己申告できる時間外労働の時間数に上限を設け、上限を超える申告を認めない等、労働者による労働時間の適正な申告を阻害する措置を講じないこと

の間に著しい乖離が生じているときには、実態調査を実施し、所要の労働時間の補正をすること」を求めています。

　すなわち、使用者としては、ガイドラインに基づき、客観的に記録された時間と自己申告による労働時間との間に著しい乖離がある状態にあることが確認された場合には、実態調査とその調査結果に基づく所要の対応を求める旨の行政指導を受ける可能性があります。

　ガイドラインは法令ではなく、行政内部のルールとしての性格のものであるため、これを直接の根拠として事業主に法的義務が生じるものではありません。しかし、ガイドラインに示されているような「著しい乖離」が生じている場合には、当該自己申告による労働時間が「適正」なものではないおそれがあること、ひいては割増賃金が未払いとなっている可能性があることが示されているともいえます。それゆえ、ガイドラインが掲げる対応を怠った場合には、割増賃金の未払いという違法状態を放置する結果となる可能性もあるため、著しい乖離があることを認識した場合には、積極的に対応する必要があります。

3 乖離原因の実態調査と対応

［1］乖離原因の例

　自己申告による労働時間と客観的に記録された時間に乖離がある場合、さまざまな原因が考えられます。入退場記録はあくまで在社時間を示すものですし、パソコンの使用時間についてもログオン、ログオフの時間だけでは、直ちにそれらの時間がすべて労働時間に該当することになるとは限りません。

　始業時刻の乖離原因の一例として、事業主や上司からの指示によらずに、労働者自らの意思により、通勤事情を考慮して所定始業時刻よりも相当早く入場しているケースもあり得ます。ただし、始業時刻前に在社している労働者が業務を行っており、事業主や上司の側でこれを黙認しているような場合には、この部分の時間が労働時間に該当する可能性があります。

　また、終業時刻の乖離原因として、終業後に同僚と仕事とは無関係な雑談をしている場合など労働時間に該当しないケースもあれば、真に残業をすべき業務上の必要性があるのに上司に認められずにやむなくサービス残業をしているケースも考えられます。後者のケースについて、ガイドラインにおいても、「使用者は、労働者が自己申告できる時間外労働の時間数に上限を設け、上限を超える申告を認めない等、労働者による労働時間の適正な申告を阻害する措置を講じてはならない」との見解が示されています。時間外労働の事前承認制を採用している場合には、不承認とした場合には直ちに帰宅させるように運用を徹底することが肝要です。

　一般論として、事業場に在社している場合や、パソコンを起動して会社システムにログインした状態になっている場合には、業務の必要があったとの推認がされがちです。乖離が確認された場合には、乖離縮減に向け、業務終了後に不必要に在社したり、会社システムへログイン状態のままにしたりしないように注意、指導すべきです。

［2］テレワーク時における実態調査

　新型コロナウイルス感染症の感染拡大の影響により、2020 年以降、テレ

労働時間と休日・休暇

ワークが急速に普及し、使用者が管理する事業場内ではなく、労働者の私的居住空間において業務が行われることが一般化してきました。申告された時間外にメールを送信していたり、申告時間外で長時間パソコンを起動していたりした記録が存在することを確認した場合には、実態を調査する必要があります。もっとも、実際の労働の状況について、事業場内に在社して勤務する場合のようには把握できず、判断に悩む場面も少なくないと思われます。事業主の管理下にはない私的居住空間であるため、事業場内での労働の場面よりも、労働から離脱していると判断して差し支えない場面も生じ得ると考えられます。

4 設問に対する回答

労働者による労働時間の自己申告時間と入退場記録やパソコンの使用時間に乖離があったとしても、そのことから直ちに違法と見なされるわけではありません。

乖離が生じていて、自己申告では労働時間とされていない部分の中に労働時間に該当するものがあるにもかかわらず、これを労働時間として扱わずに時間外労働等にかかる割増賃金の支払いをしていない場合には、労基法37条違反となります。

（平野　剛）

Q 5-4

職場の歓送迎会や忘年会の幹事を命じた（あるいは半強制的に促した）場合、その時間を労働時間に含める必要はあるか

当社では、歓送迎会や忘年会などの社内行事を実施するに当たり、幹事を若手社員に命じています。このように、幹事として動く時間は労働時間となるでしょうか。

A　使用者が幹事を命じた（半強制的に促した）場合は、使用者から社内行事への参加を義務づけられ、またはこれを余儀なくされたといえるため、労働時間に当たる。一方で、使用者から幹事を命じられたわけではなく、社内行事への参加自体も労働者の自由であるような場面においては、労働時間とする必要はない

1 職場の歓送迎会や忘年会への参加と労働時間

　労基法上の労働時間とは、労働者が使用者の指揮命令下に置かれている時間をいいます。そのため、職場の歓送迎会や忘年会への参加についても、これが使用者から義務づけられ、またはこれを余儀なくされたときは、使用者の指揮命令下に置かれたものと評価できるといえます。

　行政解釈においても、「単なる懇親を主とする宴会は、その席において何らかの業務の話題があり、また業務の円滑な運用に寄与するものがあったとしてもその席に出席することは、特命によって宴会の準備等を命じられたもの、又は、出席者の送迎に当たる自動車運転者等のほかは原則としてこれを業務とみることはできない」（昭45. 6.10　裁決）とされています。

　職場の歓送迎会や忘年会の場では、業務上の話が行われることも想定されますが、開催目的を懇親に置く場合には、使用者からの参加指示があるといった例外を除いては業務に当たらないとしており、基準としては妥当であるといえます。

163

2 類似ケースの検討〜取引先との接待飲食やゴルフコンペへの参加と労働時間

似たようなケースとして、取引先との接待飲食やゴルフコンペへの参加と労働時間の関係も問題となりやすいです（詳細は Q5-5 参照）。

こういったイベントについても、取引先との親睦を深めることが目的とされていることが多く、このような目的の範囲内である限りは、使用者からの積極的な参加の義務づけがない限り、使用者の指揮命令下に置かれていると評価することは難しいといえるでしょう。

取引先とのゴルフコンペへの参加途中での事故が業務上災害に当たるかが争われた裁判例（高崎労基署長［糸井商事］事件　前橋地裁　昭 50. 6.24 判決　労判 230 号 26 ページ）において、労働時間性を否定する判断がされた一方、取引先との接待の労働時間性が肯定されている裁判例（国・大阪中央労基署長［ノキア・ジャパン］事件　大阪地裁　平 23.10.26 判決　労判 1043 号 67 ページ）もあります。後者の裁判例は、労働者がくも膜下出血により死亡したことに伴う労災保険法に基づく遺族補償年金等の請求事件において、顧客等の接待についての業務性が争われたものですが、裁判所は判決において接待のほとんどの部分について"業務の延長"であったと推認できると判示して労働時間性を認定しました。

3 設問への回答

設問は、使用者から幹事を命じた（あるいは半強制的に促した）ケースであり、使用者から参加を義務づけられ、またはこれを余儀なくされたといえ、労働時間に当たると考えられます。

他方、幹事を命じられたわけではなく、また参加自体も自由であるような場面においては、使用者から参加を義務づけられ、またはこれを余儀なくされたとも評価できないため、労働時間には当たらないと考えられます。

（樋口陽亮）

Q 5-5

終業後や休日に行う取引先の接待は労働時間に当たるか

当社の営業部門では、新型コロナウイルス感染症による行動制限が厳しかった時期以外は、取引先との良好な関係構築・維持のために、終業後や休日に接待を行っています。このうち、飲食やゴルフなど一般的に業務としての性格を持たないものでも、労働時間に当たるのでしょうか。

A

終業後や休日に行われる接待は、"拒否することが困難なものとして使用者から義務づけられている場合"には労働時間に該当する

---

1 労働時間該当性の判断手法

労基法上の労働時間とは、労働者が使用者の指揮命令下に置かれている時間をいい、労働時間に該当するか否かは、労働者の行為が使用者の指揮命令下に置かれたものと評価できるか否かにより判断されます（三菱重工長崎造船所事件　最高裁一小　平12. 3. 9判決　労判778号11ページ）。

具体的に、個々の時間が労働時間に該当するか（指揮命令下に置かれていると評価できるか）否かについては、多くの裁判例において、業務性の有無、使用者による指示や義務づけの有無、余儀なくされていた状況の有無などの要素に着目して判断されています。

終業後や休日に行う取引先の接待についても、こうした要素に着目して労働時間該当性が判断されることになります。

2 使用者からの指示、義務づけの有無

終業後や休日に行う取引先の接待が、使用者からの指示に基づくもので、

かつ、労働者に参加が強制されていたり、断るとペナルティーが課されていたりする場合には、接待のために要した時間も使用者の指揮命令下に置かれているものとして労働時間に該当することは、あまり異論のないところでしょう。

　もっとも、接待における幹事の仕事を命じる場合以外では、昨今はこのように強く義務づけがなされるのは稀有(けう)なケースであると思われます。むしろ、接待の機会においてどのような行動をするのかについては、使用者から業務上の指示や命令はなされず、具体的な指揮監督が及んでいないのが通常であると考えられます。

3 業務性についての実質判断

［1］原則

　接待行為は、取引先との懇親、良好な関係の構築・維持などの目的を有する面もあり、業務との関連性を完全に否定することはできません。

　しかし、通常、接待は所定労働時間外に事業場外で行われ、その内容も、一般的には飲食やゴルフといった"外形上は業務としての性格を持たない行為"であることが多いといえます。飲食中やプレーの合間などに取引に関連する会話をすることもあるかもしれませんが、多くの場合は本来従事している業務とは明らかに内容を異にしていて、業務性を顕著に肯定できない（明らかに業務性を有しているといえる部分を特定することができない）のが通常であると思われます。

　この点、国・大阪中央労基署長（ノキア・ジャパン）事件（大阪地裁　平23.10.26判決　労判1043号67ページ）でも、「一般的には、接待について、業務との関連性が不明であることが多く、直ちに業務性を肯定することは困難である」と言及されており、一般的には、接待は原則として業務性が希薄ないし不明なものとして労働時間該当性が否定されるべきものと解されます。

［2］業務の延長と認められるケース

　もっとも、前記裁判例は、前記の一般論を述べつつ、接待に関連する事情

を子細に検討し、取引先関係者等との飲食はそのほとんどの部分が業務の延長であったと推認し、労働時間に該当する旨の判断を示しました。

　具体的には、①接待が顧客との良好な関係を築く手段として行われ、会社もその必要性から業務性を承認して裁量に任せていた、②協力会社に工期の短い工事等の無理な対応をお願いする立場にあり、接待の必要性があった、③会議終了後等に接待が行われる場合、取引先関係者との間で全体の会議では議題にしにくい個別の問題点をより具体的に議論する場であった、④多数回にわたる接待、会合の費用を会社が経費精算していた——等の事情を踏まえて、接待が業務の延長であったと判断しています。

　また、住友電工ツールネット事件（千葉地裁松戸支部　平26. 8.29 判決　労判 1113 号 32 ページ）においても、出張先で展示会や会合が終わった後に行った取引先の接待について、営業所長としてその場を設定し、あるいは参加することが当然のように求められ、接待費が会社から経費として精算されていたという事情の下で、接待が業務の延長であったと認め、1 時間の限度で労働時間と認定しました。

　接待の費用を会社が負担して精算していることは、業務性を基礎づける一つの事情となり得るものの、会社側が取引先関係者と自社従業員との懇親のための費用を恩恵的に会社の負担とすることも十分にあり得ます。それゆえ、費用負担の事実は、業務性ひいては労働時間該当性を判断する上での決定的要素とはならないと考えられます。

　なお、紹介した裁判例は、いずれも労働災害の業務起因性との関連で労働時間該当性について判断されたものであり、賃金請求権が発生する労働時間に該当するか否かが争われた場合に同様の判断がなされるか否かは不明です。

4　設問に対する回答

　終業後や休日に行われる接待は、"拒否することが困難なものとして使用者から義務づけられている"場合には、労働時間に該当します。

　このような義務づけがない場合には、一般には、使用者からの具体的な指

揮監督が行われず、また、業務との関連性が希薄もしくは不明なものとして、通常は原則として労働時間に該当しないものと考えられます。

　もっとも、使用者が接待を業務性のあるものとして承認してその費用を負担し、かつ、接待の目的や内容から業務の延長と認め得る事情がある場合には、労働時間に該当すると判断される場合もあり得ます。

（平野　剛）

Q 5-6

経営への関与等の観点から管理監督者と認められ難い管理職でも、定額残業制度を採っていれば割増賃金の支払いについては問題ないか

　当社では、管理職の一部に、業務の進め方に関して一定の裁量があるものの、経営への関与や出退勤に関する裁量の程度から、労基法上の管理監督者とは認められ難い者がいます。こうした社員については、定額残業代制を適用し、毎月一定の残業代を支払うことで対応したいのですが、問題ないでしょうか。

A 管理監督者ではない管理職に、定額残業制度を適用すること自体は問題ない。ただし、定額残業代が割増賃金の支払いとは認められない場合もあることには注意が必要

---

1 定額残業代の有効性の判断要素

　社内で管理職の地位にある者であっても、労基法 41 条 2 号の「監督若しくは管理の地位にある者」に該当しない場合には、同法の労働時間、休憩およ

び休日に関する規定が適用されます。そのため、労働時間を把握した上で、法定時間外労働や法定休日労働に該当するものがあれば、それぞれについての割増賃金を支払う必要があります。

　一方、いわゆる定額残業制度は、一般には、実際の労働時間数にかかわらず毎月固定の給与（基本給組み込み型または手当型が一般的である）を割増賃金に充当する趣旨で支給するものです。ただし、この制度を採用していれば、当然に労基法上の割増賃金の未払いがすべてクリアになっているかといえば、必ずしもそうとは限りません。

　定額残業代として支給される給与が割増賃金の支払いとして認められるか否かについては、①明確区分性（判別可能性）、②対価性、③想定される対象時間数に着目して検討する必要があります。以下、それぞれの判断要素について詳しく見ていきましょう。

2　明確区分性（判別可能性）

　明確区分性（判別可能性）は、「通常の労働時間の賃金部分」と「割増賃金として支給されている部分」を明確に区別することができるか否かという観点から検討されます。

　管理職に対して支給する定額残業代において、明確区分性との関係で問題となりがちな例の一つに、「管理職手当」や「職務手当」といった名称の手当を残業代見合いのものとしているケースが挙げられます。仮に、就業規則や給与規程でこれらの名称の手当を「割増賃金相当分として支給する」と定めている場合であっても、これらの手当の中に職責や職務への対価部分が含まれていれば、その対価部分（通常の労働時間の賃金部分となる）と割増賃金に当たる部分とが明確に区分できないと評価されることがあります。こうした評価を受けると、その手当の全額が通常の労働時間の賃金として扱われ、割増賃金としての支払い部分はゼロとなり、その手当全額を割増賃金の算定基礎に含めて処理することを余儀なくされてしまいます。

3 対価性

[1] 裁判例から見る判断のポイント

　対価性は、定額残業代として支給されている給与が、実質的に見て時間外労働、休日労働または深夜労働の対価としての性質を有しているかという観点から検討されます。

　対価性の有無については、「雇用契約に係る契約書等の記載内容のほか、具体的事案に応じ、使用者の労働者に対する当該手当や割増賃金に関する説明の内容、労働者の実際の労働時間等の勤務状況などの事情を考慮して判断」されることになります（日本ケミカル事件　最高裁一小　平 30. 7.19 判決　労判 1186 号 5 ページ）。

　使用者が定額残業代として支給している給与について、雇用契約書、労働条件通知書、給与規程等の書面において「時間外労働等に対する割増賃金の趣旨で支払う」との記述が一切ない場合には、裁判では対価性が否定されることがほぼ確実と言っても過言ではありません。このような重要な労働条件について、口頭での説明だけで労働者が正確に理解して契約の内容になったとは、一般には評価され難いところです。また、書面中に割増賃金の趣旨との記述がある場合であっても、その旨を理解できるように説明していない場合や、書面の記載内容と矛盾したり整合性を欠いたりする運用をしている場合には、対価性が否定されることもあり得ます。

[2] 実務上の留意点

　実務でよく問題となる例としては、管理職をヘッドハンティングなどで中途採用する場合に、年収総額で給与を決めた後、基本給や諸手当に金額を配分しているようなケースがあります。こうしたケースでは、採用時の労働条件についてやりとりをしている過程で、企業が提示した年収総額の中に時間外労働への対価部分が含まれていることの説明が欠落しているために、従業員側は提示された金額の外枠で割増賃金が支払われると理解することもあるので、注意が必要です。

また、実際の労働時間数に基づいて算定した割増賃金額が定額残業代の額を上回っているにもかかわらず、その差額を一切支給していない場合には、およそ割増賃金を支払う意思がなかったものとして、対価性が否定される可能性もあります。

4 定額残業代が相当する対象時間数

明確区分性や対価性が認められるケースにおいても、支給される定額残業代に相当する対象時間数が過大なものである場合には、長時間労働を強要したり助長したりするものと評価され、公序良俗に違反するとして、定額残業代が割増賃金の支払いとして認められないこともあります。

特に、現行法（労基法36条6項2号、3号）の下では、一部例外を除き、時間外労働および休日労働の合計時間を「単月100時間未満、複数月平均80時間以内」とすることが法定の絶対的上限とされていることから、少なくともこの絶対的上限を上回る対象時間数に相当する定額残業代は無効と判断される可能性が高いでしょう。

また、労基法の建て付けでは、“過半数労働組合または過半数労働者代表との間で締結した労使協定（36協定）の定めるところにより、時間外労働および休日労働をさせることができる”としており、定額残業代の対象時間数が36協定で定めた時間数（特に特別条項で定めた時間数）を上回る時間となっていないかどうかにも注意が必要です。

なお、労基法が平成30年に改正（平成31年4月から順次施行）される前の裁判例の中には、基礎時給の100時間分を超える金額の定額残業代を有効と認めたもの（結婚式場運営会社A事件　東京高裁　平31.3.28判決　労判1204号31ページ）もありますが、現行法下においても同様の判断がなされるとの可能性に期待するのは危険でしょう。

5 設問に対する回答

労基法41条2号の管理監督者と認められるためには、経営に関する意思決定等への関与や出退勤に関する裁量などが要件となります。設問のケースで

は、こうした要件は満たさないものの、いわゆる管理職として、時間外労働時間数に応じて残業代を支払うのではなく、定額残業制度により一定の金額を残業見合い分として支払うものと思われます。

こうした取り扱い自体は問題ありませんが、管理監督者に該当しない管理職に対して定額残業制度を採っていたとしても、定額残業代が割増賃金の支払いとは認められない場合もあることに注意が必要です。特に、管理職手当や職務手当といった名称での支給にはリスクがあり、明確区分性や対価性との関係をクリアにする観点からは、「定額残業代」「固定残業代」の名目で、きちんと趣旨を定めて支給することが望ましいといえます。

また、定額残業代の対象時間数が過大にならないように金額を設定することも重要です。必ずしも「月 60 時間」や「月 80 時間」などの設定が直ちに違法となるわけではありませんが、そもそも 36 協定でも特別条項を結ばなければならない時間数であることを踏まえると、定額残業代の対象を月 45 時間を超える時間数とすることは相当性に疑問がつくことが多いと思われます。

なお、実際の労働時間に基づいて算出した割増賃金の額が定額残業代の額を上回る場合には、会社が超過分の割増賃金の支払い義務を負うのは当然のことです。こうした観点からも、時間外労働の時間数を把握した上で、対象時間数を可能な限り実態に応じて設定するのがよいでしょう（仮に、実態として恒常的に月 45 時間を超える残業がある場合は、別の問題となります）。

（平野　剛）

Q | 5-7

営業職の労働時間を算定することが難しいことを理由に、事業場外みなし労働時間制を適用し続けてよいか

当社では、事業場外みなし労働時間制を営業職に適用し、みなし残業手当を支払っています。そもそも営業職の社員については、労働時間の把握は困難だと考えているのですが、今のまま事業場外みなし労働時間制を営業職に適用し続けてもよいでしょうか。

A 営業職に事業場外みなし労働時間制を適用するのであれば、業務遂行方法や勤怠管理について相応の裁量を与える必要がある

1 事業場外みなし労働時間制に関する通達

　事業場外みなし労働時間制とは、労働者が事業場外で業務に従事し、かつ、使用者の具体的な指揮・監督が及ばず、労働時間を算定し難い場合に、一定の労働時間を労働したものと見なすことができる制度です（労基法38条の2）。

　もっとも、次のように事業場外で業務に従事する場合であっても、使用者の指揮監督が及んでいる場合には、労働時間の算定が可能であるため、事業場外労働に関するみなし労働時間制の適用はできません（昭63. 1. 1　基発1・婦発 1）。

　「事業場外労働に関するみなし労働時間制の対象となるのは、事業場外で業務に従事し、かつ、使用者の具体的な指揮監督が及ばず、労働時間を算定することが困難な業務であること。したがって、次の場合のように、事業場外で業務に従事する場合であっても、使用者の具体的な指揮監督が及んでいる場合については、労働時間の算定が可能であるので、みなし労働時間制の適用はないものであること。
　①何人かのグループで事業場外労働に従事する場合で、そのメンバーの中に労働時間の管理をする者がいる場合
　②事業場外で業務に従事するが、無線やポケットベル等によって随時使用者の指示を受けながら労働している場合
　③事業場において、訪問先、帰社時刻等当日の業務の具体的指示を受けたのち、事業場外で指示どおりに業務に従事し、その後事業場にもどる場合」

2 現在、営業職において事業場外みなし労働時間制が適用可能とされた事例はほとんどない

　営業職のケースとは少し離れますが、旅行添乗員に事業場外みなし労働時間制を適用できるか否かについては、最高裁は、①具体的な旅程内容が事前に定まっていること、②旅程を変更する場合には随時派遣先の指示を受けること、③添乗日報による事後的なチェックがあることという勤務状況の具体的な指示・報告体制の存在を重視し、事業場外みなしの適用を否定しました（阪急トラベルサポート［派遣添乗員・第2］事件　最高裁二小　平26. 1.24判決　労判1088号5ページ）。

　下級審の裁判例においても、以下のとおり、営業職において事業場外みなし労働時間制の適用を否定しているものが多いといえます。

・**光和商事事件**（大阪地裁　平14. 7.19判決　労判833号22ページ）

　営業職の事例で、行動予定表の作成と携帯電話の連絡を重視して、事業場外みなし労働時間制を否定

・**サンマーク事件**（大阪地裁　平14. 3.29判決　労判828号86ページ〔ダイジェスト〕）

　「個々の訪問先や注文者との打合せ等について被告（編注：会社）の具体的な指示はされないものの、原告（編注：社員）が事業所外における営業活動中に、その多くを休憩時間に当てたり、自由に使えるような裁量はないというべきで、事業所を出てから帰るまでの時間は、就業規則上与えられた休憩時間以外は労働時間であったということができる」と判断

・**大東建託事件**（福井地裁　平13. 9.10判決　裁判所WEBサイト）

　テナント営業担当者日報の提出とタイムカードによる管理把握、携帯電話の連絡を重視して、事業場外みなし労働時間制の適用を否定

・**ハイクリップス事件**（大阪地裁　平20. 3. 7判決　労判971号72ページ）

　「被告（編注：会社）は、タイムシート（中略）を従業員に作成させ、始業時刻や終業時刻を把握していただけでなく、どのような業務にどのくらいの時

間従事したかも把握していたこと、（証拠略）からうかがわれるように電子メール等の連絡手段を通じて業務上の連絡を密にとっていたものと認められること」を重視して、事業場外みなし労働時間制の適用を否定

③ 事業場外みなし労働時間制の適用を認めた裁判例

一方で、ナック事件（東京地裁　平30.1.5判決　労経速2345号3ページ）は、営業社員の事業場外みなしの適用を認めた珍しい事案であり、今後、事業場外みなし労働時間制を運用する上で参考になります。

この裁判例における勤務実態は、次のとおりです。

①原告は、営業担当社員として事業場（支店）から外出して複数の都道府県にまたがって顧客の元を訪問する営業活動に従事することを主要な業務としていた
②訪問のスケジュールは上司が具体的に決定することはなく、チームを構成する原告ら営業担当社員が内勤社員とともに決定していた
③訪問のスケジュールの内容は内勤社員による把握やスケジュール管理ソフト入力である程度共有化されていたが、上司が詳細または実際との異同を網羅的に把握したり、確認したりすることはなかった
④訪問の回数や時間は原告ら営業担当社員の裁量的な判断に任されていた
⑤個々の訪問を終えた後は、携帯電話の電子メールや電話で結果が報告されていたが、書面による出張報告書の内容は簡易で、訪問状況が網羅的かつ具体的に報告されていたわけではなく、特に原告に関しては、出張報告書に顧客のスタンプがあっても本当に訪問の事実があったことを客観的に保証する効果はなかった
⑥出張報告書の内容は、添付された交通費等の精算に関する領収書に日時の記載があれば移動の事実やそれに関連する日時は確認できるが、それ以外の内容の客観的な確認は困難であり、被告（会社）から訪問先の顧客に毎回照会することも現実的ではない
⑦上司は、原告ら営業担当社員に業務の予定やスケジュールの変更につき具体的に指示を出すことはあったが、原告ら営業担当社員の業務全体と比較すると、その割合が大きいとはいえない
⑧原告ら営業担当社員の訪問に上司その他の監督者が同行することはなく、チームを組む内勤社員も原告の上司その他の監督者ではなかった
⑨被告は、原告が訪問の際、不当営業活動を繰り返していたことを相当期間把握できないままであった

裁判所はこれらの事実を総合して、この労働者の労働時間の大部分が事業場外での労働であり、これらの状況からすると、労働時間を具体的に把握することは、かなり煩雑な事務を伴わなければ不可能な状況にあったとして、「労働時間を算定し難いとき」に該当するとしました。なお、この会社はカードリーダーで労働時間管理も実施し、朝礼出席も指示していたものの、この労働者は朝礼に出席せず、顧客訪問に直行することもあり、事業場外労働の開始および終了の各時点をある程度把握可能であったにとどまり、事業場外労働全体の実情を困難なく把握可能であったとはいえないと判断しています。

　また、前記阪急トラベルサポート事件との違いについては、「最判平成26年1月24日で労働時間算定の困難性が否定された事案（編注：阪急トラベルサポート［派遣添乗員・第2］事件）は、スケジュールの遵守そのものが重要となる旅行日程の管理を業務内容とし、また、ツアー参加者のアンケートや関係者に対する問合せで具体的な報告内容の正確性の確認が可能であり、本件とはかなり事案を異にするものといえる」と判断し、ツアーガイドと営業社員とでは業務内容も実態も異なるので、そこでの判断が直接には当てはまらないとしました。

　今後、事業場外みなし労働時間制を運用していくのであれば、参考になる裁判例です。

4　設問に対する回答

　営業職に事業場外みなし労働時間制を適用するのであれば、営業職に業務遂行方法や勤怠管理について相応の裁量を与える必要があります。業務遂行方法や勤怠管理について会社が管理をしたいのであれば、事業場外みなし労働時間制を採用しないことも検討すべきです。

（向井　蘭）

Q | 5-8

委任契約や請負契約の形式を採っている場合、労働者ではないものとして労働時間管理などを行わなくても問題はないか

当社では、保険外交員や社用車の運転手、多店舗展開型事業の店舗における店長などと、委任契約や請負契約（非フランチャイズ形式）を結んでいます。これらの者については、いわゆる労働者ではないと考え、労働時間管理などを行わない取り扱いとしていますが、問題ないでしょうか。

A 労基法上の「労働者」性は、契約の形式にかかわらず実態に照らして判断される。保険外交員は「労働者」性が否定されるケースも多いと思われるが、社用車の運転手や多店舗展開する事業における店長は「労働者」であるとの評価を受けやすい

---

1 労基法上の労働者

事業主との間で契約関係にある業務従事者が労基法9条の「労働者」（以下、同条の労働者を「労働者」と表記します）に該当しない場合には、同法の適用がなく、当該業務従事者について労働時間管理を行わなくても問題はありません。

この「労働者」に該当するか否かは、契約の名称にかかわらず、①指揮監督下における労働の有無、②報酬の労務対償性の有無、③その他の要素——に関する実態に基づいて判断されます **[図表]**。そのため、契約の形式として委任契約や請負契約を採用していたとしても、「労働者」として労働時間管理

177

①指揮監督下における 労働の有無	・仕事の依頼に対する諾否の自由の有無 ・業務遂行上の指揮命令の有無 ・時間的・場所的拘束性の有無 ・労務提供の代替性の有無 ── 等の要素に基づいて検討
②報酬の労務対償性の 有無	・金額、計算方法、支払い形態に着目 ── 報酬の性格が使用者の指揮監督の下に一定時間労務を提供 　していることに対する対価といえるかという観点から検討
③その他の要素	・事業者性の有無（機械・器具の所有・負担関係や報酬の額 　など） ・専属性の程度 ・公租公課の負担（源泉徴収や社会保険料の控除の有無） ── 等の要素に基づいて検討

が必要な場合もあり得ることになります。

　以下、これらの要素について具体的に見ていきましょう。

2 指揮監督下における労働の有無

　指揮監督下における労働の有無について、具体的には、仕事の依頼に対する諾否の自由の有無、業務遂行上の指揮命令の有無、時間的・場所的拘束性の有無、労務提供の代替性の有無等の要素が検討されます。

[1] 仕事の依頼に対する諾否の自由の有無

　業務従事者において、事業主からの依頼を受諾するか否かの意思決定の自由を有している場合、一般には指揮監督下において労働しているとは評価されにくくなります。

　例えば、保険外交員が事業主から依頼のあった顧客への営業を断ることができる場合は、諾否の自由を有している典型例といえます。

　実務において、「労働者」該当性を意識して、業務委託契約書等において、例えば「受託者は自らの都合により、委託者からの依頼を断ることができる」というように、業務従事者が諾否の自由を有していることを意味する趣旨の

定めを置いているのを目にすることがあります。しかし、こうした契約上の定めがあったとしても、依頼を断った場合にペナルティーが課される運用となっている場合は、諾否の自由が確保されているとは言い難いでしょう。また、業務従事者としても基本的には報酬を得るために仕事をしているわけですから、実際に依頼を断るケースは少ないのが通常であると思われます。現実の運用において、依頼を断る実例が少ないか、ほとんどない場合には、実質的に諾否の自由が確保されていないと評価されるおそれもあります。

　このような直接的に依頼を拒否するケースがない場合であっても、業務従事者側の都合に合わせて仕事の依頼や発注が来ないようにすることができる仕組みが構築されている場合には、なお諾否の自由が相当程度確保されていると評価することも可能だと考えられます。

［2］業務遂行上の指揮命令の有無

　業務の内容や遂行方法について、事業主の具体的な指揮命令を受けていることは、指揮監督関係の基本的かつ重要な要素です。

　通常、事業主から業務従事者に対して全くのフリーハンドで依頼がなされることはあまり考えられず、何らかの指定や指示があるはずであり、その指定や指示にどの程度の具体性があって詳細なものなのか、業務従事者側にどの程度の裁量が認められているかが問題となります。

　この問題については、業務の性質やサービス維持の観点から、必要な研修を実施したり、一定のルールやマニュアルを提示してその遵守を求めたりしたとしても、当然に労働関係における指揮命令としての特有のものになるとは考えられません。他方、その企業が雇用している従業員（労働者）に適用される就業規則の遵守を求めている場合や、同様の業務を従業員に行わせていて、従業員と同様のルールや服務規律等の遵守を求めている場合には、指揮監督関係が肯定されやすいといえます。

　また、契約において予定されている業務外の仕事を業務従事者に依頼することが頻繁にある場合には、事業主が業務従事者の労働力を包括的に把握して指揮監督しているとの評価につながる可能性もあります。

[3] 時間的・場所的拘束性の有無

　業務に従事する場所や業務に従事する日・時間帯が指定、管理されていることは、一般的に指揮監督関係の基本的な要素となります。

　しかし、業務の性質上、必然的にこれらが指定されることになる場合も少なくなく、その指定が業務の性質等によるものか、業務の遂行を指揮監督する必要によるものかを見極めることが必要です。

　実務上、業務を行う日時のシフトが事業主側により一方的に指定されるものか、業務従事者側の意思に基づくものか、業務従事者の意思により変更できるか──といった点が重要なポイントとなります。

3　報酬の労務対償性の有無

　報酬の労務対償性は、金額や計算方法、支払い形態に着目して、報酬の性格が“使用者の指揮監督の下に一定時間労務を提供していることへの対価”といえるかという観点から検討されます。

　報酬が時間給を基礎として計算されるなど、労働の結果による格差が少ない場合や、欠勤した際には応分の報酬が控除される場合などは、上記の観点から労務対償性が肯定されやすいといえます。

4　設問に対する回答

　契約の形式として委任契約や請負契約を採用していたとしても、実態に照らして「労働者」に該当するものと判断されれば、労基法が適用されて労働時間管理が必要となります。

　保険外交員については、指揮監督関係を希薄にする運用を行い、報酬を従事した時間に応じたものではなく結果に基づくものとすることも可能な職種であると考えられますので、運用の実態次第では「労働者」に該当しないこともあり得るでしょう。

　社用車の運転手については、一般的には、随時指示を受けて運転業務を行い、時間的・場所的拘束性も強いケースが少なくないと思われますので、「労働者」に該当するとの評価を受けやすい職種であると考えられます。

多店舗展開する事業における店長についても、一般的には本部のコントロール下において業務に従事することが少なくないと思われます。例えば、商材の選定や独自のキャンペーンの実施など、店舗の運営面において相当広い裁量が認められている場合でないと、「労働者」に該当するとの評価を受けやすい職種であると考えられます。

（平野　剛）

Q | 5-9
年次有給休暇の繰り越し分・新規分について、取得の優先順位を就業規則で規定することは可能か

年次有給休暇（以下、年休）について、新規付与分から消化していくように社員に求めたところ、「消滅時効があるため、繰り越し分を先に消化させてほしい」と主張されました。こうしたケースに対処するため、年休取得の優先順位を会社が就業規則で規定してはいけないでしょうか。

A 年休取得の優先順位を会社が就業規則で規定することは可能であるが、従業員が"年休取得を新規付与分ではなく繰り越し分から行いたい"旨を明確に主張した場合は、繰り越し分から取得させるべきと考えられる

1 弁済の充当の規定との関係

年休の権利は繰り越すことができ、その時効は休暇が発生する基準日から2年間となっています（労基法115条、昭22.12.15　基発501）。仮に、就業規則等で「翌年度に繰り越してはならない」と規定していたとしても、権利

は消滅しません（昭 23. 5. 5　基発 686）。

　従業員が年度内に取らなかった未消化の年休については、消滅時効が 2 年と認められているため、翌年度へ繰り越して翌年度の新規付与分と合わせて請求することが可能です（労基法 115 条、昭 22.12.15　基発 501）。しかし、前年度の繰り越し分と当年度の新規付与分の年休請求権を保有するときの消化順序に関し、どちらから消化するのかについては、学説上の見解が分かれており、少なくとも法律上の定めはありません。

　民法 488 条 1 項は「債務者が同一の債権者に対して同種の給付を目的とする数個の債務を負担する場合において、弁済として提供した給付が全ての債務を消滅させるのに足りないとき（中略）は、弁済をする者は、給付の時に、その弁済を充当すべき債務を指定することができる」と定めています。要するに、債務者は、複数の債務がある場合に、すべての債務を消滅させることができないときは、弁済するべき債務を自ら指定できるというものです。

　年休においては、使用者は労働者の請求に基づいて年休を付与する義務を負うことから債務者となります。上記条項の債務者を使用者、債務を年休付与義務と置き換えると、使用者が自らどの年休を付与するか指定できることになるため、民法 488 条を根拠にすると、就業規則により、年休を新規付与分から消化するものとして就業規則等に定めることは可能であると考えることも、理論的にはあり得ます。

　もっとも、民法 488 条の充当の規定をそのまま労働法の分野に適用できるかは疑問があるところです。「労働者が繰越し年休と当年度の年休の双方を有する場合は、労働者の時季指定権行使は繰越し分からなされていくと推定すべきである（弁済の充当に関する民旧 489 条 2 号を引用して、当年の年休の時季指定と推定すべしとの反対説があるが、同号によるべき必然性はない）」（菅野和夫『労働法 第 12 版』［弘文堂］575 ページ）との見解が有力です。

　結局は、当事者、特に労働者の意思を尊重することが重要であり、少なくとも従業員が年休取得について、新規付与分ではなく、繰り越し分から行いたい旨を明確に主張している場合は、繰り越し分から取得させるべきといえます。

2 設問に対する回答

以上のことから、筆者としては、年休取得の優先順位を会社が就業規則で規定することは可能であるものの、少なくとも従業員が明確に"年休取得を新規付与分ではなく繰り越し分から行いたい"旨を主張した場合は、繰り越し分から取得させるべきと考えます。

(向井　蘭)

Q | 5-10

退職前に未消化の年休を取得することに対して、「暦日で2週間相当に限る」など、制限を設けることは可能か

社員が未消化の年休を取得した上で退職すると申し出てきました。退職後の引き継ぎなど業務上の必要性もあるため、未消化の年休を取得する日数の上限を「暦日で2週間相当に限る」というように設けたいと思っています。このような対応は可能でしょうか。

A

使用者による年休の「時季変更権」が適法に行使されない限り、労働者の申請内容に基づいて年休の効果が生じる。たとえ業務上の必要性があっても、年休の残日数が残りの出勤日数より多い場合などは、退職予定日以降に年休を与えることはできない。そのため、未消化の年休の買い取りや、退職日を遅らせるなどの交渉が考えられる

1 年次有給休暇の取得方法

年次有給休暇（以下、年休）は、労基法39条1項における一定の要件を充足した労働者に対して法律上当然に発生する「年休権」と、年休を取得する時季を指定する「時季指定権」から成るとされています（林野庁白石営林署事件　最高裁二小　昭48.3.2判決　民集27巻2号191ページ、労判171号16ページ）。法律上発生した「年休権」は、労働者が「時季指定権」を行使し具体的な年休の取得時季を特定することによって効果が発生するとされています。

そして、使用者は、年休を労働者の請求する時季に与えなければならないとされていますが、請求された時季に年休を与えることが事業の正常な運営を妨げる場合に限り、「時季変更権」を行使することができます（労基法39条5項）。

したがって、労働者の「時季指定権」に対する使用者の「時季変更権」が適法に行使されない限り、労働者による「時季指定」の内容に基づいて年休の効果が生じることとなります。

2 使用者による「時季指定権」の行使

では、設問のように、退職前に未消化の年休取得を申し出てきた労働者に対して、「時季変更権」を行使し、取得日数を暦日で2週間相当に制限するなど、年休の取得を拒むことはできるでしょうか。

この点、時季変更権は「他の時季にこれを与える」（労基法39条5項ただし書き）ことが前提となっており、退職前に未消化の年休を取得する場合は「他の時季」に年休を取得させることはできないので、時季変更権を行使し得ないこととなっています。もちろん、年休の残日数より残出勤日数のほうが多い場合など、退職までのほかの時季に与えることができるのであれば、その限りで「時季変更権」を根拠に特定の労働日における年休の取得を拒むこともできます。

なお、年休の残日数が残出勤日数より多い場合、または年休の残日数と残

出勤日数が等しい場合、退職予定日以降に年休を与えることはできません（昭49.1.11　基収5554）ので、「他の時季にこれを与える」ことはできず、「時季変更権」の行使もできません。そのため、使用者による「時季変更権」を根拠に、退職前の一括利用に対して一律の制限を設けることはできないこととなります。

3　設問のケースにおける対応策

とはいえ、未消化の年休を取得し切ってから退職しようとする労働者について、退職後の引き継ぎをさせるなど業務上の必要性から、退職予定日までに出勤要請が必要な場合もあるでしょう。このような場合、上述のとおり使用者からの一方的な「時季変更権」の行使はできませんが、どのように対応すべきでしょうか。

[1] 年休を買い取る方法

まず、未消化となっている年休を買い取った上で、残りの出勤日に出勤させる方法が考えられます。この方法によれば、未消化の年休日数分の余計な費用が発生するものの、確実に対象労働者を出勤させ、引き継ぎ業務をするよう命じることができます。

しかし、年休の買い取りについて、通達は「年次有給休暇の買上げの予約をし、これに基づいて（労基）法第39条の規定により請求し得る年次有給休暇の日数を減じないし請求された日数を与えないことは、法第39条の違反である」として、会社が一方的に金銭を支給する代わりに年休を与えないことは、労基法の趣旨に反し、許されないとしています（昭30.11.30　基収4718）。

もっとも、使用者が労働者と個別の同意を取ることができれば、このような対応も可能です。使用者としては、退職前の労働者が未消化の年休を取得した上で退職すると申し出てきた場合、対象労働者と面談の上、年休の買い取りについて交渉する必要があります。

［2］退職日を遅らせる方法

　また、対象の労働者が申し出てきた退職日を遅らせた上で「時季変更権」を行使し、残りの出勤日に出勤させる方法も考えられます。この方法によれば、未消化の年休を買い取る手続きを経ず、確実に対象労働者を出勤させ引き継ぎ業務をするよう命じることができます。

　しかし、退職の意思表示は労働者からの一方的な意思表示により可能であるため、使用者側から一方的に（労働者が指定した）退職日に関する申し出を拒んだり、退職日をずらしたりすることはできません。

　もっとも、使用者が一方的に退職日をずらすことはできないものの、使用者が労働者と個別の同意を取れれば、このような対応も可能になります。そのため、使用者としては、退職前の労働者が未消化の年休を取得した上で退職すると申し出てきた場合、対象労働者と面談し、退職日を遅らせることは可能か交渉する必要があります。

4　まとめ

　年休は、労働者による「時季指定権」の行使に対する使用者の「時季変更権」の適法な行使がなければ、労働者の指定に基づく時季に効果が発生します。

　そして、使用者による「時季変更権」の行使は、「他の時季に」年休を与えることが前提となっています。そのため、残りの全出勤日について未消化の年休を取得する旨の指定に対し、「時季変更権」を行使することはできません。

　したがって、このような「時季指定権」の行使をしてきた場合に年休の取得を拒むことはできませんが、業務の引き継ぎなど業務上の必要性がある場合、使用者としては対象労働者と面談の上、①未消化の年休を買い取る方法や、②退職日を遅らせる方法等が取れないか交渉することが考えられます。

（本田泰平）

Q 5-11

およそ認め難い事由での欠勤の連絡があった場合、無断欠勤と同様に取り扱ってもよいか

当社では、始業時刻までに何の連絡もないまま欠勤した場合は無断欠勤として取り扱っています。欠勤の連絡があった場合でも、それがおよそ認め難い事由（単に気乗りしないので出社したくない、明らかなうその理由を述べているなど）に基づくときには、無断欠勤と同様に取り扱ってもよいでしょうか。

A

無断欠勤と同様に取り扱い、欠勤分の賃金控除や懲戒処分を科すことも可能。就業規則の懲戒事由としては、「正当な理由のない欠勤」と規定しておくとよい

1 労働契約における無断欠勤の意味

労働契約において、労務の提供を行うことは労働者の最も基本的な義務です（一方で、使用者は労務の提供に対する賃金支払い義務を負っています）。すなわち、年次有給休暇（以下、年休）の取得や、その他の労務提供義務から免れる正当な理由なく労務の提供を行わないことは、労働契約において債務不履行となる行為にほかなりません。

使用者が、労働者の無断欠勤を把握しながら、これについて何ら対処を行わず放置すると、当該事業場において悪しき先例となるばかりか、他の真面目に働いている労働者のモラールやモチベーションを阻害する結果にもつながりかねないという弊害が生じます。そのため使用者は、労働者の無断欠勤については、厳粛に対処を行う必要があります。

2 無断欠勤する労働者への使用者の対処

　無断欠勤する労働者に対し、使用者がなし得る対処としては、事実上の注意指導のほか、①無断欠勤分についての賃金控除や、②懲戒処分が考えられます。以下、それぞれの留意点について検討していきます。

［1］無断欠勤分についての賃金控除

　労働者が自らの意思によって労務提供を行わない場合、反対給付（労務提供の対価）である賃金の支払いを受けることができないのが原則であり、これを「ノーワーク・ノーペイの原則」といいます。

　ただし、欠勤分について賃金控除を行う場合には、当該雇用契約においてノーワーク・ノーペイの原則が排除されていないかをよく確認する必要があります。例えば、完全月給制が採られているケースなど、“所定労働時間または所定労働日数について労務提供がなされていない場合であっても予定された賃金が支払われる”という合意がなされているのであれば、無断欠勤分についても賃金を控除することはできません。

　実務上は、このような疑義を生じさせないため、賃金規程において、欠勤した場合の賃金控除の計算方法などを定めておくことが望ましいでしょう。

［2］懲戒処分

　懲戒処分を科す場合は、その事業場の就業規則において、無断欠勤が懲戒の事由として定められていることが必要です。稀に、「無断欠勤を 3 日以上繰り返したとき」など日数を限定した形で懲戒事由を定めているケースもありますが、このような場合には、規定に即した日数の無断欠勤がなければ懲戒処分を科すことはできません。そのため、懲戒事由を定めるに当たっては、日数の制限を設けることで懲戒処分の柔軟な発動を阻害することにつながりかねないため、好ましくない規定方法です。

　懲戒処分の種類を量定する場合、初回かつ数日のみの無断欠勤であれば、譴責など比較的軽めの処分による対処が通常です。一方、過去に無断欠勤を

理由として懲戒処分を受けているにもかかわらず、これを繰り返す場合などには、より重い懲戒処分を検討することになります。

[3] その他の対処法

　繰り返し懲戒処分を科しているにもかかわらず、なおも無断欠勤を繰り返す従業員に対しては、退職勧奨や解雇の通告などにより、雇用契約を終了させることも視野に入れて対応を進める必要があります。

3　およそ認め難い事由による欠勤への対応

　では、およそ認め難いような理由に基づいて、出社できない旨の連絡をしてきた場合、会社はこれを無断欠勤として取り扱うことができるのでしょうか。このおよそ認め難い理由としては、年休を保有していない従業員から、「今日なんとなく気が乗らないので出社しません」と連絡があった場合や、「体調不良で休みます」と当日連絡してきたにもかかわらず、SNS で遊びに行っている様子を投稿するなどうその事由を述べていた場合が考えられます。

[1] 欠勤控除

　まず欠勤控除については、2 [1] のとおり、労働契約においてノーワーク・ノーペイの原則が排除されているといえる状況にない限りは、問題なく可能です。これは、欠勤の理由がおよそ認め難いようなケースに限らず、例えば私傷病に基づく場合などでも、本人が年休やその他の会社が創設した休暇を利用しない限りは同様の対応を取ることができます。

[2] 懲戒処分

　一方、懲戒処分についてはどうでしょうか。この点について、就業規則の懲戒事由に「無断欠勤」との文言で記載がある場合には、「理由はともあれ事前に連絡を入れておけば無断の欠勤に当たらないのではないか」などという無用な議論にさらされるリスクが生じる可能性も考えられます（筆者としては、このような文言であっても会社からの承認がなされていない以上、「無断

欠勤」の文言に該当するとしてよいと考えるところではありますが、実務上、この点について疑義を呈してくる社員がいないとも限りません)。そのため、就業規則の懲戒事由には、「無断欠勤」という文言ではなく、「正当な理由のない欠勤」という文言で規定することが望ましいでしょう（当然、無断の欠勤は「正当な理由のない欠勤」に含まれます）。

　このことは、無断遅刻や無断早退についても同様であり、「正当な理由のない遅刻」「正当な理由のない早退」という文言で懲戒事由を定めておくほうが、実務上は対応しやすいといえます。

4 設問に対する回答

　このように、従業員からおよそ認め難い事由に基づく欠勤の連絡があった場合、会社は欠勤分について賃金の控除を行うことができるのが原則であり、また懲戒処分を科すことも検討するべきです。

　他方で、やむを得ない理由による欠勤（例えば急な体調不良や親族の不幸など）については、当日の連絡であっても年休の取得を認めたり、慶弔休暇を付与したりするなど、取り扱いに差を持たせておくとよいでしょう。

（友永隆太）

第6章

休業・休職

精神疾患による休職者について、主治医は復職可としているが、復職を認めずに自然退職とすることは可能か

精神疾患のため休職している社員がいるのですが、本人は復職を希望しており、復職可とする主治医の診断書を提出しました。しかし、面談や試し出勤で様子を見る限りでは、休職前と同様のパフォーマンスを期待できるほど回復しているとは思えません。ほかに任せることができる軽易な業務もないため、休職期間満了後に自然退職としたいのですが、可能でしょうか。

A ほかに任せられる軽易な業務がないとしても、会社の期待するパフォーマンスに達しない原因が精神疾患ではない（あるいは精神疾患であるとの明確な根拠がない）場合には、そのことを理由に自然退職とすることはできない

1 復職要件としての「治癒」

傷病休職からの復職要件の一つに「治癒」があります。この治癒については、原則として、従前の職務を通常の程度に行える健康状態に回復したことを意味すると解されています。

また、この点に関して、片山組事件（最高裁一小　平10. 4. 9判決　労判736号15ページ）で裁判所は次のように判断しています。

労働者が職種や業務内容を特定せずに労働契約を締結した場合においては、現に就業を命じられた特定の業務について労務の提供が十全にはできないとして

> も、その能力、経験、地位、当該企業の規模、業種、当該企業における労働者の配置・異動の実情及び難易等に照らして当該労働者が配置される現実的可能性があると認められる他の業務について労務の提供をすることができ、かつ、その提供を申し出ているならば、なお債務の本旨に従った履行の提供があると解するのが相当である。

上記最高裁判決の判示するとおり、従前の業務に復職させることができない場合であっても、現実的に見て、休職していた労働者が配置され得る他の軽易な業務があり、その労働者が同業務について労務の提供を申し出ている場合には、同業務での復職をさせずに退職扱いとすることはできません。

なお、復職要件の「治癒」をめぐっては、休職者の主治医の診断と産業医や会社の判断が異なる場合があります。復職させるか否かについて、最終的には会社が決定することになりますが、主治医の「復職可」との診断とは異なり、会社として「復職不可」という判断をするに当たっては、復職不可とする産業医・専門医等の意見や、労務提供ができないことを裏付ける事実（試し出勤の結果など）等、合理的な根拠が必要となります。

2 "通常の程度に業務を行える状態"の考え方

休職者の復職可否を判断する際には、休職前と同様の業務を"通常の程度に業務を行える状態"か否かを考慮することになりますが、これはどのように考えればよいでしょうか。

裁判例を見ると、綜企画設計事件（東京地裁　平28. 9.28 判決　労判 1189号 84 ページ）では、従前の職務に復職させる場合、復職時には通常の程度に業務を行える状態ではなかったとしても、労働者の能力、経験、地位、精神的不調の回復の程度等に照らして、相当の期間内に通常の業務を遂行できる程度に回復すると見込まれる場合には、休職事由が消滅していると解される――としています。

そして、休職事由が消滅したか否かについて判断するために「リハビリ的な勤務」を実施する場合についても、次のとおり判示しました。

休業・休職

193

> 当該労働者の勤怠や職務遂行状況が雇用契約上の債務の本旨に従い従前の職務を通常程度に行うことができるか否かのみならず、上記説示の諸点（編注：労働者の能力、経験、地位、その精神的不調の回復の程度等）を勘案し、相当の期間内に作業遂行能力が通常の業務を遂行できる程度に回復すると見込める場合であるか否かについても検討することを要し、その際には、休職原因となった精神的不調の内容、現状における回復程度ないし回復可能性、職務に与える影響などについて、医学的な見地から検討することが重要になるというべきである。

　このように、裁判例の傾向としては、復職時に通常の程度の業務を行える状態ではなかったとしても、使用者には、段階的に休職していた労働者の回復を図り、復帰させていくといった配慮が求められているといえます。したがって、休職期間満了により退職とするためには、使用者が可能な範囲での配慮を行ったか否かが問われ、そのような配慮を行わずに退職とした場合には、無効となる可能性があります。

3 復職要件と労働者のパフォーマンス

　復職可否の判断に当たり、医師の診断書のみに基づいて復職後のパフォーマンスの程度まで評価するのは難しいと思われます。そこで、試し出勤等のリハビリ的な勤務を実施すれば、復職後にどの程度のパフォーマンスが期待できるか、ある程度把握することが可能です。

　それでは、リハビリ的な勤務を実施した結果、労働者に欠勤や遅刻、早退が見られたり、業務効率が悪かったり、ミスが目立ったり、成果が得られなかった場合に、復職不可とすることは可能でしょうか。

　まず、明らかに精神疾患が原因と考えられる場合には、通常の程度に業務を行える状態ではないといえます。もっとも、前述のとおり、ほどなく通常程度に業務を行うことができる状態になると見込まれる場合には、復職を認める必要があります。

　これに対し、精神疾患が原因ではなく、労働者がもともと使用者の期待するようなパフォーマンスを発揮できていなかったり、使用者が休職を機に当該労働者に退職してもらいたいと考えたりしたような場合には、復職を拒む

ことはできません。この点については、いったん復職を認めた上で、人事評価等において考慮すべきといえます。

　実際のケースとしては、精神疾患が原因かどうか不明であるものの、会社が期待するパフォーマンスに達していないというケースが多いと思われます。しかし、設問の場合、主治医が復職可と診断していることから、明確な根拠もなく自然退職とするのは困難だと考えられます。

4 設問に対する回答

　社内で現実的に配置可能な業務がない場合には、原職への復帰を検討することになりますが、その際、精神疾患が原因ではない（あるいは精神疾患が原因であるとの明確な根拠がない）にもかかわらず、会社が期待するパフォーマンスに達していないことを理由に、自然退職とすることはできません。

　そのため、産業医などと連携し、面談や試し出勤においてパフォーマンスが上がらない原因を特定する必要があります。その結果として、「出退勤が安定しない」「業務への集中力が著しく低い」など、精神疾患から十分に回復できていないと判断されれば、主治医が復職可との診断をしている場合でも、休職期間の満了による自然退職とすることが可能だと考えられます。

（岡　正俊）

Q 6-2

私傷病休職者に関して、会社と産業医は復帰が難しいと考えているものの、本人の主治医は復職可能とする診断書を出している場合、どうすればよいか

当社の私傷病休職者に関する規定には「出勤しても差し支えがないと会社が認めた場合は復職できる」とあります。現在、私傷病休職中の労働者について、産業医とも相談の上で"現時点では出勤は難しい"と判断していますが、本人の主治医からは復職して問題ない旨の診断書が出ています。このような場合、どのように判断すればよいでしょうか。

A 主治医の診断書に反対して復職を不可とする他の医師の診断書があり、主治医の診断に対する合理的な疑問が示されていたり、リハビリ出勤の実施等により、休職事由が消滅していないことを合理的に疑わせるような事実がみられたりする場合には、復職を認めないことができる

1 復職要件

　休職事由の消滅すなわち復職の要件である「治癒」とは、原則として、従前の職務を通常の程度に行うことができる健康状態に回復したことを意味すると解されています。

　就業規則によっては「治癒」とは異なる表現を用いている場合もありますが、就業規則の規定を合理的に解釈すれば、「治癒」を復職要件としていると考えられます。

　復職の可否は最終的には使用者の判断によりますが、使用者の恣意的な判断が認められるわけではないので（就業規則の定めが使用者の恣意的な判断を認める趣旨だとすると、規定の合理性、有効性が否定されかねません）、「治癒」しているか否かが客観的に判断されることになります。この判断に当たっては、休職者が提出した主治医の診断書が有力な判断資料の一つになると考えられますが、それのみによるのではなく、休職事由となった私傷病の内容や症状、治癒の経過、業務内容やその負担の程度、他の医師や産業医の意見その他の事情を総合的に斟酌して、客観的に判断することが相当です。

2 主治医の診断書と異なる判断の可否

　主治医は患者である労働者の症状や治療の経過を継続的に見ているため、前述のとおりその診断は復職の可否において有力な資料になると思いますが、主治医の診断とは異なる判断が認められることもあります。

　この点、厚生労働省の「心の健康問題により休業した労働者の職場復帰支援の手引き」（平成16年10月初版、平成24年7月改訂版）にも「主治医による診断書の内容は、病状の回復程度によって職場復帰の可能性を判断していることが多く、それはただちにその職場で求められる業務遂行能力まで回復しているか否かの判断とは限らないことにも留意すべきである。また、労働者や家族の希望が含まれている場合もある」と記載されています。

　もっとも、合理的な理由もなく主治医の診断を否定することはできず、主治医の診断と異なる判断を行うには主治医の診断が疑わしいことを基礎づける事情が必要です。その一つとして、他の医師による診断や医学的見地を基にした主治医の診断に対する疑問の提示があります。

　例えば、日本通運(休職命令・退職)事件（東京地裁　平23. 2.25判決　労判1028号56ページ）は、主治医の診断に疑問を述べる産業医の意見を合理的なものと認めています。具体的には次の点などを挙げ、主治医の意見に疑問を示しています。

- 主治医の意見はどのような症状がどのように安定し就労可能となったかが明らかでないこと
- 被告会社側が信頼回復に向けて努力しているにもかかわらず、原告による被告会社の担当者を非難・攻撃する原告の文書を見る限り、被告会社に対する信頼が回復したとは考え難いこと
- 原告は、異動発令前の職場に復帰することを希望しているが、主治医の意見は、復帰先として発病時の職場はふさわしくないというものであり、主治医が原告の主張を把握していたか疑問であること

　同判決は、上記の疑いを合理的なものと認め、復職可とする主治医の診断に従わずに復職を認めなかった使用者の退職扱いを有効としています。

3 リハビリ出勤、慣らし勤務、 リワークプログラムへの参加

　裁判例上も、精神疾患による傷病休職の場合、休職事由が消滅したか否か、すなわち、傷病が治癒したか否かの判断について休職者側の主治医と使用者側の産業医との見解が対立し、その判断が困難となることがあります。例えばNHK（名古屋放送局）事件（名古屋高裁　平30. 6.26判決　労判1189号51ページ）では、テスト出局（職場復帰前に、職場復帰の可否の判断等を目的として、本来の職場などに一定期間継続して試験的に出勤をするもの。一般に、試し出勤やリハビリ出勤などと称される）を利用して、その期間中の休職者の作業状況を踏まえて休職事由が消滅したか否かを判断することにより、休職者の現状や職場の実態等に即した合理的な判断が可能となると考えるなど、リハビリ出勤や慣らし勤務は復職の可否の判断において有用とされています。

　リハビリ出勤や慣らし勤務中に、欠勤・遅刻・早退が見られたり、体調が悪くなったり、労働者が感情的になり他の従業員や上司等に対して攻撃的な対応に出てしまった場合、これらに基づいて産業医等がリハビリ出勤、慣らし勤務の継続が難しいと判断することは合理的な判断であるといえます。上記のNHK（名古屋放送局）事件は、復職を認めなかった使用者の判断を合理的なものとし、復職を認めずに退職とした扱いを有効としています。

　また、リハビリ出勤や慣らし勤務に入る前に、リワークプログラムへの参加を実施しているケースもあります。東京電力パワーグリッド事件（東京地裁　平29.11.30判決　労判1189号67ページ）では、リワークプログラムは、生活リズムの回復、作業能力の回復、疾病理解、発症要因の分析、対人関係能力の回復を目的とするものであるなどとし、日時に時間どおりにリワークプログラムへ出席できているかが重要であるとしています。

　その上で、職場での仕事の負担や人間関係等が精神状態を悪化させた原因である場合には、上記のリワークプログラムの目的に照らし、自身の病気と向き合い、どのような場合に自分がストレスを感じるのか等を分析し、復職

後の仕事の負担や人間関係によるストレスに対し、対処可能な程度にまで回復しているかも重視すべきとしています。

同判決では、労働者の健康状態に改善の様子が見えず、プログラムへの出席率が低かったこと等から、リワークプログラムの担当医が復職可能なレベルに至っていないと診断しました。さらに、リワークプログラムの参加者の評価に当たる標準化評価シートの点数も合格点に達しておらず、産業医、外部の専門医とも復職不可の診断であり、同診断を参考にした使用者の就業審査委員会も職場復帰支援勤務を適用せずに復職を不可としたことについて有効としました。

4 設問に対する回答

復職の可否の判断において、主治医の診断書は有力な資料ですが、これに反対して復職を不可とする他の医師の診断書があり、主治医の診断に対する合理的な疑問が示されていたり、リハビリ出勤、慣らし勤務、リワークプログラムの実施等により、休職事由が消滅していないことを合理的に疑わせるような事実がみられたりする場合には、主治医の診断にかかわらず、復職を認めないこともできると解されます。

（岡　正俊）

Q | 6-3

私傷病休職規程で、同一事由による再度の休職は認めない条項を新設するのは不利益変更になるか

当社の私傷病休職規程では、復職後の再休職については特に定めておらず、同一の疾病が再発・悪化した場合でも再び休職することが可能です。しかし、最近、メンタルヘルス不調からの復職者が短期間で再度の休職に入るケースがあったことから、同一事由による再度の休職は認めない旨の条項を新設したいと考えています。これは労働条件の不利益変更になるのでしょうか。

 A 不利益変更には該当する。しかし、変更の必要性が認められるため、緩和措置や労働組合との交渉の状況等の要素を満たせば、変更の合理性も認められると考えられる

---

1 就業規則の変更による労働条件の不利益変更

就業規則の変更により労働条件を変更する場合、それが不利益変更に該当する場合は、①労働者の合意、または②変更の合理性が必要となります（労契法9条、10条）。この不利益変更の合理性を判断する前提として挙げられる、「労働条件が不利益に変更されたかどうか」という点については、労働者の不利益となる可能性があるかどうかとの観点から形式的に判断されることになります。

私傷病休職規程において、従前は特に規定がなかったところ、同一事由による再度の休職は認めない旨の条項を追加する場合を考えてみます。規程の改正前は、復職後も同じ事由で再度休職に入ることができ、解雇（退職）を一定期間猶予されていましたが、改正後は再度の休職に入ることができず解雇（退職）となるので、労働者にとっては不利益が生じているといえ、不利益変更に該当します。

2 不利益変更の合理性判断

前述のとおり、労働者の合意を得ずに不利益変更を行う場合は、②変更の合理性が必要となります。この合理性については、労契法10条で「就業規則

の変更が、労働者の受ける不利益の程度、労働条件の変更の必要性、変更後の就業規則の内容の相当性、労働組合等との交渉の状況その他の就業規則の変更に係る事情に照らして合理的なものであるときは、労働契約の内容である労働条件は、当該変更後の就業規則に定めるところによるものとする」とされており、同一事由による再度の休職は認めない旨の条項を新たに追加する場合についても、これに従って合理性が判断されることになります。

③ 休職に関する不利益変更

　就業規則における私傷病休職の規定を不利益に変更した場合の合理性について、野村総合研究所事件（東京地裁　平20.12.19判決　労経速2032号3ページ）が参考となります。この事案では、就業規則の休職に関する規定について、「一定期間以内に再度欠勤した場合、同一または類似の事由により欠勤することになった場合は欠勤期間を通算する」旨の変更の合理性が争われました。

　裁判所は次のように判示し、変更の合理性を認めています。

> 　確かに（中略）労働者にとって不利益な変更であることは否定できない。そこで、その必要性及び合理性について検討するに、近時いわゆるメンタルヘルス等により欠勤する者が急増し、これらは通常の怪我や疾病と異なり、一旦症状が回復しても再発することが多いことは被告の主張するとおりであり、現実にもこれらにより傷病欠勤を繰り返す者が出ていることも認められるから、このような事態に対応する規定を設ける必要があったことは否定できない。そして（中略）被告における過半数組合である野村総合研究所従業員組合の意見を聴取し、異議がないという意見を得ていることも認められる。
> 　そうすると、この改定は、必要性及び合理性を有するものであり、就業規則の変更として有効である。

④ 再度の休職を認めない条項の追加

[1] 変更の必要性

　私傷病休職制度は、賃金のような労働の対価ではなく、福利厚生的な面を

休業・休職

201

もっており、これに関する規定の変更は賃金規定の不利益変更のように厳格な判断によるべきではないと考えられます。一方、私傷病休職制度がない場合には病気やけがで欠勤した際に解雇が猶予されず、休職を命じられた場合も休職期間満了までに復職できない場合には退職となるなど、同制度は労働者の身分に関わるものであり、重要な制度であることも確かでしょう。

そこで、変更の必要性について検討すると、精神疾患は再発する可能性があるため、その場合に何度でも私傷病休職制度を利用することができてしまうと、解雇が猶予され続け、労務提供のないまま在籍し続けることになり、制度本来の趣旨から外れてしまうことが懸念されます。

［2］不利益の程度

私傷病休職規程に、同一事由による再度の休職は認めない旨の条項を新設することの不利益の程度について、野村総合研究所事件の事案と比較すると、復職後の期間にかかわらず再度の休職は認められないという点で、不利益の程度は大きいといえます。

しかしながら、私傷病休職制度が、長期雇用を前提として一時期の労務不提供を理由に退職（解雇）とするのは相当でないことから認められた制度であることを考慮すれば、この不利益の程度よりも、休職と復職を繰り返してほとんど労務提供のないまま在籍し続ける不合理さを重視すべきではないかと思われます。

［3］変更の合理性

そこで、私傷病休職規程の改定時に休職中である労働者には適用しない等の緩和措置を取った上で変更する場合には、変更の合理性が認められると考えられます。

その際、野村総合研究所事件のように、労働組合との合意（または異議がないとの意見）があれば、変更の合理性が認められる大きな要素になります。しかし、合意がない場合でも、労働組合との協議を尽くしたなど、適正な手続きを経たといえる事情が認められれば、合理性を否定することにはならな

いと思われます。

5 設問に対する回答

　私傷病休職規程で、同一事由による再度の休職は認めない旨の条項を新た
に追加することは、不利益変更には該当しますが、変更の必要性が認められ
ると思われますので、改定時の緩和措置や労働組合との交渉の状況等の要素
を満たすことによって、変更の合理性が認められると考えられます。

（岡　正俊）

Q 6-4

育児休業者が復帰を希望する職場が、業務内容や業務量の面で育児短時間勤務者には対応が困難である場合、どうすればよいか

　育児休業から復帰予定の労働者がいますが、復帰先の職場で悩んでい
ます。この者の育児休業前の職場は、時間外労働が必要であるなど、短
時間勤務では業務に対応することが困難な部分があります。育児短時間
勤務者にはあまり好ましくないと考えていますが、本人は原職への復帰を
希望しています。このような場合、どのように対応すればよいでしょうか。

A

育児休業から復帰予定の労働者については、原職または原職相
当職に復帰させるよう配慮することと指針に示されているた
め、まずは原職または原職相当職への復帰を検討する。その上
で、原職または原職相当職への復帰が困難といえるような「や
むを得ない事情」が存在する場合には配置転換を行うこととし、
これが不利益変更に該当するか否かを検討する

1 指針の内容

　事業主は、育児休業の申し出や育児休業後の就業が円滑に行われるように するため、育児休業をする労働者が配属される事業所における労働者の配置 やその他の雇用管理に関して、必要な措置を講じるよう努めなければなりま せん（育介法22条2項）。この点に関連して、「子の養育又は家族の介護を行 い、又は行うこととなる労働者の職業生活と家庭生活との両立が図られるよ うにするために事業主が講ずべき措置等に関する指針」（平21.12.28　厚労告 509、最終改正：令3.9.30　厚労告366。以下、指針）は、育児休業から復 帰予定の労働者について、「原職又は原職相当職」に復帰させるよう配慮する こととしています。

　この「原職相当職」とは、企業または事業所における組織の状況、人事異 動の状況によって異なる部分はありますが、一般的には、次の①〜③をいず れも満たす必要があるとされています。

①育児休業後の職制上の地位が育児休業前よりも下回っていないこと
②育児休業前と育児休業後とで職務内容が異なっていないこと
③育児休業前と育児休業後とで勤務する事業所が同一であること

　また、指針は、配置の変更に関して、次の場合には不利益取り扱いに該当 する、あるいは該当する可能性が高いとしています。

（不利益な配置の変更に該当）
　配置の変更前後の賃金その他の労働条件、通勤事情、当人の将来に及ぼす影響 等諸般の事情について総合的に比較考量の上、判断すべきものであるが、例えば、 通常の人事異動のルールからは十分に説明できない職務または就業場所の変更を 行うことにより、当該労働者に相当程度経済的または精神的な不利益を生じさせ ること
（不利益な配置の変更に該当する可能性が高い）
　所定労働時間の短縮措置の適用について、当該措置の対象となる業務に従事す

　これらは努力義務規定となりますので、労働者が育児休業前の職務に復帰する権利を直接的に認めるものではありません。

2　原職または原職相当職への復帰が困難な場合

　他方、使用者における人事異動や雇用管理の状況に照らすと、原職または原職相当職に復帰させることが困難なケースもあろうと思います。厚生労働省作成の「育児・介護休業のあらまし」（令和4年3月作成）によると、次の例外に当たる場合は不利益取り扱いに該当しないとされています。

　以上より、使用者が育児休業から復帰予定の労働者に対して配転命令を行う場合、①原則として原職または原職相当職への復帰をさせるよう配慮しつつ、②－Ⓐ諸般の事情や本人に発生する不利益の程度を考慮して、原職または原職相当職への復帰が困難といえる「特段の事情」がある場合、または、②－Ⓑ本人が原職または原職相当職以外の復帰に同意している場合であり、当該復帰が原職よりも有利なものである場合において、事業主側から適切な説明がなされているような場合といえるかを検討し、この配転命令が不利益

な配置の変更に当たるかを検討する、というステップを踏むことになります。

3 設問への回答

　休業前と異なる事業所への、休業前と異なる業務に従事する形での復帰は、原職または原職相当職への復帰ではありません。使用者は、まずは原職または原職相当職への復帰を検討する必要があります。その上で、原職または原職相当職への復帰が困難といえるような「特段の事情」が存在するか、あるいは使用者側の説明を経た上で本人から同意を得られるかを検討した上で、配置転換を行うことになります。使用者としては、この「特段の事情」の存在および従業員の「同意」の存在を立証できるように準備をしておく必要があります。

　この点、原職（相当職）へ復帰するには長時間の時間外労働が必要であるなど、短時間勤務では業務に対応することが困難な場合であって、配置変更後の労働条件や通勤事情に差異がなく（むしろ通勤事情などが復職者本人に有利になり）、本人に与える経済的・精神的影響が少ないときには、「特段の事情」の存在が認められるため、このような配置転換は不利益取り扱いには該当しないと思われます。

　また、配置転換を行う場合は、事前に復職者本人と面談を行い、原職（相当職）と配転先のメリット・デメリットをそれぞれ丁寧に説明し、本人の理解を得るための姿勢を見せておくことが大切です。

　他方、配置転換によって職制上の地位が休職前を下回る、労働条件が不利になる、将来のキャリアに影響するという事情がある場合は、不利益取り扱いに該当する可能性が高いといえます。また、復職者本人が原職にこだわる場合は、原職復帰とすることもやむを得ないでしょう。その場合、使用者としては、事後に原職復帰によって業務負担が多く不利益を被った等と主張されないように、本人へ原職復帰によるデメリットを説明し、本人がその説明を受けて自身の意思で原職復帰を希望した旨を書面で残しておくことが有用です。

（中村景子）

Q | 6-5

育児休業明けの男性社員を配置転換することは不利益取り扱いに当たるか

育児休業中の男性社員が復帰する際に、現在とは異なる部署へ復帰させることを検討しています。このような育児休業から復帰する社員の配置転換は不利益取り扱いとなるのでしょうか。

A 育児休業明けの配置転換が不利益取り扱いに該当するかどうかは、本人への配慮と業務上の必要性の比較衡量になる。使用者は、本人と事前面談を行った上で、業務上の必要性などを考慮し、結論を出すというプロセスを経る必要がある

休業・休職

1 令和3年6月に改正された育介法の概要

令和3（2021）年6月に育介法が改正されました**［図表1］**。本改正のポイ

図表1 改正育介法の施行日とその内容

施行日	内　　容
令和4（2022）年4月1日	・育児休業を取得しやすい雇用環境整備の義務化 ・妊娠・出産の申し出をした労働者に対する個別の周知・意向確認の措置の義務化 ・有期雇用労働者の育児・介護休業取得要件の緩和
令和4（2022）年10月1日	・育児休業の分割取得制度の創設 ・1歳到達日後の育児休業において、特別の事情がある場合に再度の申し出ができることとするとともに、1歳到達日後の育児休業の取得時期を柔軟化 ・出生時育児休業（産後パパ育休）の創設
令和5（2023）年4月1日	・育児休業の取得状況公表の義務化

図表2 出生時育児休業と育児休業

	産後パパ育休（令4.10.1〜）育休とは別に取得可能	育児休業制度（令4.10.1〜）	育児休業制度（改正前）
対象期間取得可能日数	子の出生後8週間以内に4週間まで取得可能	原則子が1歳（最長2歳）まで	原則子が1歳（最長2歳）まで
申し出期限	原則休業の2週間前まで	原則1カ月前まで	原則1カ月前まで
分割取得	分割して2回取得可能（初めにまとめて申し出ることが必要）	分割して2回取得可能（取得の際にそれぞれ申し出）	原則分割不可
休業中の就業	労使協定を締結している場合に限り、労働者が合意した範囲で休業中に就業することが可能	原則就業不可	原則就業不可
1歳以降の延長		育休開始日を柔軟化	育休開始日は1歳、1歳半の時点に限定
1歳以降の再取得		特別な事情がある場合に限り再取得可能	再取得不可

資料出所：厚生労働省「育児・介護休業法改正ポイントのご案内」
（令和3年11月作成、令和4年3月改訂 2ページ）

ントは、男性の育児休業取得の促進にあります。

　また、本改正で創設された出生時育児休業（いわゆる「産後パパ育休」）は、育児休業制度とは別に取得することが可能になります **[図表2]**。

2 改正育介法で禁止される不利益取り扱い

　育介法は、男性・女性を問わず、育児休業等の申し出・取得を理由とする不利益な取り扱いを禁止しています（同法10条）。令和3年の改正では、出生時育児休業が創設されたことに伴い、妊娠・出産の申し出をしたこと、出生時育児休業（産後パパ育休）の申し出・取得、産後パパ育休期間中の就業を申し出・同意しなかったこと等を理由とする不利益な取り扱いも禁止されることになりました。

　この点、「子の養育又は家族の介護を行い、又は行うこととなる労働者の職

業生活と家庭生活との両立が図られるようにするために事業主が講ずべき措置等に関する指針」（平21.12.28　厚労告509、最終改正：令 3.9.30　厚労告366）は、育児・介護休業を取得した社員については「原職又は原職相当職」に復帰させるよう配慮することを義務づけるとともに、配置転換が不利益取り扱いに該当する場合を定めています（詳細は **Q6-4** 参照）。

3 設問への回答

　令和3年の育介法改正によって、使用者は、出生時育児休業または育児休業明けの男性社員に対して、原則として原職または原職相当職に復帰させる配慮が必要になります。そのため、この配慮を行わず配置転換を命じることは、不利益取り扱いに該当します。

　もっとも、特段の事情があり配置転換をせざるを得ない場合は、不利益取り扱いに該当しないといえます。例えば、次のような場合は、やむを得ない事情の存在が肯定され、不利益取り扱いに該当しない可能性が高くなります。

- 原職または原職相当職の部署自体がなくなる場合
- 原職の業務に従事することが困難な場合
  例：短時間勤務で業務をこなすことが困難な場合や時間外労働の対応が不可欠な場合（※事前面談などで、本人に就労可能な範囲を確認する必要があります）
- 事業主による説明を経た上で本人が原職（相当職）以外の復帰に同意した場合
- 賃金等の労働条件や通勤事情が原職と比べて不利益でなく、労働者に与える経済的な影響がないような場合
- 原職と配転後のポストを比較して、本人の将来に及ぼす影響に差異がない場合（あるいは配転後のポストがより有利になる場合）
- 通常の人事異動のルールに照らしても不自然なものではない場合

　他方、次のような事情がある場合は、やむを得ない事情の存在は認められず、不利益取り扱いに該当する可能性が高くなります。

休業・休職

　不利益取り扱いに該当するかどうかは、本人への配慮と業務上の必要性の比較衡量（考量）になります。使用者としては、本人と事前面談を行った上で、本人が受ける有利な影響または不利な影響、業務上の必要性などを考慮し、結論を出すプロセスを経る必要があります。

（中村景子）

Q 6-6

大規模災害など会社に直接的な原因はない理由で出社停止とした場合でも、休業手当の支払いは必要か

近年、地震や豪雨といった大規模な災害が発生し、それが原因で会社施設が破損したり、公共交通機関が停止したりするケースがあります。こうした場合、出社しないと業務のできない社員を休業させることになりますが、会社に直接的な原因がない場合でも、休業手当を支払う必要があるのでしょうか。

A 大規模災害により会社施設が直接的な被害を受けた場合や、公共交通機関が運休した場合など、「使用者の責に帰すべき事由」でない休業については休業手当を支払う必要はない

1 ノーワーク・ノーペイの原則と休業手当

[1] ノーワーク・ノーペイの原則

労働契約の本質は、「当事者の一方（労働者）が相手方（使用者）に使用されて労働し、相手方がこれに対して賃金を支払うこと」（菅野和夫『労働法第12版』[弘文堂] 150ページ）です。ここで、「当事者の一方（労働者）」による労務の提供がない場合には、「相手方（使用者）」による賃金の支払いもないこととなり、これを「ノーワーク・ノーペイの原則」といいます。

[2] 労基法における休業手当の定め

しかし、「当事者の一方（労働者）」が（債務の本旨に従った）労務の提供をする意思を有しており、かつ当該労務の提供の準備ができているにもかかわらず、「相手方（使用者）」がそれを受領できない場合もあります。

このような場合について、民法は「債権者の責めに帰すべき事由によって債務を履行することができなくなったときは、債権者は、反対給付の履行を拒むことができない」（536条2項）と定め、「債権者（使用者）の責に帰すべき事由」（民法上の故意過失）により労務の提供ができなかった場合、賃金の支払い債務はなくならない旨を規定しています。また、労基法においても「使用者の責に帰すべき事由による休業の場合においては、使用者は、休業期間中当該労働者に、その平均賃金の100分の60以上の手当を支払わなければならない」と定め（26条）、「使用者の責に帰すべき事由」により労務の提供ができなかった場合、使用者は労働者に対し、平均賃金の6割相当の手当（いわゆる休業手当）を支払うことを義務づけています。

[3]「使用者の責に帰すべき事由」による休業と休業手当

この「債権者の責に帰すべき事由」（民法）と「使用者の責に帰すべき事由」（労基法）の違いについては、判例において、「『使用者の責に帰すべき事由』とは（中略）民法536条2項の『債権者の責に帰すべき事由』よりも広く、使用者側に起因する経営、管理上の障害を含む」と判示されています

（ノースウエスト航空事件　最高裁二小　昭 62. 7.17 判決　民集 41 巻 5 号 1283 ページ）。

　　したがって、使用者が労働者の労務提供を拒んだ場合に、給料ないし休業手当の支払いが必要かどうかは、次の観点から検討することになります。

①使用者の故意または過失による受領拒否かどうか
②使用者側に起因する経営、管理上の障害による受領拒否に該当するか否か

　　なお、②における障害が不可抗力による場合、休業手当の支払いは不要となることについては、次の観点からも検討が必要です。

③その障害が、事業の外部的要因であって通常の企業経営における最大の注意を払ってもなお避け得ない不可抗力に該当するか否か

2　設問に対する回答

［1］大規模災害により出社停止にした場合

　　まず、大規模災害の発生により出社停止にした場合を検討します（会社施設が被害を受けた場合は［2］で説明します）。

　　このケースでは、災害の発生で会社施設が直接的な被害を受けたわけではないものの、取引先の営業状況や輸送経路の状況等の事情から、営業が困難なために出社停止とする場合が考えられます。厚生労働省が公表している「自然災害時の事業運営における労働基準法や労働契約法の取扱いなどに関する Q&A」を見ると、こうしたケースは「原則として『使用者の責に帰すべき事由』による休業に該当する」と考えられています。しかし、当該休業について上記③不可抗力といえる場合には、「例外的に『使用者の責に帰すべき事由』による休業には該当しない」との見解が示されています。

　　したがって、この場合、使用者として休業回避のために具体的な努力等を尽くした上でもなお、営業が困難であったといえる場合に限って、休業手当の支払いが不要になると考えられます。

［2］会社施設の破損により出社停止にした場合

　　次に、大規模災害により会社施設が直接的な被害を受けた場合については、

「休業の原因が事業主の関与の範囲外のものであり、事業主が通常の経営者として最大の注意を尽くしてもなお避けることのできない事故に該当すると考えられ」ます（同 Q&A）。

その結果、「使用者の責に帰すべき事由」による休業には該当せず、休業手当の支払いは必ずしも必要ではないことになります。

会社施設が破損した原因が大規模災害による場合は上述のとおりですが、破損の原因が施設の老朽化による場合はどうでしょうか。

施設の老朽化による破損は、会社が施設を適切に管理していれば起きなかったものとして「使用者の責に帰すべき事由」に該当すると判断されることも十分に考えられます。その場合、休業手当の支払いが必要となるため注意しなければなりません。

［3］交通機関の運休や大幅な乱れにより出社停止にした場合

地震を始め、台風や豪雪により交通機関が運休したり、大幅に乱れたりすることもあり、特に製造業やサービス業などでは、現実的に社員が出勤できないために休業するケースもあるでしょう。こうした事情により休業した場合、交通機関の運行状況は会社の感知し得ない事情ですので、「使用者の責に帰すべき事情」による休業とはいえないと考えられます。

一方で、既に出社をしている状況で、今後の交通機関の乱れが想定されるために退社を命じたような場合には注意しなければなりません。この場合、現に営業はできていますので、その後、交通機関が乱れたとしても業務の遂行自体には影響がないはずです。そうであれば、使用者側の障害により労務の受領を拒否したということとなり、休業手当の支払いが必要となります。

ただし、1日の就業時間の途中で退社を命じたような場合については、「現実に就労した時間に対して支払われる賃金が平均賃金の100分の60に相当する金額に満たない場合には、その差額を支払わなければならない」（昭27. 8. 7 基収3445）とされています。そのため、就業時間が短いケースでは、休業手当額の計算に当たって注意が必要です。

（本田泰平）

第**7**章

ハラスメントと
懲戒処分

Q | 7-1

明らかな問題行動に対して厳しく指導したからといって、パワハラとなるのか。また、ハラスメントの訴えについて、会社はすべてに対応しなければならないか

業務上の問題行動が多い社員がいるのですが、この者への管理職の指導が「行き過ぎた指導」と言われているようです。このように、明らかな問題社員への指導でもパワハラとされるのでしょうか。また、セクハラやパワハラの訴えがあった場合、会社としてはすべてに対応しなければならないのでしょうか。

A
業務内容・性質から、必要性・緊急性が高い場合は、厳しく注意・指導することも一定程度許容され得る。また、セクハラやパワハラの訴えがあった場合、会社は原則としてすべて対応しなければならない

---

1 パワーハラスメントとは

職場のパワーハラスメント（以下、パワハラ）とは、同じ職場で働く者に対して、

①職場において行われる優越的な関係を背景とした言動であって（部下や同僚からのパワハラも含み得る）

②業務上必要かつ相当な範囲を超えたものにより

③その雇用する労働者の就業環境が害される行為

を指します（労働施策総合推進法 30 条の 2 第 1 項）。

客観的に見て、業務上必要かつ相当な範囲で行われる適正な業務指示や指導については、職場におけるパワハラには該当しません。

2 明らかな問題社員への指導でもパワハラとされるのか

　「事業主が職場における優越的な関係を背景とした言動に起因する問題に関して雇用管理上講ずべき措置等についての指針」(令 2. 1.15　厚労告 5。いわゆる「パワハラ指針」) において、「精神的な攻撃 (脅迫・名誉棄損・侮辱・ひどい暴言)」に「該当しないと考えられる例」として、**[図表]**の例が挙げられています。

　[図表]から明らかなとおり、「その企業の業務の内容や性質等に照らして重大な問題行動を行った労働者に対して、一定程度強く注意をすること」は、パワハラには該当しないとされています。そのため、業務内容・性質からして、必要性・緊急性が高い場合であれば、厳しく注意・指導することも一定程度許容されると思われます。

　具体的には、製造現場において、重大な労災事故を引き起こしかねない行動を取った従業員に対して、注意喚起も兼ねて厳しい口調で注意をすることは許されます。

ハラスメントと懲戒処分

図表 精神的な攻撃 (脅迫・名誉棄損・侮辱・ひどい暴言) に該当しないと考えられる例

素　　案	正　式　版
・遅刻や服装の乱れなど社会的ルールやマナーを欠いた言動・行動が見られ、再三注意してもそれが改善されない労働者に対して強く注意をすること。 ・その企業の業務の内容や性質等に照らして重大な問題行動を行った労働者に対して、強く注意をすること。	①遅刻など社会的ルールを欠いた言動が見られ、再三注意してもそれが改善されない労働者に対して一定程度強く注意をすること。 ②その企業の業務の内容や性質等に照らして重大な問題行動を行った労働者に対して、一定程度強く注意をすること。

資料出所：「事業主が職場における優越的な関係を背景とした言動に起因する問題に関して雇用管理上講ずべき措置等についての指針」(令 2. 1.15　厚労告 5)
[注]　下線は筆者。

一方、[図表] の下線部にあるとおり、同「パワハラ指針」の素案ではパワハラには該当しないとされていた「マナーを欠いた言動」に対する強い注意・指導が、正式版では削除されることになりました。「マナーを欠いた言動」は個人の価値観によるところが大きく、強い注意・指導の対象としてふさわしくないと判断したものと思われます。

③ セクハラやパワハラの訴えがあった場合、すべて対応しなければならないか

　セクハラやパワハラの相談事例において、「それは個人の価値観の相違にすぎず、パワハラには該当しないのではないか」「人としての相性が合わないだけで、パワハラではないのではないか」と思われる事例もあります。

　セクハラやパワハラの訴えがあった場合、会社はすべて対応しなければならないのでしょうか。この点については、次のセクハラ、パワハラの各指針に明確に記載されており、各種ハラスメントに該当するか微妙な場合であっても、広く相談に対応する義務があると指摘しています（下線は筆者〔以下同じ〕）。

> **事業主が職場における性的な言動に起因する問題に関して雇用管理上講ずべき措置等についての指針**（平 18.10.11　厚労告 615、最終改正：令 2．1.15　厚労告 6。いわゆる「セクハラ指針」）
>
> 　「また、相談窓口においては、被害を受けた労働者が萎縮するなどして相談を躊躇する例もあること等も踏まえ、相談者の心身の状況や当該言動が行われた際の受け止めなどその認識にも配慮しながら、職場におけるセクシュアルハラスメントが現実に生じている場合だけでなく、その発生のおそれがある場合や、職場におけるセクシュアルハラスメントに該当するか否か微妙な場合であっても、広く相談に対応し、適切な対応を行うようにすること。例えば、放置すれば就業環境を害するおそれがある場合や、性別役割分担意識に基づく言動が原因や背景となってセクシュアルハラスメントが生じるおそれがある場合等が考えられる」

> 事業主が職場における優越的な関係を背景とした言動に起因する問題に関して雇用管理上講ずべき措置等についての指針（令2.1.15　厚労告5。いわゆる「パワハラ指針」）
>
> ---
>
> 「また、相談窓口においては、被害を受けた労働者が萎縮するなどして相談を躊躇する例もあること等も踏まえ、相談者の心身の状況や当該言動が行われた際の受け止めなどその認識にも配慮しながら、職場におけるパワーハラスメントが現実に生じている場合だけでなく、その発生のおそれがある場合や、職場における<u>パワーハラスメントに該当するか否か微妙な場合であっても、広く相談に対応し、適切な対応を行うようにすること</u>。例えば、放置すれば就業環境を害するおそれがある場合や、労働者同士のコミュニケーションの希薄化などの職場環境の問題が原因や背景となってパワーハラスメントが生じるおそれがある場合等が考えられる」

　実務的にも、相談者本人の気づいていない論点が浮上したり（当初はパワハラの相談であったが、調査過程で管理職の不正疑惑が浮上することもままある）、これを放置した場合にセクハラ、パワハラに発展したりすることもあり得ます。原則としてセクハラやパワハラの訴えがあった場合、会社はすべてに対応しなければならないと考えます。

4 設問に対する回答

　業務内容・性質からして、必要性・緊急性が高い場合であれば、厳しく注意・指導することも一定程度許容され得ます。一方で、「マナーを欠いた言動」は個人の価値観によるところが大きく、強い注意・指導の対象としてふさわしくないと判断され、パワハラに該当する可能性があります。

　また、セクハラやパワハラの訴えがあった場合は原則として、すべて対応しなければなりません。ただし、セクハラ、パワハラの申告内容によっては、具体的な事実や証拠がないと判断して早期に打ち切ることは可能です。

（向井　蘭）

Q | 7-2

残業禁止をパワーハラスメントといわれるおそれはないか

当社では長時間労働是正の一環として、残業を禁止することを検討しています。このとき、現状の業務量が変わらないままに残業を禁止することは、パワーハラスメント（以下、パワハラ）の6類型のうちの「過大な要求」に当たるでしょうか。

A

業務量の削減なしに残業を禁止することは「過大な要求」に当たる可能性がある。所定労働時間内に業務を完了できる体制を構築した上で、残業の禁止を指示する必要がある

1 パワハラの6類型

職場のパワハラとは、①職場において行われる優越的な関係を背景とした言動であって、②業務上必要かつ相当な範囲を超えたものにより、③その雇用する労働者の就業環境が害される行為であり、①〜③の3要素をすべて満たすものを指します（労働施策総合推進法30条の2第1項）。パワハラは、主に［図表］の6類型に分類されます。ご質問のケースを検討すると、労働者は従前よりも少ない労働時間で従前と同量の業務をこなさなければならない状態であり、パワハラ6類型のうち「過大な要求」に当たるおそれがあります。

2 時短ハラスメントとは

業務量等の調整をすることなく会社が一方的に残業の制限を行うことを、「時短ハラスメント」と呼ぶことがあります。その背景には、労基法上の時間外労働に関する規制の強化を受け、近年、社会全体で長時間労働の是正の動

図表 パワハラの6類型

類型	例
身体的な攻撃	・殴打する ・足蹴りする ・相手に物を投げつける
精神的な攻撃	・人格を否定するような言動 ・脅迫するような言動 ・必要以上に長時間にわたる厳しい叱責を繰り返し行う ・ほかの労働者の前で、大声で威圧的な叱責を繰り返し行う
人間関係からの切り離し	・特定の労働者を合理的な理由なく仕事から外したり、別室に隔離したりする ・1人の労働者に対して同僚が集団で無視をし、職場で孤立させる
過大な要求	・新卒で入社したばかりの労働者に、必要な教育を行わないまま、到底対応できないレベルの業績目標を課す。また、達成できなかったことに対し、厳しく叱責する
過小な要求	・業務上の合理性なく、能力や経験とかけ離れた程度の低い仕事を命じる ・気に入らない労働者に対する嫌がらせのために仕事を与えない
個の侵害	・上司との面談等で話した性的指向・性自認や病歴、不妊治療等の機微な個人情報について、本人の了解を得ずに、他の労働者に暴露する ・労働者を職場外でも継続的に監視したり、私物の写真撮影をしたりする

資料出所：厚生労働省「あかるい職場応援団」を基に筆者作成

きがあり、その一環として、残業の禁止を指示する会社も少なくないことが挙げられます。

　一見すると、残業の禁止は、労働者の労働時間を削減するための労働者に有利な施策のように思われますが、単に残業の禁止を指示するだけでは、パワハラに当たる可能性があるので注意が必要です。例えば、業務量が従前と変わっていないにもかかわらず、残業が禁止されてしまえば、労働者は、従前よりも少ない時間で従前と同じ量の業務をこなさなければならなくなります。これが、パワハラの6類型の一つである「過大な要求」に当たるおそれ

があり、「時短ハラスメント」となり得ます。

3 ハラスメント以外に懸念される影響

　残業の禁止を指示した場合に懸念されるのは、労働者の隠れ残業です。使用者から残業禁止を指示されたものの、残業を行わないと業務が回らないという状況であれば、労働者はタイムカード上で終業の打刻を行った後に引き続き業務を行う、定時で退社し自宅に持ち帰って業務を行う等の方法により、使用者に隠れて残業を行うようになることが容易に想像できます。

　筆者が相談を受けるケースとして、隠れ残業を行っていた労働者がその労働時間数をスマートフォンのアプリ等に記録し、後にその記録に基づいて残業代請求を行ってくるという事案も少なくありません。また、精神疾患に罹患した労働者が、職場での長時間労働が原因であると主張して労災申請をする中で、隠れ残業を行っていた際の労働時間の記録を提出してくる場合もあります。

　このように、残業の禁止を指示することで、使用者が実態を把握できない隠れ残業が横行し、残業代請求や労災申請等の紛争に発展するリスクもあります。

4 設問に対する回答

［1］段階的な残業時間の削減や、残業の事前許可制の検討

　前述のとおり、業務量が変わらないにもかかわらず残業を禁止すると、短い時間で従前と変わらない業務を行うことを要求されたという理由で、「過大な要求」としてパワハラに当たるおそれや、隠れ残業が横行する一因になるおそれもあります。そのため、使用者が業務量の調整や人員の増員を行い、所定労働時間内に業務を完了できる体制を構築した上で、残業の禁止を指示する必要があります。

　もっとも、人員の増員等はコストを要するため容易ではないことが予想されます。人員の増員等が難しい場合には、いきなり残業を全面的に禁止するのではなく、部署ごとに週１日を残業禁止日として設定する等、段階的に残

業時間を削減する取り組みを行うことも一つの選択肢です。

　また、残業を原則禁止とした上で、やむを得ず残業を行う場合には、上長に事前に申請して許可を得る事前許可制とすることも考えられます。残業の事前許可制を採っている場合、使用者が許可した残業は使用者が指示した残業として残業代の支払い対象とするものの、それ以外の残業は使用者が指示した残業ではない（使用者の指揮命令下に置かれておらず、「労働時間」には当たらない）ため、残業代の支払い対象外とすることも考えられます。

[2] 黙示の残業指示

　もっとも、実務上は残業申請がなかった残業についても、使用者の黙示の承認があったとして、残業代の支払いの対象とすべきであるとの判断が裁判所からなされる場合も少なくありません。具体的には、当該労働者の業務量からすると残業をしなければ業務が回らないというような実態があった場合や、残業申請のない日であってもタイムカードには所定終業時間後の打刻が頻発している場合などです。使用者が無許可での残業が行われていることを知りながら放置していた場合は、許可を得ていない残業に対しても残業代の支払いが必要となるため、注意が必要です（詳細は **Q5-1** 参照）。

（梅本茉里子）

ハラスメントと懲戒処分

Q | 7-3

妊娠した女性社員を残業や出張が多い部署から異動させることは、マタハラまたは不利益取り扱いとなるか

残業や出張が多い部署にいる社員から、先日、妊娠したとの報告を受けました。特に当人からの希望はありませんが、身体的・精神的な負荷を考えると、残業や出張が少ない別の部署に異動させたほうがいいのではないかと考えています。このような取り扱いは、マタニティハラスメント（マタハラ）や不利益取り扱いになってしまうのでしょうか。

A 必ずしも異動させることができないわけではないが、賃金等の労働条件や本人の将来に及ぼす影響によっては、不利益取り扱いに該当する可能性がある。また、言動次第ではマタハラともなり得る

1 均等法の規定

[1] マタニティハラスメントとは

マタニティハラスメント（以下、マタハラ）とは、妊娠・出産・育児休業等を理由とする嫌がらせを指します。ここでは、ご質問に関係のある、妊娠・出産を中心に解説します。

まず、その詳細な定義と解釈、具体例については、厚生労働省の「事業主が職場における妊娠、出産等に関する言動に起因する問題に関して雇用管理上講ずべき措置等についての指針」（平 28. 8. 2 厚労告 312）で示されています [図表]。

[2] 使用者の義務

均等法 11 条の 3 第 1 項は、使用者に対して、職場における妊娠、出産等に関する言動に起因する問題に関して雇用管理上必要な措置を取る義務を定めています。具体的な措置の内容としては、前記指針において、①会社としての方針等の明確化およびその周知・啓発、②相談に応じ、適切に対応するために必要な体制の整備、③マタハラに係る事後の迅速かつ適切な対応、④マ

図表 平28. 8. 2指針におけるマタニティハラスメントの概要

定義

・女性労働者の妊娠・出産に関する言動により当該女性労働者の就業環境が
害されること
　⇒指針では「職場における妊娠、出産等に関するハラスメント」と表記

解釈

・上司または同僚から行われる
・業務分担や安全配慮等の観点から、客観的に見て、業務上の必要性に基づ
く言動によるものは該当しない
・「職場」とは、労働者が業務を遂行する場所を指し、通常就業している場
所以外でも、業務を遂行する場所が含まれる
・「労働者」とは、正規雇用労働者のみならず、パートタイム労働者、契約
社員等の非正規雇用労働者を含む

具体例

・制度を利用したことによる嫌がらせや不利益な取り扱い
・制度の利用請求や利用を阻害する言動
・妊娠・出産したことに対する嫌がらせ、言動

タハラの原因や背景となる要因を解消するための措置、⑤その他の措置——
が挙げられています。

［3］不利益取り扱いの禁止

　妊娠・出産等を理由とする不利益取り扱いは、均等法9条3項において「解
雇その他不利益な取扱いをしてはならない」と禁止されています。そのため、
使用者は①～⑤の防止措置義務とは別に、不利益取り扱いを行ってはならな
い義務を負っていることになります。

　配置転換の不利益取り扱い該当性を判断するに当たっては、「子の養育又は
家族の介護を行い、又は行うこととなる労働者の職業生活と家庭生活との両
立が図られるようにするために事業主が講ずべき措置等に関する指針」（平
21.12.28　厚労告509、最終改正：令 3. 9.30　厚労告366）が参考になります。
なお、同指針に関しては **Q6-4**（育休復帰予定社員への対応）において取り
上げていますので、本問では割愛します。

ハラスメントと懲戒処分

225

2 労基法による母性保護

妊産婦に対する母性保護に関して、労基法は次のとおり定めています。

- ▶ 産前産後休業の取得（出産前は原則6週間、出産後6週間）【同法65条1項、2項関係】
- ▶ 簡易な業務への転換※【同法65条3項関係】
- ▶ 妊産婦等の危険有害業務の就業制限【同法64条の3関係】
- ▶ 妊産婦に対する変形労働時間制の適用制限※【同法66条1項関係】
- ▶ 妊産婦の時間外労働、休日労働、深夜業の制限※【同法66条2項、3項関係】
- ▶ 育児時間の取得※【同法67条関係】

※は労働者が請求した時に与えることで足ります。

　簡易な業務への転換に関する具体的な内容は法令に定めがありません。そこで、簡易な業務の具体的な内容が問題となります。

　人事院の発行する「育児・介護のための両立支援ハンドブック」では、出張制限や夜勤から日勤への変更などをいい、勤務時間の短縮は含まれない旨が示されています。同ハンドブックは公務員に適用されるものですが、一般企業においても一つの指針になると考えられます。

　なお、通達（昭61.3.20　基発151・婦発69）では「新たに軽易な業務を創設して与える義務まで課したものではない」とされているため、労働者の配置換えができないことをもって、ただちに違法になるわけではありません。

3 設問への回答

　設問のケースは、配置転換という労働条件の変更に関するものであり、不利益取り扱いに当たるかどうかが問題となります（妊娠や出産を理由に労働能率が低下したことに関する言動があった場合は、マタハラの有無も問題となります）。

　妊産婦から請求がない状況で残業や出張が多い部署から異動させることが不利益取り扱いに該当するかどうかは、**1**【3】の指針に照らすと、次の点

に留意して判断する必要があります。

> ・賃金等の労働条件や通勤事情が原職と比べて不利益かどうか
>   ⇒経済的に労働者に不利益な影響を与える場合は、時間外労働および出張による負荷の程度と比較考量を行う必要があります。これに当たっては、妊産婦と面談し、業務負荷の程度を把握する必要があると思われます。
> ・原職と配転後のポストを比較して、本人の将来に及ぼす影響に差異があるかどうか
> ・会社の人事異動のルールに照らして、説明が可能か（時間外労働・出張の多い部署から妊産婦の異動を行ったことがあるか）

　妊産婦であるからといって必ずしも配置転換が困難なわけではなく、上記の点に留意して行われた配置転換であれば、不利益取り扱いには当たらないといえるでしょう。

（中村景子）

Q | 7-4

過去のパワハラ、セクハラに時効はあるか。社員から過去のハラスメントについて相談を受けた場合、どのように取り扱えばよいか

　当社のハラスメント相談窓口に、「数年前に上司からパワーハラスメント（以下、パワハラ）とセクシュアルハラスメント（以下、セクハラ）を受けていた。当時は言い出せなかったが、今でも思い出すたびに苦しくなる。会社にも対処してほしいが、今となっては時効扱いで不問になってしまうのか」との問い合わせがあり、対応に苦慮しています。このような、過去にあったハラスメント事案への対応についてご教示ください。

ハラスメントと懲戒処分

A

過去のパワハラやセクハラ行為について相談を受けた場合でも、通常のハラスメント相談を受けた際と同様に、相談者や関係者からの事情聴取等、十分な対応を行う必要がある。悪質なハラスメントの場合には懲戒処分も検討する

1 過去のパワハラ、セクハラにおける時効の考え方

　パワハラ、セクハラ被害を訴える社員が取り得る法的な責任追及の方法には、①加害者本人に対し不法行為責任に基づく損害賠償請求をする方法（民法709条）、②会社に対し使用者責任に基づく損害賠償請求をする方法（民法715条）、③会社に対し安全配慮義務違反に基づく損害賠償請求をする方法（民法415条）などが考えられます。なお、①と②は一般的に「不法行為構成」、③は「債務不履行構成」といわれています。

　そして、これらの時効期間は2020年4月の改正民法の施行日を境にそれぞれ [図表] のとおりの時効期間が定められています。

　改正民法では、通常の3年の消滅時効のほか、「生命・身体を害する」類型の不法行為においては5年の消滅時効が定められていることに注意が必要です（同法724条の2）。というのも、主にパワハラにおいては、「生命・身体を害する」態様で行われることもあり、通常の3年の消滅時効ではなく5年

図表 時効期間

	①・②の場合	③の場合
2020年4月よりも前に生じた事項	「損害および加害者を知った時から3年」かつ「不法行為の時から20年」	「権利行使できる時から10年」
2020年4月以後に生じた事項	「損害および加害者を知った時から3年（生命・身体を害する時は5年）」もしくは「行為の時から20年」のうちいずれか早いほう	「権利行使できることを知った時から5年」または「権利行使できる時から10年」のうちいずれか早いほう

の消滅時効の対象になり得るからです。

　なお、仮に 2017 年 5 月に身体を害するパワハラが発生した場合、改正前民法に基づく時効期間は 3 年であるため、2020 年 5 月に消滅時効が成立しているかに思えます。しかし、生命・身体の侵害による不法行為に基づく損害賠償請求権について、改正日時点で改正前の消滅時効期間（3 年）が経過していない場合は、消滅時効期間が 5 年に変更されるので注意が必要です（改正法附則 35 条 2 項)。

2　社員から相談を受けた場合の対応方針

　前述のとおりセクハラやパワハラに基づく損害賠償請求にはそれぞれ時効期間が定められているため、労働者から過去のハラスメントについて相談を受けた場合、このハラスメントが具体的にいつ頃発生したものであるかを慎重に聴取すべきです。

　もっとも、仮にこのハラスメント行為自体が 5 年以上前のものであったとしても「消滅時効が成立しているので残念ながら損害賠償の請求はできない」とないがしろにし、十分な対応をしないことは非常に危険です。なぜなら、仮に相談者が申し立てているハラスメント行為自体は過去のものであったとしても、最近になってこの行為により疾病等が発症していたことが判明した場合や、この行為以降も継続的に類似のハラスメントが行われている場合等も考えられる上、加害者とされる社員が相談者以外にも類似のハラスメント行為をしているなど、一つの相談をきっかけに多くの類似事案が判明する場合もあるからです。

　また、仮に上述のような場合でなくとも、使用者は労働者に対して「安全配慮義務」のほか、「職場環境配慮義務」として職場においてハラスメント等が起きないよう良好な職場環境を整える信義則上の義務を負っています。そのため、ハラスメントが発生している可能性を知りつつこれを放置した場合、上記の義務違反を理由に損害賠償請求等をされる事態にもなりかねません。

　そのほか、民事上の損害賠償請求の時効期間は■で述べたとおりですが、企業秩序違反に対する制裁としての懲戒処分に時効という概念はないため、

仮に過去に行われたハラスメント行為が数年後になって発覚した場合であっても、関係者への聞き取り調査等の結果、ハラスメントの事実が認定できるのであれば、弁明の機会を与えた上で何らかの懲戒処分を行うことも可能です。

3 設問への回答

　以上のとおり、過去のパワハラやセクハラ行為について相談を受けた場合でも、通常のハラスメント相談を受けた場合と同様に、相談者や関係者からの事情聴取等十分な対応を取る必要があり、ハラスメントが悪質な場合には懲戒処分も検討すべきです。

　もっとも、過去のハラスメント行為の調査は、既に当事者の記憶が曖昧になっている、関係者が退職してしまっているなど、証拠が十分に残されていないことも多いため、調査に限界があることは相談者へ事前に伝えておくべきでしょう。

（本田泰平）

Q 7-5

顧客データが持ち出されたものの実害が生じなかった場合でも、情報漏洩行為として懲戒解雇できるか

　ある社員により顧客データが持ち出されたのですが、世間一般への流出はなく、実害はありませんでした。ただ、会社経営や社会的評価への影響はないとはいえ、こうした場合にも情報漏洩行為として懲戒解雇することは可能でしょうか。

A

第三者への流出がなくとも、機密性の高い重要情報を不当な目的で持ち出した場合には懲戒解雇は可能。就業規則に情報漏洩で懲戒解雇が可能である旨の規定があり、会社による情報管理の周知・教育がなされていることも必要

1 企業の存続を揺るがしかねない情報漏洩行為

　従業員が機密情報を漏洩することにより、各種報道がなされて社会的な信用が失墜し、取引先との契約を打ち切られるなど、企業の存続を揺るがしかねない事態に発展することもあり得ます。年々、機密情報の取り扱いは重要さを増しており、内部管理体制を整えるとともに、機密情報漏洩に対しては厳しい姿勢で臨まなければなりません。

2 第三者への漏洩がなく実害が生じなかった場合に懲戒解雇は可能か

　次に、実際に顧客データの持ち出しがあり、情報漏洩はなされたものの、幸いにして第三者への漏洩がなく、実害が生じなかった場合に、懲戒解雇は可能かどうかを考えてみたいと思います。

　このような顧客データの持ち出しにもさまざまな態様がありますが、裁判例を見ると、次の①〜⑤等の事情により懲戒解雇の有効性が判断されています。

①情報の量、機密性の程度、情報漏洩の期間および回数
②動機・目的
③社内の情報の管理体制
④第三者への漏洩の有無
⑤情報漏洩により実害が生じているか

　例えば、顧客リストを第三者へメール送信した従業員に対する懲戒解雇の

効力が争われた裁判例があります（ブランドダイアログ事件　東京地裁　平24. 8.28判決　労判1060号63ページ）。ここでは、動機が会社における営業を推進するためであって不正なものとはいえないことや、会社に実害が生じていないこと等を考慮すれば、元従業員を懲戒解雇に処することは酷に失すると言わざるを得ず、本件懲戒解雇は、社会通念上相当であるということはできないから、懲戒権の濫用に当たり無効であると判断しました。これは、第三者へ漏洩したものの（④）、動機が不正な目的ではないこと（②）、実害が生じていないこと（⑤）から懲戒解雇を無効と判断した裁判例です。

　一方、取引先リストや昇給データを持ち出して窃盗罪で有罪判決を受けた事案において、懲戒解雇は有効と判断した裁判例もあります（宮坂産業事件　大阪地裁　平24.11. 2判決　労経速2170号3ページ）。これは、取引先リストについては、取引先の名前のみならず、これらの取引先を被告がどのように評価し、位置づけているかなどの情報が記載されているものであったこと、従業員の昇給に関するデータについては、社外に持ち出された場合に、当該従業員のプライバシーが害されるおそれがあるのみならず被告における円滑な人事業務に支障を生じさせるおそれがあるものであることから、情報の機密性が高いこと（①）を重視し、労働組合活動に使用しようとしていたこと（②）、会社の管理は必ずしも厳格ではなかったこと（③）、実害は生じなかったこと（⑤）といった事情を重視せずに懲戒解雇を有効と判断しました。

3　設問に対する回答

　設問のケースでは、前記①〜⑤の事情を考慮して、懲戒解雇が可能か否か検討することになります。仮に第三者への流出がなくとも、例えば、会社の厳格な管理の下に保護されていた機密性の高い重要情報を不当な目的で持ち出した場合（転売しようとしたが、転売する前に発覚した等）には懲戒解雇は可能です。もっとも、就業規則に情報漏洩が懲戒解雇も可能である旨の規定があることや、会社による情報管理の周知・教育がなされていることも必要となります。

（向井　蘭）

Q | 7-6

就業規則で挙げている懲戒解雇事由以外の事由で懲戒解雇することは可能か

当社では、就業規則において具体的に懲戒解雇事由を列挙していますが、列挙されていない件ながら懲戒処分に値すると思われる事由が発生しました。このような場合であっても、就業規則で明示されていなければ懲戒解雇をすることはできないのでしょうか。

A 包括条項を用いて懲戒解雇を行うことは可能だが、懲戒事由ですらない非違行為は、その程度が企業秩序を害するほどではない場合が多いため、慎重に判断する必要がある

1 制限列挙か限定列挙かは、実務上は議論の実益がない

懲戒解雇を行うためには、就業規則の懲戒事由や処罰等の規定上の根拠が必要となります。ここで、従業員がある非違行為をしたとして、就業規則に懲戒事由としての記載がない場合でも懲戒処分ができるのか、懲戒解雇事由の定めは「制限列挙」と「限定列挙」のどちらであるかで争いがあります。多数の学説、裁判例は、就業規則上の懲戒解雇事由の定めは限定列挙（列挙された事由に限る）であると解しています。

しかし、実務上はあまり実益のある議論ではありません。就業規則の懲戒事由には包括条項というものがあり、多くは「前各号に準じる程度の行為があった時」等と包括的に定めており、この条項がある場合は、直接懲戒事由にない行為であっても、懲戒処分を行うことは可能であるからです。M社事件（東京地裁　平27. 8. 7判決　労経速2263号3ページ）において、パワハラ行為を理由とする懲戒処分の有効性が問題となったM社には就業規則は

ありましたが、パワハラを処罰する規定は存在しませんでした。しかし、裁判所は、「前各号に準ずる行為があったとき」という条項とセクハラを処罰する条項を用いた懲戒処分を有効としました。具体的には「就業規則49条17号の『前各号に準ずる行為』には、同条14号の文言のうちの『性的な』を除いた『相手の望まない言動により、他人に不快な思いをさせたり、職場環境を悪化させたとき』が該当すると通常考え得るし、『セクシャルハラスメント』と『パワーハラスメント』は『ハラスメント』としての共通性を有する。パワハラについて就業規則49条17号、同条14号を懲戒処分の根拠とすることに特段の問題はないと理解される」と判断したのです。このように、就業規則については、実務上、罪刑法定主義のような厳密さは要求されておらず、裁判官の常識で柔軟に解釈するというのが実情であるといえます。

2 設問に対する回答

　各種の裁判例や、自社の過去の懲戒事例と照らして懲戒解雇が相当であると判断できるのであれば、包括条項を用いて懲戒解雇を行うことが可能です。しかし、多くの場合、懲戒事由ですらない非違行為は、その程度が企業秩序を害するとまではいえないため、懲戒解雇を行うかは慎重に判断する必要があります。

（向井　蘭）

Q | 7-7
明確な就業規則違反、業務命令違反ではない問題行為に対して、譴責など軽度の懲戒処分を科すことは可能か

就業規則上に規定された明確な懲戒事由には該当しないものの、「その他前各号に準ずる程度の行為をしたとき」といった包括的な規定に該当すると思われる問題行為が見られる社員がいます。このように明確な懲戒事由には該当しない問題行為について、包括的な規定に基づき、社員に懲戒処分を科すことはできるでしょうか。

A　包括的な条項に基づいて懲戒処分を行う場合には、就業規則において懲戒事由として具体的に列挙されている行為に行為類型として類似しているか、行為の悪質性、企業秩序への影響の程度が、具体的に列挙されている行為と同等といえるか等の観点から検討する必要がある

1 懲戒処分の有効要件

　懲戒処分とは、服務規律や業務命令に違反するなどして企業秩序を乱した労働者に対し、使用者が制裁として行う不利益措置のことをいいます。また、労契法15条では、「使用者が労働者を懲戒することができる場合において、当該懲戒が、当該懲戒に係る労働者の行為の性質及び態様その他の事情に照らして、客観的に合理的な理由を欠き、社会通念上相当であると認められない場合は、その権利を濫用したものとして、当該懲戒は、無効とする」と定められています。この規定に基づき、懲戒処分の有効要件は次の3点に整理されます。

①懲戒の理由となる事由とこれに対する懲戒の種類・程度が就業規則上、明記されていること
②労働者の対象となる行為が、就業規則上の懲戒事由に該当し、「客観的に合理的な理由」があると認められること
③対象となる行為の「性質及び態様その他の事情に照らして」、社会通念上相当なものと認められること

235

2 就業規則上の懲戒事由に該当する事実がある場合

　明確に就業規則上の服務規律や業務命令の違反がない場合でも、就業規則上に規定された懲戒事由に該当する事実があるときは、前述1の懲戒処分の有効要件②は満たされます。

　もっとも、仮に就業規則上の懲戒事由に該当するとしても、その対象となる行為が非常に軽微なものである場合や、過去に一度も注意指導を行ったことがない（もしくは、口頭での注意指導は行っていたものの、それを示す客観的な証拠がない）といった場合には、軽度の懲戒処分（戒告や譴責）であったとしても、この懲戒処分が社会通念上相当ではないと判断される可能性があるため注意が必要です。

3 就業規則上で明確に当てはまる懲戒事由がない場合

　多くの企業では、就業規則の懲戒事由に関する規定において、具体的な懲戒事由をいくつか列挙した上で、「その他前各号（筆者注：具体的な懲戒事由）に準ずる程度の行為をしたとき」といった条項を設け、懲戒事由に当たる旨を包括的に規定しています。

　就業規則上、明確に当てはまる懲戒事由がない場合でこのように包括的な条項が存在するときには、規程に挙げられている各懲戒事由と比較しながら懲戒処分を検討することが考えられます。なお、懲戒事由に関して、このような包括的な条項を設けることは、罪刑法定主義※に違反し無効ではないかという議論も存在します。しかし、裁判上はこのような包括的な条項を設けること自体は有効であるとの前提で判断を行う傾向にあります。

　以下二つの裁判例は、包括的な条項の解釈について無効・有効とした事案であり、参考となります。

※　罪刑法定主義：どのようなことが罪となり、どのような刑罰が科せられることになるかについて、あらかじめ法律で定めておくことを指す。

[1] 杵島炭礦事件（佐賀地裁　昭40.12.7判決　労民16巻6号1009ページ）

　この裁判例では、包括的な条項の解釈について「就業規則において懲戒事由が明定されている場合には、それは懲戒の事由を明確にするとともに、明定された事由に該る行為がなければ懲戒されないことをも示しているものであるから、各事由の列挙は制限列挙と考えるべきであり、したがつて、又、同条第12号のような概括条項もこれを厳格に制限的に解釈しなければならない」と判断しています。すなわち、「前各号に準ずる程度の行為をしたとき」といった包括的な条項を適用する場合には、その文言を広く解釈して適用することはできません。

[2] メディカルサポート事件（東京地裁　平12.2.28判決　労経速1733号9ページ）

　これは包括的な条項に基づいて行った懲戒処分の有効性が争われた事案で、裁判所が懲戒処分を有効と認めたものです。具体的には、懲戒事由に明確に該当しない経費の不正精算を理由とする懲戒解雇の有効性が争われました。

　この裁判例では、会社の就業規則において、「越権専断の行為を行い職場の秩序を乱した者」は懲戒解雇となる旨が規定されていたところ、経費の不正精算は「越権専断の行為」に当たるものの、不正精算によって、「職場の秩序」が乱されたとはいえない状況でした。そこで、懲戒解雇事由の一つとして規定されていた「その他各号に準ずる行為があった者」という条項に基づいて懲戒解雇を行うことができるかが問題となりました。

　この裁判例において、裁判所は、「『その他各号に準ずる行為があった者』などというような抽象的表現の概括条項が設けられている場合に、このような条項に該当するというためには、懲戒の対象となる当該行為が、それ以外に列挙された事由と近似した内容のものであることのほか、企業秩序維持の観点からそれらと同程度の反価値性を有するこど（原文ママ）も必要であると解すべき」という考え方を示しています。

その上で、裁判所は、問題となった経費の不正精算は公然と行われたものではないため、現時点ではこれによって「職場の秩序」が乱されたとまではいえないものの、後日、そのような不正が行われていたことが発覚したにもかかわらず会社が責任を追及しない場合には「職場の秩序」が乱されるおそれがあること、不正請求した金額、精算を受けた金額、請求の回数および態様等に鑑みれば、具体的に列挙された懲戒事由と同程度の反価値性を有するといえることから、包括的な条項は有効と判断しました。

4 設問に対する回答

以上より、「その他前各号に準ずる程度の行為をしたとき」という包括的な条項に基づいて懲戒処分を行う場合には、就業規則において懲戒事由として具体的に列挙されている行為に行為類型として類似しているか、行為の悪質性、企業秩序への影響の程度が、具体的に列挙されている行為と同等といえるか等の観点から検討する必要があります。

（梅本茉里子）

Q | 7-8

非違行為の調査のため懲戒処分前に出勤停止を命じたいが、二重処罰になるか

ある社員の行った非違行為に対し、懲戒処分を検討しています。事実関係等の調査にある程度の時間が必要であるため、その期間は出勤停止を命じたいと考えています。このような懲戒処分前の出勤停止について、いわゆる二重処罰に該当しないように行うことは可能でしょうか。

A

二重処罰の禁止に抵触するため、懲戒処分前に出勤停止を命じることはできない。実務上は、業務命令として自宅待機を命じ、待機期間の賃金を支払うことが現実的である

---

1 出勤停止と自宅待機の違い

[1] 出勤停止とは

　一般に「出勤停止」とは、懲戒処分の一つとして、一定期間、就業を禁止するものです。

　懲戒処分の一つであるため、有効に出勤停止を命じるためには、①就業規則上、懲戒処分の種類として出勤停止が規定されていること、②就業規則上の懲戒事由に該当する行為が認められること、③対象となる行為に対して出勤停止処分を行うことが相当であること、④弁明の機会の付与等の手続きが適切に行われていること――等が要求されます。

[2] 自宅待機との違い

　出勤停止と混同されやすいのが、「自宅待機」です。自宅待機命令は、出勤停止のように懲戒処分として行われるものではなく、業務命令として行うものとなります。そのため、就業規則上に、「懲戒処分を検討するに当たって、会社は対象となる従業員に対し自宅待機を命じることができる」というような根拠規定がない場合であっても、自宅待機を命じる業務上の必要性があり、かつ、嫌がらせ等の不当な動機・目的等がないならば、使用者は自宅待機を命じることが可能です。

　出勤停止と自宅待機命令の違いは、懲戒処分であるか否かという点のほか、対象期間中の賃金の支払いの有無という点にもあります。

　まず、出勤停止処分の場合、対象期間中は無給とするのが通常です。一方、自宅待機命令中は、賃金の支払いが必要となります。これは、民法536条2項前段において、「債権者の責めに帰すべき事由によって債務を履行すること

ができなくなったときは、債権者は、反対給付の履行を拒むことができない」と規定されていることが根拠となっています。具体的な考え方は、次のとおりです。

- ・労働者が労務の提供を行うことができる状態にあるにもかかわらず、
- ・使用者（債権者）の調査のために自宅待機を命じるという判断によって労働者は労務の提供ができないのであるから、
- ・使用者（債権者）は反対給付である賃金の支払いを拒否することができない

② 懲戒処分に当たっての調査段階での出勤停止

　前述のとおり、出勤停止は懲戒処分の一種であるため、懲戒処分に当たって調査を行う必要があるという事情だけでは、出勤停止を行うことはできません。

　では、ある非違行為について、その時点で判明している事実関係のみを前提にしても懲戒事由に当たる場合に、まずは出勤停止処分を行った上で、出勤停止期間中に実施した調査の結果を踏まえて、必要であればさらに懲戒処分を行うことはできるでしょうか。

　裁判例上、同一の事実について2回以上重ねて懲戒処分を科すことは、二重処罰として禁止されています。これは、懲戒処分が非違行為に対する処罰という意味で刑事罰に類似する点があるという観点から、刑事罰における「同一の犯罪について、重ねて刑事上の責任を問はれない」（憲法39条）という原則を懲戒処分にも応用した考え方です。

　そうすると、ある非違行為について出勤停止処分を行った後、調査の結果を踏まえてさらに懲戒処分を科すことは、同一の事実について2回以上重ねて懲戒処分を科すことに当たり、二重処罰の禁止に抵触することから、この方法を取ることはできません。

3 設問に対する回答

[1] 出勤停止と自宅待機

2のとおり、ある非違行為について、出勤停止を懲戒処分として命じた上で、その後の調査結果を踏まえて、同じ非違行為についてさらに懲戒処分を科すことは、懲戒処分の二重処罰に当たり、無効となります。

もっとも、懲戒処分としての出勤停止ではなく、自宅待機命令として、調査期間中の就労を禁止することは可能です。証拠の隠滅や他の社員への口封じ等を阻止するために、非違行為を行った社員を出社させないようにする場合には、こちらの方法を取るとよいでしょう。

[2] 自宅待機期間における賃金の支払い

ただし、自宅待機を命じる場合、法的には賃金の支払いが必要となることに注意が必要です。

この点、過去の裁判例において、懲戒処分の前に行われた自宅待機の措置が懲戒処分としての性格を有し二重処罰に抵触するか、もしくは自宅待機命令という性質にとどまるかが争われた事案が参考になります（ダイエー［朝日セキュリティーシステムズ］事件〔大阪地裁　平10.1.28判決　労判733号72ページ〕、京王自動車事件〔東京地裁　平10.11.24判決　労判761号150ページ〕など）。これらの事案で、裁判所は、自宅待機中に賃金が支払われていたことを理由に、自宅待機措置は懲戒処分として行われたものではないと判断しています。すなわち、自宅待機を命じても、待機期間中に賃金を支払わなかった場合には、裁判において、自宅待機が業務命令ではなく懲戒処分として行われたものであり、二重処罰の禁止に抵触する違法な行為であると判断されるおそれがあるため、注意が必要です。

[3] 自宅待機の期間

また、非違行為に関する調査が終了するまでの間、業務命令として自宅待機を命じる場合でも、無制限に自宅待機を命じることができるわけではあり

ません。

　問題となっている非違行為の性質に鑑みて、通常調査に必要となる期間を大幅に超える期間の自宅待機を命じる場合には、業務命令権の濫用として、自宅待機命令が無効となる可能性があるため、あまり長期間とはせず、必要最小限にとどめるよう注意が必要です。

（梅本茉里子）

Q | 7-9

非違行為を行ったと疑われる労働者から退職届が提出された場合に承諾をせず、退職金を不支給としてもよいか

横領をしていたことが疑われる労働者から退職届が提出されました。会社としてはこれを受理せず、退職金も不支給としたいと考えていますが、こういった対応は可能でしょうか。

A ｜ 退職届を提出する「辞職」は労働者の一方的な意思表示であり、使用者に「承諾する・しない」という選択の余地はない。退職金については規定に基づき対応する必要があるが、退職金不支給条項があるとしても、退職金の性格や非違行為の内容などから総合的に検討することが望ましい

---

1 退職届提出の法的効果

　労働者からの雇用契約の解消に向けた行動としては、退職届を提出する「辞職」と退職願を提出する「解約申し入れ」があります。辞職は、労働者の一方的な意思表示であり、そもそも使用者に「承諾する・しない」という選択

の余地はありません。

　設問のケースのように、非違行為を行ったと疑われる労働者は、速やかに退職したいとの意向があると推定され、退職届の提出は辞職の意思表示だと考えられます。そのため、この場合において、会社は退職の意思そのものを承諾しないということはできません。

　もっとも、辞職の場合であっても即日に退職することができるわけではありません。期間の定めのない雇用契約の解約申し入れについては、民法627条1項において「当事者が雇用の期間を定めなかったときは、各当事者は、いつでも解約の申入れをすることができる。この場合において、雇用は、解約の申入れの日から2週間を経過することによって終了する」と定められていることから、2週間を経過すること（2週間前に通知すること）が必要です。

2 退職の意思を受け取っていない旨の主張は可能か

　労働者から退職届の提出があった場合に、それを本人の目の前で破いたり、「退職の話は聞かなかったことにする」などとしたりして、そもそも退職の意思を受け取っていないとの主張をする会社があります。

　そのため、最近では労働者が退職の意思表示を退職代行会社や退職代行の弁護士に依頼して通知を出したり、内容証明を送付したり、退職届を提出する際の様子を録音したりするなどして証拠化することもあります。

　また、民法97条2項には、「相手方が正当な理由なく意思表示の通知が到達することを妨げたときは、その通知は、通常到達すべきであった時に到達したものとみなす」とあり、会社が退職届の提出を拒否するなどしても、上記の立証により労働者の退職の意思は会社に到達したものとして扱われますので、会社が労働者の退職の意思を受け取っていないと主張することは難しいと思われます。

3 労働者の申し入れから2週間以内に会社が検討すべきこと

[1] 懲戒処分の検討

懲戒処分は、退職後に行うことはできません。したがって懲戒解雇等の懲戒処分の手続きを取るのであれば、退職前に行う必要があります。しかし、懲戒解雇等の懲戒処分の手続きを取るにしても、弁明の機会付与や懲罰委員会の実施などを経ることが必要な場合には、2週間では間に合わない可能性があります。

[2] 被害届の提出や弁償・返済方法の検討

労働者が会社のお金を横領していた等の場合には、事案によっては被害届を出すことなども検討する必要があります。横領したことを認めているような場合には当該労働者に返金を求める必要があるため、場合によっては退職金との相殺の交渉も検討します。また、会社の調査へ協力をすることで、返済方法や警察に提出した被害届の取り扱いについて再考するので、すぐに退職せず協力するよう求めるなどの交渉を行うことも検討の余地があります。場合によっては、「退職金は支給するが、それを被害弁償に充てることを条件に刑事告訴をしない」との交渉もあり得ます。そのほか、身元保証人に連絡をして、どのような形で横領したお金を弁済していくかを協議したり、身元保証人に対して身元保証契約に基づき弁済を求めたりすることもあり得ます。たとえ身元保証契約に基づかずとも、事実上、身元保証人が労働者本人にお金を貸し、労働者から会社が返済を受けることもありますので、労働者と会社の話し合い次第といえます。

[3] 退職金の支払いについての検討

賃金規程において、懲戒解雇の場合には退職金を支給しないと規定されていることがあります。しかし、懲戒解雇が間に合わない場合にはこの不支給条項が使えず、退職金については規程に基づき支払わなければなりません。

もっとも、会社によっては、懲戒解雇事由に該当する事実が明らかになった場合に不支給としたり、退職金支給後に懲戒解雇事由に該当する事実が明らかになった場合には返還を求めることができるという規定になっていることもあります。

　このような規定がある場合には、懲戒解雇をしていなくとも退職金を不支給とすることができますので、実際に懲戒解雇該当事由が明らかとなった場合にこの条項を用いて退職金の支払いをしないという選択肢もあり得ます。

4 退職金不支給条項の留意点

[1] 裁判所の判断基準

　もっとも、退職金不支給条項は万能ではなく、懲戒解雇と退職金の不支給については、別物と考えたほうがよいでしょう。懲戒解雇が有効であり、退職金不支給条項があったとしても、裁判所は、各事案における退職金制度を検討し、それが賃金の後払いの性格と功労報償的性格を併せ持っている場合は、非違行為の内容を「永年の勤続の功を抹消してしまうほどの重大な背信行為と認められるか否か」の基準に当てはめ、事案によっては退職金の一部支払いを命じているからです。

　裁判所は、非違行為の内容、会社の社会的評価の低下の有無、従業員の会社における地位、これまでの会社での勤務態度、勤続年数、反省の有無等を総合的に考慮して判断しているように思われます。実務上もこの種の裁判になった場合は、仮に懲戒解雇が有効だとしても、「これまでの功労も考慮して、いくらかの退職金の支払いをしてはどうか」という和解を裁判官から打診されることがあります。したがって、退職金不支給条項がある場合であっても、実際に不支給とするか、一部を支払うか等について検討した上での判断が必要です。

[2] 退職金の支払いを認めた裁判例

　非違行為があった社員に対する退職金の支払いが争点となった裁判例として、次の（1）〜（3）のようなものがあります。

(1) 小田急電鉄（退職金請求）事件（東京高裁　平 15.12.11 判決　労判 867 号
　　5 ページ）

　鉄道会社の従業員が、私生活において他社の電車内で痴漢行為をした事件
です。痴漢行為であるとはいえ、私生活上の行為であること、報道等によっ
て社外にその事実が明らかにされたわけではないこと、20 年余りの勤務態度
が非常に真面目だったこと等から、過去 3 度にわたり痴漢行為で検挙され、
懲戒解雇の原因となった痴漢行為の約半年前にも痴漢行為で逮捕、罰金刑に
処せられていたにもかかわらず、本来の退職金の 3 割の範囲で退職金の請求
を認めたものです。

(2) ヤマト運輸（懲戒解雇）事件（東京地裁　平 19. 8.27 判決　労判 945 号 92
　　ページ）

　運送会社の従業員が、業務終了後に酒気帯び運転行為をしたことで懲戒解
雇処分とされたものの、本来の退職金の 3 分の 1 の範囲で支払いの請求を認
めたものです。過去に懲戒処分を受けた経歴はないこと、酒気帯び運転の罪
で罰金刑を受けたのみで事故は起こしていないこと、反省文等から反省も
あったとうかがわれること等から、一部退職金の請求を認めました。

(3) 日本通運事件（東京地裁　平 29.10.23 判決　労経速 2340 号 3 ページ）

　運送業者で、航空機の搭乗手続き等（運送業務ではない）に従事していた
係長職の社員が、就業時間外に酒気帯び運転をした事案です。ここでは、次
の事情を踏まえて、退職金について 5 割減殺（5 割は支払いが必要）と判断
しました。

・私生活上の非行に係るものであること
・26 年以上の長期にわたり懲戒処分等を受けることなく、真面目に勤務して
　きたこと
・本件酒気帯び運転や本件事故について素直に認め、本件店舗に直接謝罪を
　するとともに、自ら加入していた自動車保険を利用して被害弁償をして示
　談し、宥恕（編注：広い心で罪を許すこと）されていること

・会社に対しても謝罪し、自ら退職願を提出していること（会社はこれを認めず懲戒解雇している）
・原告が被告の従業員であったことまでは報道されておらず、被告の名誉、信用ないし社会的評価の低下は間接的なものにとどまることが認められること

5 設問への回答

　以上見てきたように、退職届は労働者の一方的な意思表示であり、使用者に「承諾する・しない」という選択の余地はありません。退職金については規定に基づき対応が必要となりますが、仮に退職金不支給条項があるとしても、退職金の性格や非違行為の内容など、総合的に検討した上で問題がないと判断した場合に不支給とすることが望ましいと考えます。

（岸田鑑彦）

Q | 7-10

懲戒処分を受けた者の情報はどこまで社内で公表可能か

　懲戒処分を科した際に、今後、同様の事案が発生しないための抑止力として、懲戒処分を科した事実や事由、対象者について社内で公表したいと考えていますが、どの程度までであれば可能でしょうか。

A

氏名など被処分者の特定につながる情報の公表は、名誉権やプライバシー権の侵害となるおそれがあり避けるべき。非違行為の内容と懲戒処分の種類のみを公表することが望ましい

1 懲戒処分の公表における基本的な考え方

　懲戒処分を科したことについて、被処分者の情報や懲戒事由を社内に公表することは可能でしょうか。

　この点について検討が必要なのは、たとえ懲戒該当事由が真実であり懲戒処分自体は有効であったとしても、懲戒処分に関する情報が公表されることで被処分者の名誉権やプライバシー権といった人格的利益が害される場合があるという点です。そのため、懲戒処分の公表は無制限に認められるものではなく、一定の制約に服することになります。

2 懲戒処分の事実を公表する目的

　企業が被処分者の情報を公表する目的としては、「企業としてこのような事例は許さずに毅然と対応する」という意思を示すことにより、社内において同種事例が再発することを防止し、ひいては社内秩序維持に資することが挙げられます。このような目的の実現であれば、被処分者の氏名や所属等までを公表せずとも、非違行為の内容と処分の種類のみを社内公表すれば、目的を達成したといえるのが通常だと考えられます。

　そのため、無用なトラブル防止の観点からは、懲戒処分の公表を行う場合であっても、その情報は非違行為の内容と処分の種類にとどめることが実務対応としては望ましいでしょう。

3 裁判例の検討

［1］二つの裁判例から見る考え方

　ここで、裁判例を基に、懲戒処分の公表がどこまで可能であるかについて見ていきましょう。

　まず、泉屋東京店事件（東京地裁　昭52.12.19判決　労判304号71ページ）においては、懲戒解雇の事実とその理由を記載した文書を配布し、社内に掲示した会社の行為につき名誉毀損か否かが争われました。裁判所は、「解雇、特に懲戒解雇の事実およびその理由が濫りに公表されることは、その公

表の範囲が本件のごとく会社という私的集団社会内に限られるとしても、被解雇者の名誉、信用を著しく低下させる虞がある」とした上で、「公表の許される範囲は自から限度があり、当該公表行為が正当業務行為もしくは期待可能性の欠如を理由としてその違法性が阻却されるためには、当該公表行為が、その具体的状況のもと、社会的にみて相当と認められる場合、すなわち、公表する側にとつて必要やむを得ない事情があり、必要最小限の表現を用い、かつ被解雇者の名誉、信用を可能な限り尊重した公表方法を用いて事実をありのままに公表した場合に限られる」と、懲戒処分の公表が許容される場合について一般論を示しました。そして、文書や社内掲示板により懲戒解雇の事実を社内公表した使用者の行為は名誉毀損に該当するとして、損害賠償の支払いを命じています。

　また、エスエイピー・ジャパン事件（東京地裁　平14. 9. 3判決　労判839号32ページ）では、懲戒解雇の事実を実名とともに、約1100人宛ての社内メールや50人規模のミーティングの場において公表したことの違法性について争われました。裁判所は、「原告らの辞職の効力発生後に社内の綱紀粛正を図るだけでは足りず、原告らを懲戒解雇した上、そのことを広く社員に通知しなければならない必要があったとまでは認められ」ないと判示し、会社の公表行為が不法行為に該当するとして、損害賠償の支払いを命じています。

[2] 公表する際の留意点

　前記裁判例は、いずれも懲戒解雇自体は有効であるものの、公表行為については違法性が肯定され、使用者側に損害賠償の支払い義務が課せられている点に留意する必要があります。

　仮に懲戒処分に伴い被処分者の氏名等を公表する際には、公表するやむを得ない事情があるか、公表の方法として妥当な態様といえるかという観点から慎重に対応を行うことが求められます。なお、やむを得ない事情としては、「再発防止を図る必要が特に高く、かつ再発の可能性が考えられる非違行為の態様が見られる」「社員の大半が既に事実を把握しており、無用な混乱を防止するために正しい情報を伝える必要がある」といったことが考えられます。

4　個人情報保護法上の観点

　懲戒処分に伴う被処分者の氏名公表を行う場合には、個人情報保護法上の問題もクリアする必要があります。すなわち、個人情報取扱事業者（個人情報データベース等を事業の用に供している者で企業も該当）は、個人情報の利用目的を特定する必要があり（個人情報保護法 17 条 1 項）、本人の同意を得ないで同利用目的の達成に必要な範囲を超えて個人情報を扱ってはならないとされています（同法 18 条 1 項）。

　そのため、仮に懲戒処分者の氏名公表を行うことを念頭に置く場合には、あらかじめ個人情報を取得する際に、利用目的として懲戒処分時の氏名公表を掲げておく必要があるでしょう。

5　設問に対する回答

　懲戒処分は、その発令によりそもそも処分として完遂されているものであり、いわゆる「見せしめ」としての効果を狙って被処分者の氏名等の社内公表を行うことは、被処分者の名誉権やプライバシー権を侵害するとして不法行為を構成する可能性が高いと考えられます。そのため、仮に社内に啓発し、再発防止を図る目的で懲戒処分に関する事実を社内共有するという場合には、氏名など被処分者が特定される情報は取り除き、非違行為の事実と懲戒処分の種類にとどめた形での社内公表が適切でしょう。

　なお、懲戒処分の種類の公表が行われることにより、過去の懲戒処分についてのおよその量刑が社内的につまびらかになるため、「前例に照らして私の懲戒処分は重すぎる」「前例に照らしてあのハラスメント加害者に対する懲戒処分は軽すぎる」等の疑義が労働者側から呈される可能性もあらかじめ見込んでおく必要があります。

（友永隆太）

第**8**章

退職・解雇・
雇止め

Q 8-1

就業規則において、「労働者は1カ月前に退職を申し出なければならない」と規定しているが、こうした定めは認められるか

民法627条では「雇用は、解約の申入れの日から2週間を経過することによって終了する」とありますが、当社では就業規則で「労働者は1カ月前に退職を申し出なければならない」と規定しています。退職期間についてのこのような定めは認められるのでしょうか。

A | 「労働者は1カ月前に退職を申し出なければならない」との規定があったとしても、民法では2週間の経過によって退職の効力が生じるため、規定が有効となることは難しい

1 民法と労基法・労契法の関係

民法は、私人間の権利義務などを一般的に定めた法律です。労働契約も当事者間の契約であり、本来は民法が適用されるため、同法にも雇用に関する条文が存在します（民法623条等）。もっとも、労働契約に関しては、労契法が基本的な理念や共通する原則などの権利義務、労基法が労働者保護のため契約関係の強行的な原則や基準等を定めています。

そして、民法が一般法、労基法や労契法が特別法という関係にあり、特別法が優先的に適用されます。そのため、基本的に労働契約に関する権利義務関係については、労基法や労契法が適用されることになります。

もっとも、特別法に定めがない場合は、一般法である民法が適用されます。例えば、故意または過失によって他人の権利・利益を侵害した場合の不法行

為の損害賠償義務は、労基法や労契法には規定がありませんので、民法が適用されます（同法709条）。

2 雇用契約の解約に関する規定

　労働者からの雇用契約の解消に向けた行動としては、退職届を提出する「辞職」と、退職願を提出する「解約申し入れ」があります（詳細は**Q7-9**参照）。辞職は労働者の一方的な意思表示であり、使用者に「承諾する・しない」という選択の余地はありません。一方、解約申し入れは、労働者からの申し入れへの使用者の合意により契約の解消に至るものであり、使用者にも「承諾する・しない」という選択の余地があります。もっとも、後者の解約申し入れは、辞職の趣旨も含まれていると解されるため、合意解約に至らない場合であっても、辞職の効力は生じると解されます。

　そして、労働者による雇用契約の解約申し入れに関しては、労基法、労契法に規定がないため、次のとおり民法の一般原則により規律されます。

期間の定めのない雇用の解約の申入れ（民法627条）

　当事者が雇用の期間を定めなかったときは、各当事者は、いつでも解約の申入れをすることができる。この場合において、雇用は、解約の申入れの日から2週間を経過することによって終了する。

2　期間によって報酬を定めた場合には、使用者からの解約の申入れは、次期以後についてすることができる。ただし、その解約の申入れは、当期の前半にしなければならない。

3　6箇月以上の期間によって報酬を定めた場合には、前項の解約の申入れは、3箇月前にしなければならない。

　令和2年4月施行の改正民法により、上記2項は"使用者からの解約申し入れ"に限定され、同3項も前項"使用者からの解約申し入れ"の場合の規定であることから、労働者からの退職の申し入れの場合は、同1項の2週間を経過することで退職の効力が生じるということで整理されました。

　したがって、期間の定めのない雇用契約を解約する旨の申し入れ（＝退職

の意思表示〔辞職〕）をした場合には、2週間の経過によって雇用契約終了の効果が生じることとなります。

　なお、期間の定めのある労働契約（有期契約）の場合には、原則として契約期間途中の辞職はできません（民法628条）。なぜなら、その期間は労働者も働くことを合意しているからです。もっとも、やむを得ない事由があれば期間満了を待たずに辞職することは可能ですし、実際には契約期間中の辞職を認めているケースが多いといえます（そのような状況で働いてもらってもトラブルになることが多いため）。なお、1年を超える期間を定めた有期労働契約については、契約日から1年を経過すれば、期間途中であっても退職することができます。

3 1カ月前申し出の規定

　就業規則に「1カ月前までに退職を申し出なければならない」と規定されているケースがよくありますが、この規定は有効といえるのでしょうか。前記のとおり、民法627条2項の規定は労働者からの解約申し入れには適用されないと整理されたことから、基本的には解約申し入れから2週間を経過すると退職の効力が生じます。

　この点、裁判例においても、「法は、労働者が労働契約から脱することを欲する場合にこれを制限する手段となりうるものを極力排斥して労働者の解約の自由を保障しようとしているものとみられ、このような観点からみるときは、民法第627条の予告期間は、使用者のためにはこれを延長できないものと解するのが相当である」とあるように、この2週間という期間については延長できないものと解すべきでしょう（高野メリヤス事件　東京地裁　昭51.10.29判決　労判264号35ページ）。

　もっとも、実際には2週間では業務の引き継ぎも難しいですし、未消化の年次有給休暇をまとめて取得することも多いため、2週間前の退職申し出では使用者としては非常に困るところです。

4 合意解約の申し入れと考える

労働者が退職の意思を一方的に伝える辞職については、民法627条1項の
とおり2週間の経過により退職の効力が生じます。しかし、退職願を提出す
る合意解約の申し入れの場合については合意解約である以上、使用者として
合意をするための条件として、退職の申し出の期間を定めておくことは直ち
に無効になるものではないと解されます。当事者間の合意が成立すれば、3
カ月後を退職日とすることも、3日後を退職日とすることもできるからで
す。

ただ、一般的には労働者は退職届と退職願の違いを理解して申し出ている
ことは少なく、退職願というタイトルであっても中身は辞職であることもあ
ります。したがって、合意解約の申し入れであっても辞職の意思も兼ねてい
ると考えるべきであり、結局は2週間の経過で雇用契約は終了すると考えた
ほうがよいでしょう。

5 話し合いでの調整を試みる

就業規則の中に、「退職に当たっては会社の指示する引き継ぎを実際に行わ
なければならない」等の規定を入れている会社もありますが、この規定があっ
たとしても2週間の経過による退職の効力発生は避けられません。

会社としてなるべく早く退職の申し出をしてもらいたいとすれば、就業規
則の定めのとおり1カ月前に退職の申し出を行い、会社が指示する引き継ぎ
を完了した場合には、別途、退職加算金を支給する等の方法もあるでしょう。
また、退職日までに未消化になってしまう年次有給休暇がある場合には、会
社が指示する引き継ぎを完了してもらえれば未消化の年次有給休暇を買い取
るといった交渉をするなど、話し合いでの調整を試みることになるでしょ
う。

6 設問への回答

以上で見てきたように、たとえ就業規則上に「労働者は1カ月前に退職を

申し出なければならない」との規定があったとしても、民法では2週間の経過によって退職の効力が生じるため、規定が有効となることは難しいと考えます。

（岸田鑑彦）

Q 8-2
早期退職優遇制度の対象から女性管理職を外すことは問題か

当社は女性管理職比率が低いため、早期退職優遇制度の創設に当たり、本制度の対象から女性管理職を一律に除外したいと考えています。このような対応は問題でしょうか。

A 差別的な取り扱いをしているとして、均等法6条4号に抵触するおそれがあるため、応募条件に「女性管理職は早期退職優遇制度の対象から外す」といった明示は避けたほうがよい。早期退職優遇制度の応募要件として、使用者の承諾条項を設定することで、女性管理職が応募をしてきた際に事実上慰留することは可能

---

1 早期退職優遇制度

　早期退職優遇制度とは、定年前に退職を希望する労働者に対して、割増退職金等の優遇措置を設けて退職を促す制度のことをいいます。整理解雇等の人件費削減を目的として臨時的に行われる希望退職者募集とは異なり、人員整理策の一環として運用されていることが多い取り組みです。主に中高年層の人材に向けて早期退職を呼びかけ、組織の新陳代謝を図る一方、セカンドキャリアの支援も目的として行われます。早期退職優遇制度は、あくまで労

働者の応募により自主的な退職を促す制度であって、一方的な強制力はありません。早期退職に応募するか否かは、労働者の自由な意思に基づくものとなります。

2 応募条件をどのように設定するか

[1] 応募条件の検討

　早期退職者を募集する場合、応募条件をどのように設定するかが問題となります。

　一般的には「職種」「年齢」「勤続年数」「退職日」「優遇措置の内容（割増退職金、年次有給休暇の買い取り、再就職支援サービス等）」等を踏まえて、早期退職者の応募条件を定めます（場合によっては、「募集期間」「募集人数」も応募条件に準じるものとして挙げることもあります）。

　応募対象者の範囲については労働者全員とすることもできますが、「職種」「年齢」「勤続年数」等で対象者を限定することが多いと思われます（例えば「一般職に属する職員で、勤続○○年以上で、年齢が○○歳以上の者」など）。

　また、応募条件には、使用者の承諾がなければ早期退職できないといった承認条項を設定しておく必要があります（使用者の承諾がない場合は、退職しても、早期退職の優遇措置の適用はない旨の規定）。これは、使用者としてどうしても辞めてほしくない労働者が早期退職に募集してきた場合に、説得をする機会を確保するためです。

[2] 裁判例に見る早期退職優遇制度

　早期退職者優遇制度の適用について使用者側の承諾を要件とし、かつ使用者側の承諾を得ずに退職した場合に、同制度の適用の有無等が問題となった裁判例として大和銀行事件（大阪地裁　平 12. 5.12 判決　労判 785 号 31 ページ）があります。この裁判例では、使用者が早期退職優遇制度の利用を労働者に呼びかける行為は、同制度による合意退職の申し込みの誘因であり、本制度利用の申し込みそのものではないと解釈しました。つまり、労働者の申し出をもって退職が確定するわけではなく、労働者の申し出が合意退職の申

し入れであり、それに対して使用者の承諾が必要となります。

　また、同制度の利用について使用者の承諾を要件とした趣旨が、退職により使用者の業務の円滑な遂行に支障が出るような人材の流出という事態を回避しようというものであって、それ自体が不合理な目的とはいえないとしました。

　そして、承諾が要件となっても、労働者にとっては、不承諾の場合には、従前の退職金を受領して退職するか、雇用契約を継続するかという選択は可能であり、また、使用者の承諾の前であれば、申し込みを撤回することも可能であって、いずれにしても従前の雇用条件の維持は可能であることから、労働者に著しい不利益を課すものとはいえないとし、本制度について承諾という要件を課すことが公序良俗に反するものとはいえないと判断しました。そのため、早期退職者優遇制度の所定の要件を満たさずに退職した者からの割増退職金の支払い請求を退けています。

3 　均等法の趣旨

[1] 均等法 6 条

　早期退職者の応募条件について、「女性管理職以外」といった定めを行うことについても検討が必要です。

　均等法 6 条は、労働者の性別を理由として差別的取り扱いをしてはならない事項について掲げており、同条 4 号には「退職の勧奨、定年及び解雇並びに労働契約の更新」を挙げています。退職勧奨は退職を促すように会社から働きかけるのに対し、早期退職優遇制度は労働者の応募を待つものであり、早期退職優遇制度を退職勧奨と同列に置くことはできませんが、いずれも使用者と労働者の合意退職を目指すものである点から、同号への抵触のおそれについて検討する余地があります。

[2] 均等法 8 条

　一方、均等法 8 条は、「雇用の分野における男女の均等な機会及び待遇の確保の支障となつている事情を改善することを目的として女性労働者に関して

行う措置を講ずることを妨げるものではない」と規定しています。ご質問の
ケースのように、女性管理職を早期退職優遇制度の対象から外す対応が、女
性管理職の減少を防ぐためのポジティブ・アクションであるとの見方もあり
得るでしょう。

　しかし、早期退職による優遇措置を受けられるという点に着目して考えれ
ば、女性管理職を早期退職優遇制度から一律に適用外とする対応は、優遇措
置を望む女性管理職にとって"性別を理由とした差別的取り扱い"に感じら
れる場合があり得る点にも注意が必要です。

4　設問に対する回答

　2の応募時の条件について、管理職を応募対象から外すことは可能と思わ
れますが、「女性管理職以外」などと労働者の性別で制限した場合、差別的な
取り扱いをしているとして、均等法6条4号に抵触するおそれがあります。
そのため、応募条件に「女性管理職」は対象から外すと明確に示すことは避
けたほうがよいでしょう。

　もっとも、使用者として女性管理職には早期退職をしてほしくないという
場合には、使用者の承諾を応募の要件としておくことで、女性管理職が応募
をしてきた際に、事実上慰留することは可能です。

（瀬戸賀司）

Q | 8-3

退職勧奨は、どのような場合に退職強要等として違法となるか。また、同じ者に退職勧奨を何度も実施することは問題か

能力不足の労働者に対して指導を行っても改善の見込みがないことから、退職勧奨の実施を検討しています。違法とならないように進めていきたいと考えていますが、どのようなことをすると退職強要と見なされ違法となるのでしょうか。また、同じ労働者に退職勧奨を複数回実施することは問題でしょうか。

A 　裁判例等を踏まえると、退職勧奨が違法となる場合は、行き過ぎた言動の有無などを総合的に考慮して、社会通念上相当と認められる程度を超えるか否かを判断しているものと思われる。退職勧奨の場を複数回設定することが必ずしも違法となるわけではないが、1 回当たりの実施時間や実施者の人数等については考慮することが必要

1 退職勧奨とは

　退職勧奨とは、使用者が労働者に対して、自発的な退職意思の形成を働きかけるための説得等の行為のことをいいます。使用者からの退職勧奨に対して、労働者がこれに応じるかはあくまで任意であって労働者の自由な意思に委ねられるものです。

　退職勧奨は、労働者から自由な意思として、退職したいとの意思表示を引き出すためのものであるため、労働者の自由な意思決定を損なうような働きかけや説得をする場合は問題となり得ます。この場合、違法な行為として退職勧奨自体が不法行為となり、使用者の労働者に対する損害賠償責任が生じる可能性があります（民法 709 条）。

　なお、労働者から退職の意思表示を引き出すことができたとしても、退職の意思表示に瑕疵（本来あるべき要件や性質が欠けていること）があるとして、意思表示が無効となる、または取り消される可能性があります（民法 93 〜 96 条）。

2 退職勧奨の限界

　退職勧奨行為が違法か否かの判断基準については、労働者が自発的な退職意思を形成するために社会通念上相当と認められる程度を超えて、使用者が当該労働者に対して不当な心理的圧力を加えたり、労働者の名誉感情を不当に害する言辞を用いたりしているかどうかにより判断されます（日本アイ・ビー・エム事件　東京地裁　平23.12.28判決　労経速2133号3ページ）。退職勧奨を違法とした裁判例としては、次も参考になります。

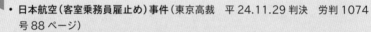

- 日本航空（客室乗務員雇止め）事件（東京高裁　平24.11.29判決　労判1074号88ページ）
　　労働者が書面で明確に自主退職しない意思を示しているにもかかわらず、上司が懲戒免職を示唆し、加えて長時間に及ぶ面談が行われたことに鑑みれば、社会通念上認められる範囲を逸脱している違法な退職勧奨とされた例

- 国際信販事件（東京地裁　平14. 7. 9判決　労判836号104ページ）
　　上司と男女関係になったとのうわさが流れたことに対して改善措置を取らなかったこと、従業員らの予定を書き込むホワイトボードの当該労働者の欄に「永久に欠勤」と書き込むなどの行いが、労働者を退職させるための嫌がらせと判断された例

- 新和産業事件（大阪高裁　平25. 4.25判決　労判1076号19ページ）
　　社長が気に入らない課長に対して業務上の嫌がらせや退職勧奨を繰り返した後、配置転換および降格をしたが、これは業務上の必要性が存在しない不当な動機および目的の下で行われたもので、社会的相当性を逸脱した嫌がらせであり、当該課長の人格権を侵害するものであるとして違法とされた例

3 設問に対する回答

[1] 退職勧奨が違法となる場合の考慮要素と実施時の留意点

　裁判例等を踏まえると、次の①～⑥のような要素を総合的に考慮して、社会通念上相当と認められる程度を超えるか否かを判断しているものと思われ

ますので、それぞれについて十分に留意することが必要です。

---

① 行き過ぎた言動の有無

⇒［留意点］誹謗中傷に当たる言葉や机をたたく等の暴力的な行為をしない（担当者がつい感情的になって言い過ぎたり、普段行わないようなことをしてしまったりする場合があるため）

② 退職勧奨の時間の長さ、回数・期間

⇒［留意点］退職勧奨の時間はできる限り 30 分（長くても 1 時間程度）とする。退職勧奨の回数もできる限り 1 回とする（何度も行う場合は目的や退職条件等を変える、期間を置いて行う等の工夫をする）

③ 退職勧奨をする者の人数

⇒［留意点］退職勧奨を行う側はスピーカー役 1 人、書記役 1 人を基本に、できる限り 2 人、多くても 3 人程度とする（理由があれば人数を多くしても構わないが、人数が増えれば客観的に圧迫される状況にあったと言われる可能性があることに留意する必要がある）

④ 労働者の退職勧奨に対する拒否の姿勢

⇒［留意点］労働者が明確に退職勧奨に対する拒否の姿勢を示したときは、原則としてその時点で退職勧奨を止める（時期を変えたり、退職条件を変えたりして再度退職勧奨を行うことは可能と思われる）

⑤ 退職勧奨後の異動の内容

⇒［留意点］退職勧奨を拒否された後の異動は報復行為とみられる可能性もあるため、異動をさせる可能性がある場合はあらかじめ示しておいたほうがよい（業務上の必要性があること、不当な動機・目的がないこと、権利濫用に当たるような事情がないことは当然に必要となる）

⑥ 退職に対する（上乗せ）退職金や優遇措置の有無等

⇒［留意点］（上乗せ）退職金、退職日の融通（転職活動期間の在籍を認める等）、年次有給休暇の買い取り、再就職支援会社の利用等、労働者に配慮した事情があるか等を踏まえて退職勧奨を行う

---

［2］退職勧奨の場の設定回数

　1 人の労働者に対して、退職勧奨の場を複数回設定することが、必ずしも違法となるわけではありません。退職勧奨の面談を合計 7 回（1 回当たり 30

分程度の面談を 5 回、約 1 時間 15 分と約 10 分の面談を各 1 回）も行ったものの、違法とされなかった事例もあります（サニーヘルス事件　東京地裁　平 22.12.27 判決　労判 1027 号 91 ページ）。この事例は、原告が閉鎖する予定の事業所に所属し、希望退職者を募っている状況下において退職勧奨を行ったものです。退職勧奨の態様・内容については、退職を強要するような言辞を用いる等の違法な態様によるものではなく、原告がこのまま被告に残っていても居場所がなくなるので希望退職に応じたほうがよいと繰り返し説得したという内容のものでした。そのため、強迫行為とは評価できず、違法な退職勧奨とはいえない旨の判断がなされました。

　もっとも、前記 [1] ④に記載したように、労働者が退職勧奨を拒否する意思を明確にした場合は、基本的にはそれ以上何度も退職勧奨を行うことには慎重になるべきです。上記裁判例のように、所属する事業所が閉鎖されるため希望退職者を募集しているといった特段の事情がない限りは、何度も退職勧奨の設定をすることは避けるべきでしょう。

　そのほか、退職勧奨を行う際に労働者から第三者を同席させたいと希望される場合があります。原則的な対応としては、退職するか否かは使用者と労働者との間の問題であり、第三者の同席を認める必要はなく、拒否すべきと思われます。しかし、拒否することで労働者がかたくなに話し合いの場に着こうとしない、第三者を交えることで労働者が冷静に話をすることができる等の事情が想定される場合には、あえて同席を認めることもあります。

（瀬戸賀司）

Q | 8-4

親会社の変更により新たな労働条件で労働契約を締結したいが、応じない社員を解雇できるか

グループの再編により親会社が変更となるため、現在の労働契約を終了し、新たな労働条件を提示した上で別の労働契約を締結したいと考えています。その際、これに応じない社員を解雇することは可能でしょうか。

A

新たな労働契約の締結に応じない社員を解雇することは厳しいと言わざるを得ない。解雇が可能となるのは、整理解雇の要件を満たす程度の必要性等がある場合に限られる

1 変更解約告知とは

労働条件を変更する際の手法の一つに「変更解約告知」というものがあります。これは、新たな労働条件で労働契約を再締結する申し入れを伴った解雇のことをいい、具体的な態様としては、次の①〜④が考えられます（菅野和夫『労働法 第12版』［弘文堂］810ページ）。

①労働条件変更の申込みをしつつ、同時に、それが受け入れられない場合における労働契約の解約を行う態様
②新労働条件での再雇用（契約締結）の申込みをしつつ、同時に、労働契約の解約をする態様
③まず労働条件の変更の申込みをして、これが拒否された場合に拒否されたことを理由として労働契約の解約を行う態様
④新労働条件での募集と解雇とを同時に行ったうえ、応募者を絞って再雇用し、人員削減と労働条件変更との双方を達成する態様

この変更解約告知の方法をとった場合、解雇有効性の判断にどのような影響を与えるのでしょうか。以下、裁判例を基に検討していきます。

2 裁判例における変更解約告知の考え方

［1］変更解約告知の有効性について判断枠組みを示した事例

まず、経営悪化による会社再建策を提示する際に、新ポジションと新賃金

を明示し、これに応じないことによりなされた解雇の有効性が争われた事例
として、スカンジナビア航空事件（東京地裁　平 7. 4.13 決定　労判 675 号
13 ページ）があります。

　本判決では、次のように判示し、前記■②の態様における変更解約告知の
有効性について判断枠組みを明示しました。

> - （当該）雇用契約においては、職務及び勤務場所が特定されており、（中略）本
>   件合理化案の実施により各人の職務、勤務場所、賃金及び労働時間等の変更を
>   行うためには、これらの点について債権者（編注：従業員）らの同意を得るこ
>   とが必要であり、これが得られない以上、一方的にこれらを不利益に変更する
>   ことはできない
> - しかしながら、労働者の職務、勤務場所、賃金及び労働時間等の労働条件の変
>   更が会社業務の運営にとって必要不可欠であり、その必要性が労働条件の変更
>   によって労働者が受ける不利益を上回っていて、労働条件の変更をともなう新
>   契約締結の申込みがそれに応じない場合の解雇を正当化するに足りるやむを得
>   ないものと認められ、かつ、解雇を回避するための努力が十分に尽くされてい
>   るときは、会社は新契約締結の申込みに応じない労働者を解雇することができ
>   る

　その上で、会社がさまざまなコスト削減措置等を取っていたことなどに言
及し、解雇が有効であると判断しています。

［2］ 変更解約告知自体を否定した事例

　大阪労働衛生センター第一病院事件（大阪地裁　平 10. 8.31 判決　労判 751
号 38 ページ）では、経営悪化を理由として、「常勤従業員となるか」「パート
タイム従業員への労働条件の切り下げに応じるか」のどちらかを選択するよ
う求め、その申し入れを拒絶した従業員を解雇したところ、当該解雇の有効
性が争われました。

　本判決においては、次のとおり判示し、解雇の独自類型としての変更解約
告知自体を否定しています。

> - いわゆる変更解約告知といわれるものは（中略）労働条件変更のために行われる解雇であるが、労働条件変更については、就業規則の変更によってされるべきものであり、そのような方式が定着しているといってよい
> - これとは別に、変更解約告知なるものを認めるとすれば、使用者は新たな労働条件変更の手段を得ることになるが、一方、労働者は、新しい労働条件に応じない限り、解雇を余儀なくされ、厳しい選択を迫られることになる
> - 解雇の要件が緩やかに判断されることになれば、解雇という手段に相当性を必要とするとしても、労働者は非常に不利な立場に置かれることになる
> - 明文のない我国においては、労働条件の変更ないし解雇に変更解約告知という独立の類型を設けることは相当でない

その上で、「本件解雇の意思表示が使用者の経済的必要性を主とするものである以上、その実質は整理解雇にほかならないのであるから、整理解雇と同様の厳格な要件が必要である」として、従来の整理解雇の判断枠組みによって解雇の有効性を判断すべきであるという立場を示しています。

［3］裁判例の検討

前記［1］〜［2］のとおり、裁判例は変更解約告知という独自類型の解雇を認めるものと、否定するものとに分かれています。

しかし、変更解約告知を肯定するスカンジナビア航空事件であっても、その要件として整理解雇における有効性の判断要素（**[図表]** 参照）と共通する解雇回避努力について言及しています。このことからも分かるように、変更解約告知という独自類型の解雇かどうかはともかくとして、判断対象となる

図表 整理解雇の4要素

人員削減の必要性	経営状態の悪化など、人員を削減するための相応の必要性があるか
解雇回避努力	配置転換や希望退職の募集など、解雇を回避するための努力を行ったか
人選の合理性	被解雇者の選定が、客観的で合理的な基準に基づき、公正であるか
手続きの相当性	労働組合や労働者に対し、十分な説明や協議を尽くしたか

事実自体は、整理解雇における要素と共通しているものと考えられるでしょう。

3 設問に対する回答

　設問では、親会社の変更により、新しい労働条件を明示して、労働契約を締結しようと考えているとのことですが、これに応じない社員に対し、解雇してもよいかという点については、単に「親会社の変更に伴い労働条件を統一する」という目的を超える積極的な必要性がなく、他に解雇回避努力等を尽くしたといえる形跡がない場合には、解雇（変更解約告知と呼称するか否かは別として）の有効性は無効となる可能性が高いものと考えられます。解雇が可能となるのは、整理解雇の有効性判断における4要素を満たすような場合に限られるでしょう。

（友永隆太）

Q | 8-5

内部通報者に対して内部通報以外の理由で解雇を行ったとしても、内部通報が原因のものと見なされるか

　内部通報があった後に、通報者に対して内部通報以外の理由で解雇を行ったのですが、やはり内部通報が原因の解雇と見なされるのでしょうか。

A

内部通報の時期、解雇の時期、解雇前後の事実関係から、内部通報が原因の解雇と推認される可能性が高いため、解雇の理由をより具体的に証明する必要がある

1 公益通報者保護法

公益通報者保護法は、公益通報をしたことを理由とする公益通報者の解雇の無効や降格・減給等不利益取り扱いの禁止等を定めることによって、公益通報者の保護を図ることを目的の一つとしています（同法1条）。

なお、2022年6月1日に施行された改正公益通報者保護法では、内部通報を受け付ける体制の整備を、従業員300人を超える事業者に義務づけることとしました。違反した事業者には行政が助言や指導、勧告を行い、従わなければ公表されます。内部通報を受け付ける担当者には、罰則付きの守秘義務を課すことも加わりました。

通報対象事実は、同法別表にある法律等に限られ、あらゆる違法行為が対象となっているわけではなく、刑罰で強制しなければならないような重大な法令違反行為に限られます。また、通報先は当該労務提供先、監督官庁、その他外部（マスコミ・消費者団体等）でそれぞれ保護要件が異なります。

もっとも、公益通報者保護法に該当するか否かにかかわらず、労契法その他の法令による保護規定は適用されます。

2 裁判所が用いる推認手法

内部通報後に内部通報以外の理由で不利益取り扱いを行ったか否かが争われた事案で有名な裁判例として、オリンパス事件（東京高裁　平23. 8.31判決　労判1035号42ページ）が挙げられます。

オリンパス事件は、会社の事業部長らが取引先企業の従業員を雇い入れたことについて会社のコンプライアンス室に通報したところ、それに対する報復として会社が違法な配転命令を行ったものであるなどと主張して、配転命令の効力を争ったものです。

その中で、原告がコンプライアンス室に通報をした後に行われた最初の配置転換命令（第1配転命令）について、以下のとおり判断しています。

「第1配転命令は、控訴人がNシステムグループ営業チームリーダーの職位に就いた僅か半年後にされたものであること、被控訴人A3が第1配転命

令を検討し始めたのは控訴人が本件内部通報をしたことを知った直後の平成19年7月であり、第1配転命令の予定が控訴人に説明されたのが同年8月27日であること、及び（中略）第1配転命令の内容や、これについての業務上の必要性の程度に鑑みれば、被控訴人A3は、控訴人のS社の従業員転職に関する本件内部通報を含む一連の言動が控訴人の立場上やむを得ずされた正当なものであったにもかかわらず、これを問題視し、業務上の必要性とは無関係に、主として個人的な感情に基づき、いわば制裁的に第1配転命令をしたものと推認できる。そして、控訴人が本件内部通報をしたことをその動機の一つとしている点において、第1配転命令は、通報による不利益取扱を禁止した運用規定にも反するものである」（下線は筆者）

　要するに、内部通報をした直後に配置転換を行ったことや、通常の配置転換の周期とは異なる短期間で配置転換が行われたという客観的な事実、それ以外の配転内容（部下もおらず、これまでの職務経歴が活かされない高度な専門的な業務についての調査活動）から、不当な動機による配置転換であることを「推認」しているものです。

　このような判断枠組みは、オリンパス事件に限ったことではなく、裁判官の事実認定・心証形成の手法として広く行われていると筆者は考えます。判決文には必ずしも表れないものの、例えば労働組合結成直後の労働組合執行委員長の配置転換等が典型例であり、労働組合結成の時期、会社との衝突、配置転換の時期、配置転換の内容から不当労働行為目的の人事措置であったと事実上の推認を行っている場合が多いといえます。

　なお、**Q4-10**で述べた最高裁判決（広島中央保健生協［C生協病院］事件）やマタハラ通達についても、この推認手法を用いています。

3 設問に対する回答

　設問の場合、内部通報の時期、解雇の時期、解雇前後の事実関係から、内部通報が原因の解雇と推認される可能性が高いといえます。そのため、解雇の理由をより具体的に証明する必要があります。

（向井　蘭）

退職・解雇・雇止め

Q 8-6

解雇予告手当や退職金を受領した後に行われた解雇・退職への異議・撤回の申し出は認めなくてもよいか

解雇予告手当を支払ったものの、その後、解雇に対する異議を申し出てきた社員がいます。この場合、解雇の撤回は認めなくてもよいでしょうか。同様に、社員が退職金を受領した後に退職の撤回を申し出てきた場合も、認めなくてよいでしょうか。

A 解雇予告手当や退職金の受領のみをもって、解雇について争わない旨の意思表示をしたと判断することはできない。使用者としては、①解雇を撤回、②話し合って退職について合意し解決、③訴訟等で争う──といういずれかの方針を決める必要がある

---

1 裁判例における基本的な考え

最高裁ならびに下級裁判所は、労働者が不利益変更に同意したり、自己に不利益な意思表示を行ったりした場合には、その有効性を慎重に判断する傾向が強いといえます（日新製鋼事件　最高裁二小　平2.11.26判決　労判584号6ページ、**Q4-10** の広島中央保健生協［C生協病院］事件）。

下級審においても、被解雇者が解雇に対し異議申立をしない旨の誓約書を記載し、かつ解雇予告手当と一時金を受領した事案で裁判所は「原告（編注：原告8名のうち3名を除いた原告を指す）は、平成17年9月27日における会社の、食品事業部を閉鎖し、同事業部の従業員を全員解雇する旨の説明を了解し、解雇に異議を申し立てない旨の誓約書を提出し、解雇予告手当及び一時金を受領しているが、これらの事情によって、既に述べた理由による本件解雇が

無効であるとの結論が左右されるわけではない」とし、また、仮に合意退職が主張されたとしても、解雇が無効であると判断した理由（整理解雇の要件としての閉鎖の合理的理由、解雇回避措置、手続きの相当性のいずれをとっても不十分）に照らすと、そのような合意もまた無効というべきと判断しました（テレマート事件　大阪地裁　平19.4.26判決　労判944号61ページ）。

　筆者が経験している訴訟や労働審判においても、すべての事例で裁判所は、"解雇予告手当や退職金を受領したことをもって解雇の効力を争わないと解釈することはできない"と判断していました。

　したがって、使用者が行った解雇について、解雇予告手当や退職金を受領したことのみをもって、解雇について争わない旨の意思表示をしたと判断することはできません。

2 解雇から一定期間経過したときには争えなくなる場合もあり得る

　これに対し、解雇後数年経過してから解雇無効を主張してくるようなときには、従業員は解雇を承認したものとして、解雇を争うことはできないと解釈できる場合があり得ます。

　解雇後に他社で就労していた原告らが、一定期間経過後に解雇の効力を争ってきた事案において、裁判所は、トラック運転手であった原告らについて、確かに解雇は無効だとしつつも、解雇からほとんど間を置かずに、同業他社に就職するなどしてトラック運転手として稼働することにより、月によって変動はあるものの、おおむね解雇前に会社において得ていた賃金と同水準ないしより高い水準の賃金を得ていたこと等を理由として、原告3名のうち1名については、次の転職先に再就職した後約半年が経過し解雇から1年半弱が経過した時点で、残りの原告ら2名については、遅くとも解雇がされ再就職した後約1年が経過した時点で、いずれも客観的に見て被告における就労意思を喪失するとともに、被告との間で原告らが被告を退職することについて黙示の合意（言葉や文字による明示的な合意ではないが、事情を総合すると、一定の合意があったものと見なされること）が成立したと認める

のが相当であると判断しました(新日本建設運輸事件 東京地裁 平31. 4.25 判決 労経速2393号3ページ)。

3 設問に対する回答

　使用者が行った解雇について、解雇予告手当や退職金を受領したことのみをもって、解雇について争わない旨の意思表示をしたと判断することはできません。そのため、使用者としては、①解雇を撤回するか、②話し合って退職について合意して解決するか、③訴訟等で争うかの方針を決める必要があります。

(向井　蘭)

第 **9** 章

非正社員と
同一労働同一賃金

Q | 9-1

非正社員と同じ処遇にするため、正社員の労働条件を引き下げることは可能か

同一労働同一賃金への対応として諸手当や福利厚生の見直しを進めています。担当業務の内容が正社員に近い契約社員やパートタイマー、派遣社員について、処遇をすべて正社員と同じ程度まで引き上げることは現実的でないため、一部、正社員の労働条件を引き下げたいのですが、可能でしょうか。

A 同一労働同一賃金への対応として正社員の労働条件を引き下げることは望ましくない。ただし、経営上どうしても必要がある場合には、対象となる正社員と「合意」をする、または、当該労働条件の引き下げ（不利益変更）に合理性が認められるようにすることで、正社員の労働条件の引き下げも可能となる

---

1 労働条件の不利益変更

[1] 同一労働同一賃金ガイドライン

同一労働同一賃金への対応を考える上では、厚生労働省の「同一労働同一賃金ガイドライン」（平30.12.28　厚労告430。以下、ガイドライン）が参考となります。正社員の労働条件（待遇）の引き下げについても、ガイドラインでは「望ましい対応とはいえない」と触れられていますが、前提として、正社員の労働条件（待遇）の引き下げが禁止されているわけではありません。

[2] 不利益変更の該当性

労働条件の不利益変更となるかどうかは、個別の事案ごとに判断されます。

そして、外形的な不利益の存在や不利益が生じる可能性があれば、実質的な不利益の有無や程度にかかわらず、労働条件の「不利益」変更に該当することになります（詳細は**2**で説明）。

例えば、年功賃金から成果主義賃金への変更の有効性が問題となった事案（ノイズ研究所事件　東京高裁　平18.6.22判決　労判920号5ページ）において、裁判所は、当該変更により賃金減額の可能性がある点で不利益変更に該当すると判断しています。

経営上の理由で契約社員やパートタイマーの待遇の向上が困難な場合において、正社員の賃金制度を見直すこともありますが、上述した裁判所の判断傾向からすれば、賃金制度の見直しを行った結果、年功賃金制から成果主義的賃金制への変更により賃金減額の可能性が生じたり、それまで支給されていた手当が支給されなくなったりする正社員がいるのであれば、その正社員との関係では、労働条件の不利益変更となります。

2 労働条件の不利益変更が認められる場合

[1] 不利益変更の原則

労働条件の不利益変更が認められるのは、まず、従業員との「合意」がある場合です（労契法9条）。会社が従業員と合意をすれば、不利益変更であっても労働条件を変更することが可能です。一方、従業員との合意なく、会社が一方的に就業規則を変更することにより労働条件の不利益変更をすることは、原則として認められません。ただし、労働条件の変更に係る事情に照らして、その変更が合理的なものである場合には、従業員との合意がなくとも、就業規則の変更により労働条件を不利益に変更することが可能です（同法10条）。

[2] ガイドラインにおける見解

以上を前提として、ガイドラインにおいても、次のとおり言及されています（一部抜粋）。

> - 事業主が、通常の労働者と短時間・有期雇用労働者および派遣労働者との間の不合理と認められる待遇の相違の解消等に対応するため、就業規則を変更することにより、その雇用する労働者の労働条件を不利益に変更する場合、労契法9条の規定に基づき、原則として、労働者と合意する必要がある
> - また、労働者と合意することなく、就業規則の変更により労働条件を労働者の不利益に変更する場合、当該変更は、労契法10条の規定に基づき、当該変更に係る事情に照らして合理的なものである必要がある
> - ただし、パート・有期法および派遣法に基づく不合理と認められる待遇の相違の解消等の目的に鑑みれば、基本的に、労使で合意することなく通常の労働者の待遇を引き下げることは、望ましい対応とはいえないことに留意すべきである

3 実務における考え方

［1］基本方針

　まず、会社としては、正社員と非正社員との間の不合理と認められる待遇の相違の解消を図る際、正社員の労働条件（待遇）を引き下げることは、労働条件の不利益変更に該当すると認識する必要があります。その上で、労使間での慎重な協議を経て、対象となる労働条件の変更について当該正社員と合意をすることが原則的な対応となります。

　また、当該正社員との合意なしに、就業規則の変更により労働条件の不利益変更を行う場合には、その変更に係る事情に照らして合理的なものとなるようにする必要があります。この場合、過去の裁判例に照らして当該変更が合理的なものであると認められやすくなるポイントは、①当該変更の理由を説明した上で、労使間において慎重な協議を行うこと、②賃金原資の総体を減らさないこと、③正社員の不利益に対する配慮として代償措置や不利益緩和措置（経過措置）などを行うこと——が挙げられます。

［2］設問のケースへの対応

　①については、同一労働同一賃金への対応の必要性や会社の方針を示した上で、賃金制度や諸手当、福利厚生について、どういった変更を行うか、その結果どのような影響が正社員にあるかを丁寧に説明することが重要です。

特に、②にも関係しますが、経営上、非正社員の労働条件をすべて正社員と同程度まで引き上げることが厳しく、総額人件費を維持する範囲での変更である旨も伝えることで、従業員からの同意を得られることもあります。

　その上で、実際に手当を廃止するケースなどでは、一部を基本給に繰り入れたり、数年かけて段階的に減額したりするなど、可能な限り正社員の不利益を緩和するような措置を取るとよいでしょう。

（星野悠樹）

Q | 9-2

有期雇用契約を締結する際に、「契約更新はあるが、契約期間の上限を5年とする」ことは可能か。また、その場合、労働者が無期転換権を取得する直前で雇止めをすることになるが問題はないか

有期雇用契約を締結する際に「契約更新はあるが、契約期間の上限を5年とする」など更新上限を設定したいと考えていますが、このような対応は可能でしょうか。また、その場合、労働者が無期転換権を取得する直前で雇止めをすることになりますが問題はないでしょうか。

A 雇用契約書に「契約更新はあるが、契約期間の上限を5年とする」と定めることは可能であり、これに基づき労働者が無期転換権を取得する直前の通算期間5年で行う雇止めも原則として有効

1 更新上限の設定

　有期労働契約の通算期間が5年を超えて反復更新された場合、有期契約労働者に無期転換権が付与されること（労契法18条）を念頭に置き、有期労働契約を更新する場合でも通算契約期間が5年を超えないように雇用管理を行うケースが考えられます。このような場合、雇用契約書に「通算契約期間の上限を5年とする」等の更新上限を設定することがあります。

　これについては、労働者側から「無期転換逃れ」等の主張がなされることがありますが、同条が無期契約への転換権の付与という法的介入をすることとしたのは、有期労働契約が通算して5年を超えて更新された場合についてであって、5年以内の有期労働契約の利用には強行的な介入をしていません。

　したがって、有期雇用契約の契約当初からこのような更新上限を設定した場合には、労契法の脱法行為や公序良俗違反に当たるような特段の事情がない限り、有効と認められます。

2 更新上限に基づく雇止め

　1のように契約当初から更新上限を設定し、これに基づいて雇止めを行う場合、原則として労働者には更新上限を超えて契約が更新されることについて合理的な期待が認められませんので、労契法19条の適用はなく、期間満了により労働契約は終了すると考えられます。次の裁判例も、基本的にこのような立場に立っているといえます。

> - 北陽電機事件（大阪地裁　昭62. 9.11 決定　労判504号25ページ）
> - 近畿建設協会（雇止め）事件（京都地裁　平18. 4.13判決　労判917号59ページ）
> - 高知県立大学後援会事件（高知地裁　平30. 3. 6判決　労判1183号18ページ・高松高裁　平30.10.31判決　労働判例ジャーナル83号36ページ）

　なお、更新上限を設定していても、使用者にこれを超える雇用継続への期

待を抱かせる言動があった場合には、雇止めの効力が否定されるときがあり得ます（カンタス航空事件　東京高裁　平13.6.27判決　労判810号21ページ）。

3 契約途中から使用者が一方的に更新上限を設定する場合

　これに対し、契約途中から使用者が一方的に更新上限を設定する場合は、いったん雇用継続に対する合理的期待が生じていたならば、雇用継続に対する合理的期待が失われることはないとされ、次の裁判例もこのような立場に立っているといえます。

- 報徳学園（雇止め）事件（神戸地裁尼崎支部　平20.10.14判決　労判974号25ページ）
- 学校法人立教女学院事件（東京地裁　平20.12.25判決　労判981号63ページ）
- 京都新聞COM事件（京都地裁　平22.5.18判決　労判1004号160ページ）

4 契約途中から使用者が更新上限を設定し、労働者が受諾した場合

　契約途中からとはいえ更新上限について労働者が受諾していた場合は、更新に対する合理的期待は失われるようにも思われます。しかし、労働者としては受諾しなければ契約終了されかねない立場に立たされており、労働者が真に合意していたかどうかが問題となり得ます。この点については、使用者が十分な説明と情報提供を行い、労働者が客観的に見てその自由意思に基づいて合意したと認められるのであれば、更新上限の設定について合意が成立したものとし、更新に対する合理的期待が失われたと考えてよいと思われます。

裁判例としては、不更新条項に関するものですが、使用者が説明会を行い、契約書に不更新条項を入れる旨を説明した上で、不更新条項のある契約書を交付し、労働者がこれに署名押印等を行った事案について、雇用継続に対する合理的期待を否定し、解雇権濫用法理の類推適用を否定したものがあります（近畿コカ・コーラボトリング事件　大阪地裁　平17. 1.13判決　労判893号150ページ）。

　また、労働者が、説明会においてリーマンショック後の厳しい世界情勢を理由とする減産や、経営努力では余剰労働力を吸収できないこと、やむなく期間契約社員全員を雇止めとせざるを得ないこと等について説明を受け、不更新条項が「雇止め」を予定する条項でありこれを受け入れざるを得ないと判断し、不更新条項を規定する雇用契約を締結し、さらに退職届を提出し、不満、異議を述べたりすることがなかった事案について、雇用継続に対する合理的期待を否定しています（本田技研工業事件　東京地裁　平24. 2.17判決　労経速2140号3ページ）。

　上記の裁判例も踏まえ、労働者の意思表示の明確性、使用者による説明の程度、更新上限を設ける理由等を総合的に考慮して、雇用継続に対する合理的期待が失われたか否かを判断するのが妥当と思われます。

⑤　設問に対する回答

　契約当初において雇用契約書に「契約更新はあるが、契約期間の上限を5年とする」と定めることは可能であり、これに基づき労働者が無期転換権を取得する直前の通算期間5年で行う雇止めも、原則として有効です。契約途中において、使用者が前記のように一方的に設定した場合には、雇用継続に対する合理的期待は失われず、これに基づく雇止めの効力は認められません。

　契約途中において、使用者が更新上限を設けることやその理由等について十分に説明を行い、労働者が更新上限の記載のある雇用契約書に署名押印等をし、これについて何ら異議を申し立てるようなことがなかった場合には、雇用継続に対する合理的期待が失われたと考えてよく、更新上限に基づいて

行った雇止めは有効と考えられます。

（岡　正俊）

Q | 9-3

正社員から同じ仕事を引き継ぐパートタイマーの賃金水準は、その正社員の水準に合わせる必要があるか

業務の見直しを進める中で、これまで正社員が担っていた仕事をパートタイマーに引き継ぐケースが出てきました。当社では、正社員は月給制、パートタイマーは時給制と賃金制度は異なるのですが、パートタイマーの賃金水準を正社員に合わせて引き上げる必要があるのでしょうか。

A 転勤や人事異動の有無・範囲等に差があり、具体的な実態に基づいて説明できる場合には、パートタイマーの賃金水準を正社員の水準に合わせて引き上げる必要はない

1 均衡待遇・均等待遇とは

[1] パート・有期法の定め

正社員と非正社員の待遇差を考える上では、厚生労働省の「同一労働同一賃金ガイドライン」（平 30.12.28　厚労告 430。以下、ガイドライン）が参考となります。このガイドラインでは、「均衡待遇」および「均等待遇」に関するパート・有期法の定めについて、次のとおり説明されています（一部抜粋・編集）。

①均衡待遇（パート・有期法 8 条）

....

　事業主は、短時間・有期雇用労働者の待遇のそれぞれについて、対応する通常の労働者の待遇との間で、業務の内容と責任の程度（以下、職務の内容）、職務の内容と配置の変更の範囲、その他の事情のうち、当該待遇の性質および目的に照らして適切と認められるものを考慮して、不合理と認められる相違を設けてはならないこととされている。

②均等待遇（パート・有期法 9 条）

....

　事業主は、職務の内容が通常の労働者と同一の短時間・有期雇用労働者であって、当該事業所における慣行、その他の事情から見て、雇用関係が終了するまでの全期間において、その職務の内容と配置が通常の労働者と同一の範囲で変更されると見込まれる者については、短時間・有期雇用労働者であることを理由として、待遇のそれぞれについて差別的取り扱いをしてはならないこととされている。

［2］正社員とパートタイマーの待遇差

　正社員から同じ仕事を引き継ぐ短時間労働者（パートタイマー）の賃金水準を検討するに当たっては、この均衡待遇と均等待遇の考え方に反しないようにする必要があります。もっとも、正社員と短時間労働者の賃金の決定基準・ルールには相違があることも多いでしょう。例えば、正社員は月給制で賞与や諸手当の支給がある一方、短時間労働者は時給制で賞与や諸手当が支給されないケースなどがみられます。

　どういった基準・ルールで賃金を決定しているのかは各社で異なるため、正社員と短時間労働者の賃金について、均衡待遇・均等待遇に反するかどうかの検討は容易でないところがあります。

2 賃金の決定基準・ルールに相違がある場合の取り扱い

［1］ガイドラインでの言及

　設問では、正社員とパートタイマーの賃金制度が異なるとのことですので、

こうしたケースについて検討していきます。

　この点は、ガイドラインにおいても、「通常の労働者と短時間・有期雇用労働者との間に賃金の決定基準・ルールの相違がある場合の取扱い」として次のように言及されています（一部抜粋・編集）。

> 　通常の労働者と短時間・有期雇用労働者との間に基本給、賞与、各種手当等の賃金に相違がある場合において、その要因として両者の賃金の決定基準・ルールの相違があるときは、「将来の役割期待が異なるため、賃金の決定基準・ルールが異なる」等の主観的または抽象的な説明では足りず、両者の職務の内容、職務の内容と配置の変更の範囲、その他の事情のうち、当該待遇の性質および目的に照らして適切と認められるものの客観的・具体的実態に照らして、不合理と認められるものであってはならない。

［2］実務上の考え方

　以上からすれば、正社員から同じ仕事を引き継ぐパートタイマーの賃金水準の検討においても、「将来の役割期待が異なるため、賃金の決定基準・ルールが異なる」というような主観的・抽象的な説明では不十分であり、実際に、職務の内容（業務の内容とそれに伴う責任の程度）や人事異動の有無・範囲が異なるといった客観的・具体的な実態の違いがあるか否かを考える必要があります。

　もし、パートタイマーの引き継いだ仕事が、引き継ぎ前に正社員が従事していた業務と同一である場合、職務の内容が異なるとの説明は困難でしょう。そこで、両者の賃金水準に差があるときは、人事異動の有無・範囲が異なることを具体的な実態に基づいて説明できる必要があると考えられます。

　例えば、正社員の場合は、将来的に企業の中核を担う人材となることが期待されていることを前提として、昇進、転勤、職種変更などが予定されており、これらが実施されている実態があります。一方でパートタイマーには、正社員のような昇進、転勤、職種変更などが行われない場合であれば、人事異動の有無や範囲が異なることを理由として、両者の賃金水準が異なることは不合理ではないと評価される可能性が高いでしょう。

また、両者の間に、実態として、転勤や職種変更の運用について差がない場合には、正社員から同じ仕事を引き継いだパートタイマーの賃金水準が低い（正社員と差がある）ことは不合理であると評価される可能性があります。もし、自社のケースで当てはめた際に不合理だと考えられるのであれば、パートタイマーの賃金水準を正社員の水準に近づけることを検討する必要があるでしょう。

3 設問に対する回答

　設問では、正社員が月給制、パートタイマーが時給制と、賃金制度が異なるようです。しかし、正社員が担っていた業務をそのまま引き継ぐという場合には、職務の内容が同程度だと考えられますので、賃金水準の差をそのまま放置することは望ましくありません。業務を引き継いだパートタイマーの側からしても、同じ仕事をしているのに賃金が異なることで、モチベーションの低下や訴訟リスクが生じる可能性もあります。

　なお、転勤や人事異動の有無・範囲に有意な差があり、それを具体的な実態に基づいて説明できる場合には、パートタイマーの賃金水準を正社員と同程度まで引き上げる必要はないといえます。ただし、この場合でも、賃金に差がある理由を説明できるよう、しっかりと準備をしておくとよいでしょう。

（星野悠樹）

Q | 9-4

関係会社の社員から派遣社員に業務指示を出すことは可能か。また、契約書に記載されていない業務を依頼するのは問題か

当社で働く派遣社員に対して、関連会社の社員から業務指示を出すことは可能でしょうか。また、「手隙時間に派遣契約の契約書に記載されていない業務を依頼したい」との声もあったのですが、こちらは問題ないでしょうか。

A

派遣先企業ではない関連会社の社員が派遣社員に指示を出すことは、二重派遣になる可能性があり、できない。また、派遣社員に契約外の業務を依頼することも避けるべき

---

1 二重派遣

[1] 労働者供給とは

派遣元事業主と労働者派遣契約関係にない会社（派遣先ではない会社）の社員が派遣社員に業務指示を出すことは、職安法44条において禁止されている「労働者供給事業」（いわゆる「二重派遣」）に該当する可能性があります。

ここでいう労働者供給とは、「供給契約に基づいて労働者を他人の指揮命令を受けて労働に従事させること」をいい（同法4条8項）、雇用関係にない（事実上の支配関係にはある）者を、他人の指揮命令下において労働させることが含まれます。このような労働者供給が「業として行われる」（同種の行為が反復・継続して行われる）場合、同法において禁止される「労働者供給事業」に該当することになります。この労働者供給事業は、強制労働が行われてきた歴史的背景や、仲介業者が存在することによって中間搾取が生じるおそれがあることから禁止されているものです。

[2] 二重派遣とは

そして、いわゆる二重派遣は、自社とは直接の雇用契約の関係にない派遣労働者を、他人の指揮命令下で労働させるものであり、労働者供給に該当します。上述のとおり、二重派遣を反復継続して行うことは労働者供給事業となるため、違法です。

したがって、派遣先ではない会社の社員が派遣社員に業務指示を出すことはすべきではありません。こうした取り扱いが反復継続して行われる場合は法律に抵触し、違反には罰則が伴います。違反した場合の罰則については、職安法 64 条 10 号に規定があり、労働者供給事業の禁止に違反した場合「1 年以下の懲役又は 100 万円以下の罰金に処する」とされています。また、二重派遣が発覚した場合、上記の罰則に加えて、行政処分として事業許可の取り消し、業務停止命令、業務廃止命令などがなされる可能性があることにも注意が必要です。

[3] 実務上の留意点

　二重派遣を防ぐには、派遣先の企業として、常にチェックを怠らないことが重要です。仮に、派遣先ではない関係会社から派遣社員に業務指示がなされていることが発覚しても、派遣先の企業が黙認する形で何も対応しなければ、上述した刑事罰や行政処分がなされるリスクがあります。

　実務上の防止策としては、自社で受け入れている派遣社員について、定期的な勤務実態の確認を行うことが考えられます。すなわち、派遣元事業主と取り交わした労働者派遣契約の内容や派遣元事業主と事前に確認した事項（契約内容等）と勤務実態に相違点がないかを確認します。その上で、契約内容等と勤務実態が異なる場合には、派遣元事業主に連絡をして、契約内容の見直しなどの対応を図りましょう。

　また、派遣社員への聞き取り調査も有益です。派遣元事業主から派遣社員に、雇用条件の内容や指揮命令する権利についてどのように伝えられているか、実際の勤務実態はどのような内容かなどについて確認します。なお、聞き取り調査を行うに際しては、その実効性を担保するために、問題が発覚した場合にも情報源を秘匿するものとして、派遣社員を保護する対応を取るとよいでしょう。

2 派遣労働者が従事する業務の内容

[1] 基本的な考え方

　派遣法において、労働者派遣契約の締結の際には、所定の事項を定めなければならないとされており、その中の一つとして「派遣労働者が従事する業務の内容」があります（派遣法26条1項1号）。つまり、派遣先企業の社員は、派遣社員に対して、どのような仕事でも依頼できるわけではなく、労働者派遣契約であらかじめ定められている業務以外は、基本的に依頼できません。

　例えば、派遣労働者が従事する業務の内容を「一般事務」として契約を締結した場合、その業務の内容に経理が含まれていなければ、派遣先企業の社員は派遣社員に対して、経理の業務を指示することはできないということです。派遣社員は、あくまで労働者派遣契約で決めた範囲の業務のみに従事することになります。

[2] 手隙時間に契約外の業務を依頼する場合

　したがって、労働者派遣契約の契約書に記載されていない業務（以下、契約外の業務）について、手隙時間に手伝ってほしいと頼むことは、契約違反として問題になります。

　派遣社員が自らの意思で契約外の業務を手伝うことまでは禁止されていませんが、派遣社員に契約外の業務を引き受ける義務はありません。そのため、派遣先企業としては、法違反・契約違反に当たる対応として問題とされないように、契約外の業務を手伝ってほしいと頼むことは控えるべきでしょう。手伝いをお願いしている頻度や、派遣社員が依頼を断る自由の有無などの実態によっては、契約外の業務に派遣社員を従事させたものと評価される可能性が高くなります。

3 設問に対する回答

　関連会社（派遣元事業主と労働者派遣契約関係にない会社）の社員が派遣社員に業務指示を出すことは、職安法で禁止されている二重派遣に該当する

可能性があり、問題です。会社としては、こうした問題が発生しないように定期的な実態の確認や聞き取り調査を実施することが重要です。

　また、契約外の業務について手隙時間で手伝ってほしいと頼むことも避けるべきです。緊急時などに、どうしても依頼する必要があるケースも考えられますが、事前に派遣社員に確認し、同意を得るべきです（その際は、諾否の自由があることも伝えておきましょう）。また、職安法などの関係法令の定めや実務対応上の留意点については、現場の社員が知らない可能性も大いにありますので、これらを周知しておくと無用のトラブルを防ぐことができると考えられます。

（星野悠樹）

Q 9-5

派遣社員との事前顔合わせをしたところ、社風と合わないようだったため、別の派遣社員を紹介してもらうよう頼みたいが、問題はあるか

派遣社員を受け入れるに当たり、当社では事前の顔合わせを行っています。その際、受け入れ予定の部署から「受け入れ予定の派遣社員は社風と合わないので、別の派遣社員を紹介してもらえないか」との要望がありました。このような対応は問題でしょうか。

A 派遣労働者との面談は、派遣法や行政指針に反する"派遣労働者の特定目的行為"となる。ミスマッチを防ぎたいのであれば、労働者派遣契約において、派遣先での業務の内容や当該業務に必要とされる派遣労働者の能力等をできる限り具体的に定めておくことが重要

1 派遣労働者の特定を目的とする行為

　派遣法は、派遣元事業主側による派遣労働者の決定を円滑で実効的なものとするために、紹介予定派遣の場合を除いて、派遣先側が派遣労働者を特定する行為をしないように次のとおり定めています。

　「労働者派遣（紹介予定派遣を除く。）の役務の提供を受けようとする者は、労働者派遣契約の締結に際し、当該労働者派遣契約に基づく労働者派遣に係る派遣労働者を特定することを目的とする行為をしないように努めなければならない」（同法26条6項）。

　この派遣法の規定は、派遣先側に派遣労働者の特定目的行為をしないことを努力義務として課したものですが、厚生労働省の「派遣元事業主が講ずべき措置に関する指針」（平11.11.17　労告137、最終改正：令4.4.1　厚労告92。以下、派遣元指針）および「派遣先が講ずべき措置に関する指針」（平11.11.17　労告138、最終改正：令2.10.9　厚労告346。以下、派遣先指針）においては、派遣労働者の特定目的行為を「禁止」として、行政指針で法律以上の制約をかけています。具体的には、派遣先側が労働者派遣に先立ち面接を実施したり、履歴書を送付させたりする行為をしないように求めています。

　また、派遣先指針において、派遣労働者が、派遣先等が適当であるかどうかを確認するために、自らの判断で派遣前に、派遣先等の事業所の訪問、履歴書の送付を行うことは可能ですが、派遣先等が派遣元事業主等または派遣労働者もしくは派遣労働者になろうとする者に対してこれらの行為を求めることは、派遣労働者の特定目的行為に該当し、派遣法の規定に抵触するおそれがあるとされています。

　一方で、派遣元指針において、派遣元事業主等も、派遣先等による派遣労働者の特定を目的とする行為に協力してはならないとされていますので、上記行政指針の制約・ルールに従って実務上の対応を行うべきです。

　もっとも、現実には、設問のケースのように、"派遣社員との事前顔合わせ"というような名目で、派遣労働者や派遣労働者になろうとする者と派遣

先との間で面談が行われ、実質的に派遣労働者の特定を目的としているといえる行為があります。このような行為は、上述した行政指針の制約・ルールに反する可能性が高いものであり、法的に問題があります。

　派遣先側として、派遣労働者が当該派遣先の業務について適性を有しない、期待した能力を有しない等のミスマッチを防ぎたいのであれば、派遣元事業主等との労働者派遣契約において、派遣先での業務の内容や当該業務に必要とされる派遣労働者の能力等をできる限り具体的に定めておくことが有益です。また、事前に、派遣元事業主等の担当者に対してどのような人材を派遣労働者として求めているかを具体的に伝えておくことも重要です。

2 紹介予定派遣の場合

　紹介予定派遣とは、労働者派遣のうち、派遣元事業主が労働者派遣の開始前または開始後に、派遣労働者および派遣先に対して、職業紹介（派遣労働者と派遣先間の雇用関係の成立のあっせん）を行い、または行うことを予定して派遣するものです（派遣法2条4号）。派遣先が派遣労働者として受け入れた労働者について、派遣先と派遣労働者双方の希望が合致した場合、派遣先が派遣労働者を直接雇用することが可能です。

　本制度を活用することで、派遣労働者は派遣先の仕事内容や企業風土を理解した上で就職することができ、派遣先は労働者の適性や能力を見極めた上で直接雇用を検討することができるといったメリットがあります。なお、職業紹介に当たっては、職安法等に基づく許可や届け出が必要となります。

　前述した派遣労働者の特定目的行為の制限について、紹介予定派遣の場合は例外とされています。これは、直接雇用の円滑化を図る観点からであり、紹介予定派遣においては、派遣先側が労働者派遣に先立ち、派遣労働者の面接、試験を実施したり、履歴書の送付を受けたりすることも可能とされています。

　もっとも、厚生労働省の「労働者派遣事業関係業務取扱要領」（令和4年7月19日以降）において、紹介予定派遣における派遣労働者の選別は、業務遂行能力に関する試験や資格の有無等、客観的な基準に基づくことが必要とさ

れています。

　したがって、紹介予定派遣の場合においても、派遣先側が派遣労働者との面接を実施した上で、派遣先の社風と合わないという抽象的で主観的な事項を理由として、派遣元事業主側に別の人員を紹介してもらうように頼むことは問題となります。

　なお、通常の雇用の場合と同様、派遣労働者の特定を行うに際しても、年齢、性別、障害の有無による差別を行ってはならないとされている点にも留意を要します。

3 設問に対する回答

　派遣労働者との面談は現実に行われていることではありますが、派遣法や行政指針に反する"派遣労働者の特定目的行為"として問題となります。派遣先として、派遣労働者が当該派遣先の業務について適性を有しない、期待した能力を有しない等のミスマッチを防ぎたいのであれば、派遣元事業主等との労働者派遣契約において、派遣先での業務の内容や当該業務に必要とされる派遣労働者の能力等をできる限り具体的に定めておくことや、派遣元事業主等の担当者に対してどのような人材を派遣労働者として求めているかを具体的に伝えておくことなどが重要です。

（星野悠樹）

▮ 執筆者プロフィール（五十音順）

井山貴裕（いやま たかひろ） 弁護士

2018 年弁護士登録。

使用者側（会社側）の人事労務問題（問題従業員対応、ハラスメント、未払い残業代請求対応、労働組合・団体交渉対応、解雇紛争、雇止め等）を専門に取り扱っている。社会保険労務士・企業の人事担当者向けのセミナーの開催を行うとともに、社内研修の講師等も行う。

梅本茉里子（うめもと まりこ） 弁護士

中央大学法学部法律学科卒業、慶應義塾大学法科大学院修了。2018 年弁護士登録（第一東京弁護士会）。経営法曹会議会員。

使用者側（会社側）の人事労務問題（問題従業員対応、ハラスメント、未払い残業代請求対応、労働組合・団体交渉対応、解雇紛争、雇止め等）を専門に取り扱っている。近年では、企業におけるハラスメント研修の講師も行う。主な著書に、『同一労働同一賃金の実務と書式』（共著、青林書院）、『学校トラブルをめぐる法律相談 Q&A』（共著、法学書院）がある。

岡　正俊（おか まさとし） 弁護士

早稲田大学法学部卒業。2001 年弁護士登録（第一東京弁護士会）。2020 年度第一東京弁護士会副会長。経営法曹会議会員。

使用者側の立場から人事労務に関するあらゆる問題の相談対応、訴訟対応、労働組合対応等を行い、職務給制度下の配転、アスベスト問題、定年後再雇用等、実務的に重要な事件の代理人を担当。また、企業人事担当者、社会保険労務士向けのセミナー講師や企業、団体向けの研修の講師等も務める。

岸田鑑彦（きしだ あきひこ） 弁護士

2009 年弁護士登録。経営法曹会議会員。

使用者側労務専門弁護士として、訴訟、労働審判、労働委員会等あらゆる労働事件の使用者側代理を務めるとともに、労働組合対応として団体交渉に立ち会う。企業人事担当者向け、社会保険労務士向けの労働問題に関する研修、セミナー講師を多数務めるほか、『ビジネスガイド』（日本法令）、『先見労務管理』（労働調査会）、『労働新聞』（労働新聞社）など数多くの労働関連紙誌に寄稿。

瀬戸賀司（せと よしつか）　弁護士

北海道深川市出身。中央大学法学部法律学科卒業。慶應義塾大学法科大学院修了。
2014年弁護士登録（第一東京弁護士会）。経営法曹会議会員。
杜若経営法律事務所を退所し、2023年1月、弁護士法人B＆P法律事務所を設立。
代表社員。労働事件の使用者側の事案（解雇、残業代請求、労災事案等）を数多く
取り扱う。労働組合対応として数多くの団体交渉にも立ち会う。労働分野に関する
各種セミナーや書籍、特集記事などの執筆も行う。主な著作に『教養としての「労
働法」入門』（共著、日本実業出版）、『雇用契約変更の実務必携Q＆A —雇用を維
持する合理化策と新しい働き方—』（共著、民事法研究会）等がある。

友永隆太（ともなが りゅうた）　弁護士

学習院大学法学部法学科卒業。慶應義塾大学法科大学院修了。2016年弁護士登録
（第一東京弁護士会）。
使用者側人事労務全般（問題従業員対応、解雇・雇止め紛争対応、未払い残業代請
求対応、労災対応、ハラスメント調査、労働組合対応、労働審判・訴訟対応等）、企
業間債権回収、その他企業や社会保険労務士に向けた相談対応業務全般を行ってい
る。著書に『教養としての「労働法」入門』（共著、日本実業出版）、『改訂版 就業
規則の変更による労働条件不利益変更の手法と実務』（共著、日本法令）等がある。
年間セミナー登壇回数40回以上。

中村景子（なかむら けいこ）　弁護士

法政大学法学部法律学科卒業。中央大学法科大学院修了。2019年弁護士登録（第一
東京弁護士会）。杜若経営法律事務所所属。経営法曹会議会員。
使用者側の代理人弁護士として、訴訟や労働審判等の労働事件、労働組合との団体
交渉対応等を取り扱うほか、日常的な人事労務問題への相談対応にも従事する。

樋口陽亮（ひぐち ようすけ）　弁護士

東京都出身。慶應義塾大学法科大学院修了。2016年弁護士登録（第一東京弁護士
会）。経営法曹会議会員。
企業の人事労務関係を専門分野とし、個々の企業に合わせ専門的かつ実務に即した
アドバイスを提供する。これまで解雇訴訟やハラスメント訴訟、団体交渉拒否・不
誠実団体交渉救済申立事件など、多数の労働事件について使用者側の代理人弁護士
として幅広く対応。人事労務担当者・社会保険労務士向けの研修会やセミナー等も
開催する。

平野 剛（ひらの たけし）　弁護士

早稲田大学法学部卒業。2003年弁護士登録。経営法曹会議会員。第一東京弁護士会労働法制委員会委員。

主な著作として、「パートタイム労働者、有期雇用労働者に対する今後の雇用管理」（日本経団連出版『労働経済判例速報』第2396号－2019年12／20・30号）、『ケース別 懲戒処分検討のポイント─判断・求償の考慮要素─』『現代 労務管理要覧』『Q&A 人事労務規程変更マニュアル』『フロー＆チェック 労務コンプライアンスの手引』（いずれも共著、新日本法規出版）、『Q&A 震災後の人事労務・賃金管理』（共著、日本経団連出版）などがある。

星野悠樹（ほしの ゆうき）　弁護士

中央大学法学部卒業。慶應義塾大学法科大学院中退。2015年弁護士登録（第一東京弁護士会）。経営法曹会議会員。

2022年7月、杜若経営法律事務所を退所し、インターネット法務を中心に取り扱う八雲法律事務所に移籍。労働事件の使用者側の事案（問題社員対応、解雇紛争、ハラスメント調査、労働組合対応等）を数多く取り扱うとともに、インターネット法務（個人情報・プライバシー保護対応、インターネット上の権利侵害対応等）も取り扱う。主な著作に『教養としての「労働法」入門』（共著、日本実業出版）などがある。

本田泰平（ほんだ たいへい）　弁護士

中央大学法学部法律学科卒業。慶應義塾大学法科大学院修了。2020年弁護士登録（第一東京弁護士会）。経営法曹会議会員。

会社側の人事労務問題（問題社員対応、解雇紛争、未払い残業代請求対応、労災対応、労働組合対応等）を専門的に取り扱っている。会社側の代理人として、解雇紛争事案や未払い残業代事案など多数の訴訟・労働審判対応のほか、保全事件対応やあっせん手続き対応等も行なってきた。

向井　蘭（むかい　らん）　弁護士

2003 年弁護士登録（第一東京弁護士会）。杜若経営法律事務所 パートナー弁護士。一貫して使用者側で労働事件に取り組み、団体交渉、ストライキ等労働組合対応から解雇未払い残業代等の個別労使紛争まで取り扱う。近年、企業法務担当者向けの労働問題に関するセミナー講師を務めるほか、雑誌に寄稿し情報提供活動も盛んに行っている。主な著書に『時間外労働と、残業代請求をめぐる諸問題』（共著、経営書院）、『社長は労働法をこう使え！』（ダイヤモンド社）、『改訂版 書式と就業規則はこう使え！』（労働調査会）、『ケースでわかる 実践型 職場のメンタルヘルス対応マニュアル』（共著、中央経済社）などがある。

■杜若経営法律事務所

ホームページ「労務ネット」　https://www.labor-management.net/

カバーデザイン／株式会社 ライラック
本文デザイン・印刷・製本／株式会社 加藤文明社

人事・労務トラブルのグレーゾーン70

2023年3月7日　初版発行
2024年6月5日　初版4刷発行

著　者　杜若経営法律事務所
発行所　株式会社 **労務行政**
　　　　〒141-0031　東京都品川区西五反田3-6-21
　　　　　　　　　　住友不動産西五反田ビル3階
　　　　TEL：03-3491-1231
　　　　FAX：03-3491-1299
　　　　https://www.rosei.jp/

ISBN978-4-8452-3392-2